हिंदी का मानकीकरण

उच्चारण एवं लेखन

प्रो. नरेश मिश्र

वाणी प्रकाशन

वाणी प्रकाशन

4695, 21-ए, दरियागंज, नयी दिल्ली 110 002

फ़ोन : +91 11 23273167 फ़ैक्स : +91 11 23275710

शाखाएँ

अशोक राजपथ, पटना 800 004, बिहार

कॉफ़ी हाउस कैंपस, महात्मा गांधी मार्ग, इलाहाबाद 211 001, उत्तर प्रदेश

महात्मा गांधी अंतरराष्ट्रीय हिंदी विश्वविद्यालय, वर्धा 442 001, महाराष्ट्र

www.vaniprakashan.com
marketing@vaniprakashan.in
sales@vaniprakashan.in

Hindi Ka Mankikaran
Uchcharan Evam Lekhan
by Prof. Naresh Mishra

ISBN : 978-93-5518-125-1
Linguistics

प्रथम संस्करण 2022

मूल्य : ₹ 575/-

सिटी प्रेस, दिल्ली-110 095 में मुद्रित

वाणी प्रकाशन का लोगो मक़बूल फ़िदा हुसेन की कूची से

प्राक्कथन

भावाभिव्यक्ति के साधन को भाषा कहते हैं। मनुष्य सृष्टि का सर्वाधिक चिंतनशील प्राणी है। इसलिए मनुष्य बहुआयामी भाषाओं का समय, परिस्थिति और आवश्यकतानुसार प्रभावी रूप में प्रयोग करता है। स्पर्श भाषा, चक्षुभाषा, सांकेतिक भाषा, मौखिक भाषा, लिखित भाषा और यंत्राधारित भाषा आदि का मनोनुकूल प्रयोग कर मनुष्य जीवन पथ पर गतिशील रहने की शक्ति सजो लेता है। मनुष्य के 'जीन' अन्य समस्त प्राणियों के जीन से बहुत भिन्न होते हैं। मनुष्य के भाषायी 'जीन' के आधार पर अनुकरण, व्यवहार और अभ्यास से जीवन भर भाषा के नवीन और उत्कर्ष रूप का प्रयोग किया जाता है। मानवीय भाषायी 'जीन' के ही आधार पर एकाधिक भाषा का ज्ञान संभव होता है। मनुष्य की भाषा सामाजिक संपत्ति है, जबकि अन्य प्राणियों की भाषा पैतृक या वंशगत संपत्ति है। इस प्रकार भाषा मनुष्य की परम धरोहर है। भाषा व्यक्तित्व निर्माण और समाजोन्नयन का आधार है।

भाषा के विविध रूपों में उच्चरित और लिखित भाषाओं का सर्वाधिक प्रयोग और महत्त्व है। उच्चरित भाषा का प्रयोग आमने-सामने या आस-पास स्थिति व्यक्तियों में होता है। इस भाषा के प्रयोग में मुख की भाव-भंगिमा उभरकर अभिव्यक्ति को दिशा प्रदान करती है। इसमें उच्चारण की मंदता और त्वरा, आरोही और अवरोही आदि रूपों से भी अभिव्यक्ति को विशेष दिशा मिल जाती है। जीवन के प्रारंभिक काल में उच्चरित भाषा का प्रयोग किया जाता है। इतना ही नहीं मनुष्य जीवनपर्यंत अभिव्यक्ति के लिए मौखिक भाषा का प्रयोग करता है। प्रत्येक भाषा की ध्वनियों का अपना स्वरूप होता है, क्योंकि उनकी ध्वनि उत्पादन प्रक्रिया अन्य भाषा ध्वनियों से पूर्णतः भिन्न होती हैं। परंपरागत विकसित भाषा या भाषाओं की ध्वनियों में अल्पाधिक समानता संभावित होती है।

जब भाषा को लिपि का आधार मिल जाता है, तो उसे लिखित भाषा की संज्ञा दी जाती है। लिपि का आधार मिलने पर भाषा में स्थायित्व गुण विकसित हो जाता है, अर्थात भाषा में समय और स्थान पार करने की शक्ति आ जाती है। महर्षि वाल्मीकि ने 'रामायण' और तुलसीदास ने 'रामचरित मानसं' की रचना कब की

है, वह आज भी उपलब्ध है और भविष्य में भी रहेगा। इन ग्रंथों की रचना जिन स्थानों पर की गई, अब वे वहीं ही नहीं, वैश्विक धरातल पर उपलब्ध हैं। हम अपने समाचार लिखकर देश-विदेश कहीं पहुँचा सकते हैं।

व्यक्ति की पहचान उसके व्यक्तित्व से होती है, उसी प्रकार भाषा की पहचान उसकी अभिव्यक्ति की स्पष्टता और शुद्धता पर होती है। भाषा के साथ भाव की भी चर्चा संभावित है। इसीलिए कहा जाता है–

"ऐसी बानी बोलिए मन का आपा खोय।
औरत को सीतल करै, आपहु सीतल होय।।"

यहाँ बानी का अर्थ वाणी या भाषा है, किंतु यहाँ स्पष्ट करना होगा कि वह भाषा का विस्तृत रूप है। भाषा भाव समन्वित रूप न होकर भाव अभिव्यक्ति का साधन या आधार है। आधार जितना ही स्पष्ट और शुद्ध (मजबूत) होगा, उस पर भवन उतना ही उत्तम बनेगा। इसी प्रकार भाषा के उच्चरित और लिखित रूप जितने ही स्पष्ट और शुद्ध होंगे, उसमें अभिव्यक्ति उतनी ही श्रेष्ठ और संप्रेषणीय होगी। संप्रेषणीयता भाषा का उद्देश्य है, तो उत्तम बोधगम्य संप्रेषणीयता श्रेष्ठ भाषा-स्वरूप को स्पष्ट करेगा।

हिंदी भारतवर्ष में सर्वाधिक लोगों द्वारा समझी और प्रयोग की जाने वाली भाषा है। इसके प्रयोग को मातृभाषा, माध्यम भाषा, राजभाषा, राष्ट्रभाषा, संपर्क भाषा, संचार भाषा और अंतरराष्ट्रीय भाषा आदि व्यावहारिक और सैद्धांतिक रूपों में देख सकते हैं। यह इसके प्रयोग विस्तार का परिचय है। भारतीय आर्य भाषाओं के इतिहास में हिंदी के उद्‌भव, स्वरूप और महत्त्व को देख सकते हैं। वैदिक भाषा प्राचीन भारतीय आर्य भाषा की ही नहीं विश्व की प्राचीनतम भाषा है। अधिकांश भाषाविदों के अनुसार वैदिक भाषा का उद्‌भव ई.पू. 15वीं शताब्दी में हुआ है। इसका प्रयोग ई.पू. 10वीं शताब्दी तक हुआ। इसी समय ई.पू. 10वीं शताब्दी में संस्कृत का उद्‌भव हुआ है। इसके पश्चात पाली, प्राकृत और अपभ्रंश भाषाओं का उद्‌भव क्रमशः ई.पू. 5वीं शताब्दी, ईशाकाल और 5वीं शताब्दी में हुआ है। ई.पू. 10वीं शताब्दी की आधुनिक भारतीय भाषाओं–पंजाबी, गुजराती, मराठी, असमी, बंगला, उड़िया, तमिल, तेलुगू, कन्नड़, मलयालम आदि में हिंदी का विशेष स्थान है। यहाँ यह उल्लेखनीय है कि भारतीय भाषाएँ–वैदिक, संस्कृत, पाली, प्रकृत और अपभ्रंश सभी का प्रयोग काल लगभग 500 वर्ष है। इसी क्रम में विकसित हिंदी का अब तक प्रयोग होते हुए 1100 वर्ष हो चुके हैं। वर्तमान विस्तृत प्रयोग, व्याकरण सम्मत होते रूप और भाषा वैज्ञानिक आधार पर मानकीकरण से मानक हिंदी का भविष्य पूर्ण समुज्ज्वल है।

भाषा के मानकीकरण का प्रश्न भी विचारणीय है। भाषा का स्वरूप उसके प्रयोग के विस्तृत क्षेत्र, प्रयोग काल विस्तार, विभिन्न बोलियों, अन्य भाषा भाषियों

का संपर्क, अन्य भाषाभाषी शासकों के आधिपत्य के साथ परंपरा की भाषा या भाषाओं पर आधारित होता है। इनका प्रभाव जितना ही गुरुतर होगा, भाषा में उतनी ही विविधता होगी। इस विविधता को समाप्त कर भाषा में एकरूपता लाना ही मानकीकरण है। इसके आधार पर भाषा का आदर्श रूप सामने आता है।

हिंदी के मानकीकरण की आवश्यकता उसके सैद्धांतिक रूप से देश की राजभाषा, व्यावहारिक रूप में राष्ट्रभाषा, माध्यम भाषा, संपर्क भाषा, संचार भाषा और अंतरराष्ट्रीय प्रयोग महत्त्व आधार पर है। हिंदी में विविधता के प्रमुख कारणों की चर्चा इस प्रकार कर सकते हैं। संस्कृत भाषा की आधार भूमि पर हिंदी का उद्भव हुआ है। इस प्रकार संस्कृत भाषा के तत्त्व आधार रूप में विद्यमान हैं। संस्कृत और हिंदी के मध्य पाली, प्राकृत और अपभ्रंश भाषाएँ परंपरागत रूप में प्रयुक्त होती रही हैं। इनका प्रभाव भी हिंदी में उभरना स्वाभाविक था। इसे हिंदी के आदिकालीन साहित्य की भाषा में देख सकते हैं।

भारतवर्ष पर एक लंबे समय तक मुगलों का शासन था। फारसी उनकी राजभाषा और अरबी धर्म भाषा थी। 17वीं शताब्दी से 15 अगस्त, 1947 तक भारत पर अंग्रेजों का शासन था। अंग्रेजी उस समय राजकाज की भाषा बन गई। इस प्रकार विदेशी शासन से फारसी, अरबी और अंग्रेजी का गंभीर प्रभाव हिंदी पर पड़ा।

हिंदी भारतवर्ष के कई प्रदेशों—उत्तर प्रदेश, हिमाचल प्रदेश, उत्तराखंड, हरियाणा, मध्यप्रदेश, बिहार, झारखंड और छत्तीसगढ़ में प्रयुक्त होती है। इन हिंदी प्रदेशों की अपनी बोलियों के वैविध्यपूर्ण स्वरूप हैं, जो हिंदी स्वरूप को प्रभावित करता है। मानवीय भाषा का सतत विकासात्मक परिवर्तन उसकी प्रवृत्ति है। हिंदी का प्रयोग 1,100 वर्षों से अधिक समय से हो रहा है। इस प्रकार हिंदी स्वरूप में नूतनता, विकास और परिवर्तन अवश्यंभावी है। वर्तमान वैश्वीकारण के युग में भारत के विभिन्न भाषाभाषियों से निकट संबंध अपेक्षित ही है। हिंदी भारत की विभिन्न भाषाओं से संरचनात्मक रूप में समृद्ध हो रही है। उस प्रक्रिया में विविधता भी रवाभाविक है।

वर्तमान विश्वगाँव (Global Village) संदर्भ में विभिन्न देशों से आवागमन सरल हो गया है। इस प्रकार हिंदी भाषियों से विदेशी भाषा भाषियों से संपर्क और संवाद होता रहता है। इससे विदेशी भाषाओं के तत्त्व हिंदी में आना स्वाभाविक है। विदेशी भाषा तत्त्वों को भी हिंदी भाषा की प्रवृत्ति के अनुकूल करते हुए मानकीकरण आवश्यक है। इस प्रकार हिंदी के परंपरागत तत्त्वों के साथ आगत विभिन्न तत्त्वों का एकरूपता-संदर्भ में मानकीकरण उसका आदर्श रूप प्रदान करेगा।

इस पुस्तक 'हिंदी का मानकीकरण' में हिंदी के उच्चारण और लेखन पर विस्तार से विवेचन करने का प्रयास किया गया है। सर्वप्रथम भाषा के मानकीकरण की प्रक्रिया को दर्शाते हुए मानक भाषा के अभिलक्षणों की चर्चा की गई है। हिंदी ध्वनि

मानकीकरण के प्रारंभ में हिंदी ध्वनियों को उत्पादन प्रक्रिया को रेखाचित्र के माध्यम से स्पष्ट किया गया है। ध्वनि भाषा की स्वतंत्र, लघुतम और महत्त्वपूर्ण इकाई है। हिंदी स्वरों के संदर्भ में मात्रानुसार उच्चारण, 'अ' का अनुच्चरित रूप और स्वरगुच्छ, उच्चारण प्रक्रिया आदि का विवेचन किया गया है। व्यंजन ध्वनियों के स्वतंत्र उच्चारण, शब्दगत विशेष उच्चारणों को रेखांकित किया गया है। शब्दांतर्गत विभिन्न ध्वनियों के उच्चारण के साथ अक्षर के उच्चारण को मुख्य आधार बताते हुए इसे रेखांकन कर स्पष्ट किया गया है। उच्चारणात्मक प्रक्रिया में संगम, बलाधात सुराधात और दीर्घता आदि का विवेचन है।

हिंदी लेखन मानकीकरण में सर्वप्रथम नागरी लिपि का मानकीकरण है। इसमें 'र' वर्ण के चार चिह्नों, नासिक्य व्यंजन, संयुक्त व्यंजन के साथ अंकों आदि के मानक लेखन की चर्चा की गई है। इसके साथ ही संघर्षी व्यंजन, उत्क्षिप्त व्यंजन, और पूर्ण विराम की मानकता पर विचार किया गया है। अंत में कंप्यूटर संदर्भ में नागरी वर्णों की मानकता पर चर्चा की गई है। शब्द भाषा की स्वतंत्र, सार्थक महत्त्वपूर्ण इकाई है। शब्द-संदर्भ में वर्तनी के मानकीकरण पर विस्तार से विचार किया गया है। हिंदी के बहुत से शब्द उच्चारण में व्यंजनांत हो गए हैं। इस संदर्भ में हल '्' स्वरूप की व्यावहारिक चर्चा की गई है। अनुनासिक चिह्न 'ँ' का सरलीकरण कर अनुस्वार चिह्न '—ं' के रूप में प्रयोग करना अमानक रूप है, क्योंकि दोनों चिह्न भिन्न हैं। अनुस्वार अर्ध नासिक्य व्यंजनों के लिए प्रयुक्त होता है, जिसमें निःश्वास की वायु नासिका से निकलती है। अनुनासिकता में मुख और नासिका दोनों से वायु निकलती है। अर्थ स्पष्टता के लिए इनका उपयुक्त मानक रूप आवश्यक है। हिंदी भाषा उच्चारण में अकारण अनुनासिकता, अल्पप्राण का महाप्राणीकरण होने की लेखन में उपेक्षा आवश्यक है। नाम के पूर्व या बाद में सम्मानजनक शब्द, पुनरुक्त शब्द, संधि और सामासिक शब्दों आदि के मानक लेखन की चर्चा की गई है।

हिंदी का उद्भव संस्कृत से हुआ है। संस्कृत श्लेषात्मक भाषा है, तो हिंदी वियोगात्मक भाषा है। इस प्रकार पद और वाक्य के लेखन की अपनी वियोगात्मक संरचना को मानक रूप में व्यवस्थानुसार प्रयोग करना चाहिए।

हिंदी के उच्चारण और लेखन के मानकीकरण चर्चा में यथासंभव रेखाचित्रों के माध्यम से विविध संदर्भों को रेखांकित करने का प्रयास किया गया है। जिन विद्वानों से समय-समय पर चर्चाकर निर्णय तक पहुँचने का अवसर मिला है, उनके प्रति हार्दिक आभार। शोधार्थियों में इस दिशा में उभरी विशेष चर्चा अभिरुचि के लिए उन्हें मानक जीवन यापन और मानक भाषा-प्रयोग के लिए स्नेहाशीष।

नरेश मिश्र

अनुक्रम

1. भाषा : मानकीकरण

भाषा भावाभिव्यक्ति का साधन है। भाषा में प्रभावी और आदर्श संप्रेषणीयता और बोधगम्यता विकसित करने के लिए भाषा में की जानेवाली व्यवस्था, अनुकूलन प्रक्रिया और संस्कार प्रविधि को मानकीकरण कह सकते हैं। मानकीकरण में भाषा के ऐतिहासिक संदर्भ के सुदृढ़ आधार के साथ सर्वबोधगम्यता के लिए सरल स्वरूप होना अपेक्षित होता है। भाषा के मौखिक और लिखित दो मुख्य रूप हैं। अतः भाषा के मौखित लिखित दोनों का समन्वित रूप में मानकीकरण अपेक्षित है।

भाषा के मानकीकरण को परिभाषित करते हुए विभिन्न भाषाविदों ने अपने मंतव्य दिए हैं। इनमें से कुछ प्रमुख मंतव्य प्रस्तुत हैं:—

1. प्रो. सूजभान सिंह ने मानकीकरण की प्रक्रिया का उल्लेख करते हुए इस प्रकार परिभाषित किया है, "मानकीकरण भाषा विकास प्रक्रिया का एक सहज प्रतिफलन है। भाषा के रूप लोक-व्यवहार से परिष्कृत और सिद्ध होते हैं। जब भाषा-समाज सामूहिक रूप से इनका व्यवहार करने लगता है, तो वे रूप, रूढ़ और मानक हो जाते हैं और भाषा-परंपरा के अंग बन जाते हैं।"

2. डॉ. भोलानाथ तिवारी ने शिष्ट समाज द्वारा विस्तृत क्षेत्र में प्रयुक्त शुद्ध भाषा स्वरूप की ओर संकेत करते हुए लिखा है:—

"मानक भाषा किसी भाषा के उस रूप को कहते हैं, जो उस भाषा के पूरे क्षेत्र में शुद्ध माना जाता है तथा जिसे उस प्रदेश का शिक्षित और शिष्ट समाज अपनी भाषा का आदर्श रूप मानता है और प्रायः सभी औपचारिक परिस्थितियों में, लेखन में, प्रशासन और शिक्षा के माध्यम के रूप में यथासाध्य उसी का प्रयोग करने का प्रयत्न करता है।"

3. डॉ. कैलाशचंद्र भाटिया ने भाषा के मौखिक और लिखित भाषा में बोधगम्यता के संदर्भ से मानक भाषा के विषय में अपना विचार इस प्रकार व्यक्त किया है—

"भाषा के मानक रूप से तात्पर्य है—ऐसी भाषा जिसका प्रयोग करने पर दूसरा व्यक्ति समझ सके। यह प्रयोग मौखिक अथवा लिखित प्रारूप में हो सकता है। उसके समक्ष उद्देश्य यही है कि उसकी भाषा दूसरा समझे/समझ सके। समाज में

जिस प्रकार अन्य संदर्भों के प्रतिमान होते है, उसी प्रकार भाषा में होते हैं। इसको बोधगम्यता की संज्ञा दी जा सकती है। समकालिक भाषा वैज्ञानिक दृष्टि से भाषा या तो एक ही भाषिक प्रतिमान को द्योतित करती है या संबद्ध प्रतिमानों के समूह को।"

4. डॉ. दिलीप सिंह ने मानक भाषा को समाज स्वीकृत आदर्श रूप के साथ समाज की प्रतिष्ठा के प्रतीक रूप में मान्यता देते हुए लिखा है–

"भाषा की मानकता का अर्थ है वह सापेक्ष स्थिति जो समाज स्थितियों में 'मान' अथवा 'आदर्श' के रूप में समाज द्वारा स्वीकृत की जाती है। यह भी कहा जा सकता है कि मानक भाषा किसी भाषा समूह (Language Community) का वह रूप है, जिसे उस भाषा के अन्य सभी भाषा रूप 'मानक' के रूप में स्वीकार करते हैं। ...'मानक भाषा' किसी भाषा की वह सामाजिक बोली या (भाषा रूप) है, जो उनके बोलने वालों के लिए सामाजिक प्रतिष्ठा का प्रतीक है।"

इस प्रकार स्पष्ट रूप से कहा जा सकता है–'भाषा को सहज संप्रेषणीय, सरल और सर्वबोधगम्य, भिन्नता में एकता के साथ व्याकरण सम्मत/आदर्श रूप प्रदान करना भाषा का मानकीकरण है। यह भाषा संस्कृति की उत्कृष्ट संवाहिका और समाज की प्रतिष्ठा की प्रतीक होती है।'

1.2. मानक भाषा : अभिलक्षण

भाषा के युगानुरूप स्वभाषा भाषी और इतर भाषाभाषी प्रयोक्ताओं की सरलता, सुलभता को दृष्टिगत कर निर्धारित किए गए व्याकरणसम्मत, एकरूपता आधारित बोधगम्य रूप को मानक भाषा की संज्ञा दी जाती है।

मानक भाषा के कुछ प्रमुख अभिलक्षणों को इस प्रकार रेखांकित कर सकते हैं–

1. ऐतिहासिकता

भाषा की परंपरा का समृद्ध इतिहास उसकी श्रेष्ठता और प्रयोगशीलता को प्रमाणित करता है। मानकीकरण में परंपरागत श्रेष्ठ भाषा के उपयोगी सिद्धांतों और उसकी संरचना के विभिन्न तत्त्वों को अपनाने पर विचार किया जाता है; यथा-हिंदी का उद्‌भव भारतीय आर्य परिवार की श्रेष्ठ भाषा संस्कृत से हुआ है। हिंदी में संस्कृत को विभिन्न व्याकरणिक कोटियों और सिद्धांतों को आधार रूप में अपनाया गया है। यत्र-तत्र आवश्यकता और उपयोगितानुसार परिवर्तन किया गया है या नूतनता लाई गई है। हिंदी में दो लिंग और दो वचन की व्यवस्था की गई है, जबकि संस्कृत में तीन लिंग और तीन वचन की व्याकरणिक व्यवस्था है।

इसी प्रकार संस्कृत में 6 (six) के लिए छः और National के लिए 'राष्ट्रिय' शब्द मानक हैं, तो हिंदी में इनके लिए 'छह' और 'राष्ट्रीय' शब्द मानक गाने गए हैं।

भारतवर्ष की प्रारंभिक लिपि ब्राह्मी है। इससे ही नागरी लिपि का उद्‌भव हुआ है। ब्राह्मी लिपि के चिह्न युगीन हिंदी भाषा की लिपि नागरी में आए हैं–

अ-ग्र ण-रा, ल-ल आदि। सुधार प्रक्रिया से एकरूपता लाने के लिए इनके लिए अ, ण, ल आदि मान्य किए गए। भाषाविदों और केंद्रीय हिंदी निदेशालय के द्वारा वैज्ञानिकता और उपयोगिता के आधार पर नागरी लिपि के अ, ण और ल आदि चिह्नों को मानक माना गया है।

इस प्रकार इतिहास संदर्भ, परंपरा-विश्लेषण-आधार पर परिवर्तन, सुधार और मानकीकरण प्रक्रिया का उपयोगी रूप सामने आता है।

2. एकरूपता

जिस भाषा का प्रयोग विस्तृत क्षेत्र और बहुसंख्यक लोगों द्वारा होता है, उसमें विविध संदर्भों से विविधता होना अवश्यंभावी है। पानी और भाषा के भौगोलिक दूरी आधार पर परिवर्तन के विषय में कहा जाता है–"कोस-कोस पर पानी बदले, पाँच कोस पर बानी।" वर्तमान वैश्वीकारण की प्रक्रिया में देश-विदेश के विभिन्न भाषाभाषी लोगों का परस्पर संवाद करना सरल हो गया है। इस प्रकार भिन्न भाषा-भाषियों के संपर्क में आने और साथ-साथ कार्य-व्यवहार के साथ संवाद करने से भाषा पर विविध भाषाओं का प्रभाव पड़ना स्वाभाविक है। भाषा परिवर्तन के विभिन्न कारणों में आंचलिकता का विशेष रूप सामने आता है; यथा हिंदी भारत के विस्तृत भौगोलिक क्षेत्र में और बहुसंख्यक लोगों द्वारा समझी और प्रयोग की जाती है। हिंदी के अवधी व्रज, हरियाणवी, भोजपुरी, मैथिली और छत्तीसगढ़ी आदि क्षेत्रों की भाषाओं की अपनी संरचना और विशेषताएँ हैं। हिंदी पर इनका प्रभाव सहज रूप में देखा जा सकता है। हिंदी का प्रयोग भारतवर्ष के हिंदीतर प्रदेशों में भी प्रभावी रूप में होता है। वहाँ की हिंदी पर क्षेत्रीय भाषा का स्पष्ट प्रभाव दिखाई देता है। कोलकता में प्रयुक्त होनेवाली बंगला मिश्रित हिंदी को कलकतिया हिंदी और बंबई में बोली जानेवाली मराठी मिश्रित हिंदी को 'बंबईया हिंदी' नाम दिया जाता है। यह हिंदी प्रयोग विस्तार के साथ उसके स्वरूप के वैविध्यता का प्रमाण है।

वर्तमान 'हिंदी व्याकरण' भी मानकीकरण की प्रक्रिया से गुजर रहा है। व्यावहारिकता के संदर्भ में विभिन्न क्षेत्रों के कुछ प्रयोग संदर्भ उल्लेखनीय हैं; यथा-लिंग संदर्भ में दोहरे प्रयोग-बाजार खुल गया/(पुल्लिंग) बाजार खुल गई (स्त्रीलिंग) यह दही खट्टा है/(पुल्लिंग) यह दही खट्टी है/(स्त्रीलिंग)

इसी प्रकार हिंदी भाषा के लेखन में स्वर-व्यंजन प्रयोग की द्विरूपता यत्र-तत्र सामने आती है; यथा–

नई-नयी, गई-गयी, लिए-लिये, लताएँ-लतायें आदि।

लेखन के साथ उच्चारण में भी आनेवाली भिन्नता भी विचारणीय है। हिंदी अंक 6 (six) के लिए छः, छ, छा, छे, छै और छह आदि उच्चारण सुन सकते हैं। मानकीकरण में इनके लिए एक रूप 'छह' निर्धारित किया गया है। मानकीकरण में व्यावहारिक और वैज्ञानिक आधार पर निर्धारण होता है। यहाँ 6 अंक का मानकीकरण उल्लेखनीय है। इसके लिए कुछ समय पूर्व 'छः' निर्धारित किया गया था, किंतु हिंदी के अंकों पर गंभीर चिंतन से स्पष्ट हुआ कि हिंदी के समस्त अंक तद्भव रूप में उच्चरित और शब्दों में लिखे जाते हैं। इसलिए एकरूपता आधार पर 6 (six) के लिए तत्सम 'छः' के स्थान पर तद्भव 'छह' मानक रूप में अपनाया गया है। इसमें उच्चारण की अनुरूपता है।

इस प्रकार स्पष्ट रूप से कहा जा सकता है कि भाषा के विविध संदर्भों की एकरूपता मानकीकरण का प्रमुख अभिलक्षण है।

3. व्याकरण सम्मत रूप

भाषा को व्यवस्था देनेवाले शास्त्र को व्याकरण की संज्ञा दी जाती है। मानक भाषा का स्वरूप सर्वविधि व्यवस्थित या व्याकरण के अनुकूल होना अनिवार्य है। यहाँ यह भी उल्लेखनीय है कि सभी भाषाओं के अपने व्याकरण होते हैं। प्रत्येक भाषा के व्याकरण की अपनी विशिष्ट व्याकरणिक कोटियाँ होती हैं। आधुनिक भारतीय आर्य भाषाओं की सर्वाधिक उल्लेखनीय व्याकरणिक व्यवस्था है—उसका सरलीकृत और सहज ग्राह्य रूप है। यदि लिंग व्याकरणिक कोटि पर विचार करते हुए अंग्रेजी, संस्कृत और हिंदी को तुलना करें, तो सरलीकरण का तथ्य स्पष्ट रूप में सामने आता है—

अंग्रेजी (English)	Masculine Gender,	Feminine Gender
	Common Gender,	Nauter Gender
संस्कृत	पुल्लिंग, स्त्रीलिंग,	नपुंसक लिंग
हिंदी	पुल्लिंग, स्त्रीलिंग	

इस प्रकार अंग्रेजी में चार लिंगों, संस्कृत में तीन लिंगों की व्यवस्था है, जबकि हिंदी में सरलीकृत रूप में दो लिंगों की मानकीकृत व्यवस्था है।

व्याकरण के आधार पर भाषा की ध्वनि, वर्ण, अक्षर, शब्द, पद और वाक्य आदि इकाइयों की व्यवस्था अपेक्षित है। हिंदी में ध्वनि और वर्ण में स्वरों को प्रारंभ में और व्यंजन को उनके बाद रखने की व्यवस्था दी गई है। स्वर की मात्राओं के स्वरूप के साथ उनके प्रयोग की सुनिश्चित व्यवस्था है। नागरी लिपि के व्यंजन वर्ण-चिह्नों के पूर्ण और अर्ध रूप भी निर्धारित हैं। यह निर्धारण ही नागरी लिपि के मानकीकरण का एक अंश है; यथा—

हिंदी के वर्ण के लिए मूल चिह्न 'र' निर्धारित किया गया है और अन्य व्यंजनों के साथ संयुक्तता के लिए व्यंजन वर्णों के चिह्नों के साथ प्रयोग अनुरूपता के लिए तीन अन्य रूप निर्धारित किए गए हैं; उदाहरणार्थ—

र —रस, राख, रात

⁄ —क्रम (क्‌रम), भ्रम (भ्‌रम), चक्र (चक्‌र)

‸ —ट्रक (ट्‌रक), ट्राम (ट्‌राम), ड्रम (ड्‌रम)

—ं —कर्म (कर्‌म), चर्म (चर्‌म), धर्म (धर्‌म)

व्याकरण के अनुसार शब्द संरचना और उसका प्रयोग भी मानकीकरण का आधार है। शब्द भाषा की लघुतम, स्वतंत्र, सार्थक और महत्त्वपूर्ण इकाई है। इसलिए इसका शुद्ध प्रयोग मानकीकरण के लिए आवश्यक आधार है; यथा—आशीर्वाद, संन्यासी, वर्त्स्य (मानक रूप)

प्रत्येक भाषा की लघुतम से महत्तम इकाई तक अपनी व्यवस्था होती है। हिंदी के वाक्यों की मानक व्यवस्था के आदरार्थक रूप का प्रयोग उल्लेखनीय है—

English–My father is going calcutta. He will come next month.

हिंदी—मेरे पिता जी कलकत्ता जा रहे हैं। वे अगले महीने आएँगे।

अंग्रेजी में सामान्य और आदरसूचक दोनों वाक्यों में ऊपरलिखित अंग्रेजी के वाक्य में प्रयुक्त 'is, he' का प्रयोग होता है। हिंदी के आदरार्थक वाक्य के सर्वनाम, विशेषण और क्रिया आदि एकवचन कर्ता के साथ बहुवचन रूप में प्रयुक्त होते हैं। ऊपर के वाक्य में 'पिता जी' एक वचन के साथ बहुवचन सर्वनाम 'वे' और जा रहे हैं'/'आएँगे/बहुवचन क्रिया का मानक प्रयोग किया गया है।

इस प्रकार मानकीकरण में भाषा की विभिन्न व्याकराणिक कोटियों का समुचित आधार आवश्यक है।

4. सरलता और बोधगम्यता

भाषा का मुख्य उद्देश्य भावाभिव्यक्ति है। इसी प्रकार स्पष्ट भावाभिव्यक्ति/अनुकूल संप्रेषणीयता श्रेष्ठ भाषा की पहचान है। मनुष्य सरल ढंग और सीमित शक्ति प्रयोग से संपन्न होनेवाला कार्य करके प्रसन्न होता है। ऐसे कार्य को करने के लिए उत्सुक भी रहता है। इसी प्रकार वह भाषा-प्रयोग में प्रयत्नलाघव की अपेक्षा रखता है। अधिकांश व्यक्ति सरल और बोधगम्य भाषा सुनना और पढ़ना भी चाहते हैं। यह भी निर्विवाद तथ्य है कि सरल भाषा के प्रयोग में अपेक्षित शुद्धता और संप्रेषणीयता संभावित होती है। हिंदी के संदर्भ में कुछ विद्वानों का यह मंतव्य है कि हिंदी की क्लिष्टता इसके विकास विस्तार में बाधक है। इसके स्थान पर यदि यह कहा जाए कि हिंदी का व्याकरणसम्मत सरल और बोधगम्य रूप अपनाया जाए, तो हिंदी को मानकीकृत रूप का प्रयोग तेजी से विस्तार ही नहीं पा लेगा वरन् लोक स्वीकृति पा लेगा। हिंदी भाषा के मानकीकरण में बोधगम्यता के साथ सहज संप्रेषणीयता पर भी ध्यान रखा जाता है। हिंदी के सामान्य प्रयोग की भाषा के मानक रूप में सरल ही नहीं सरलतम शब्दों के साथ सरल और लघु वाक्यों की रचना उपयोगी मानी गई है। साहित्यिक हिंदी में गंभीर भावों का संप्रेषण अपेक्षित होता है। अतः साहित्यिक हिंदी भाषा के मानकीकरण में एकरूपता और व्याकरण सम्मत रूपों के साथ शब्दों का उत्कर्ष या परिभाषित रूप संभावित होता है। हाँ! वैज्ञानिक, तकनीकी, प्रशासनिक और व्यासायिक आदि विषयों की भाषा में भाव संप्रेषणीयता के साथ प्रयोग की सहज संभावना को दृष्टिगतकर किया गया मानकीकरण व्यावहारिक सिद्ध होता है; यथा—Computer के लिए संघणक, कंप्योत्तर और कंप्यूटर शब्दों पर विचार किया गया। कंप्यूटर शब्द के प्रचलन के आधार पर इसकी सरलता और बोधगम्यता से इसे हिंदी की मानक शब्दावली में स्थान मिल गया। दूसरी भाषा के आगत शब्दों/ के अनुवाद के मानक रूप में सरलता और बोधगम्यता विकसित करने के लिए उसके प्रचलित उच्चारण से मिलते-जुलते शब्द का नवीन संप्रेषणीय रूप अपनाया जाता है; यथा—

Academy (अकेडॅमि) (अकादमी)

Captain (कैप्टिन्)—कप्तान

मानकीकरण की प्रक्रिया में भाषा के उच्चारण और लेखन में सरलता के साथ सहज उपयोगी बोधगम्यता अपेक्षित होती है।

5. प्रयोगशीलता

मनुष्य सर्वाधिक चिंतनशील प्राणी है। उसका मन-मस्तिष्क नवचिंतन और नव-सृजन में लगा रहता है। इसी आधार पर विभिन्न क्षेत्रों में आविष्कार और नव-निर्माण चलता रहता है। इस नूतन आयाम से भाषा में नूतन भाव व्यक्त करनेवाले शब्दों का उत्साह के साथ प्रयोग करते हैं, किंतु सामान्य व्यक्ति या अन्य विषय से संबंधित विद्वानों के लिए ऐसे नवनिर्मित शब्द प्रारंभ में ही सरल लगें, तो उसके प्रयोग में सरलता होगी। इसके बाद ऐसे शब्द के प्रयोग में उत्साह बना रहेगा। ऐसे में शब्द का मानक रूप सहजता से प्रयोग होता है; यथा—Vice Chanceller के लिए पहले 'उपकुलपति' शब्द प्रयोग होता था। इसके लिए सरलीकृत उपयोगी मानक शब्द निर्धारित किया गया 'कुलपति'। यह शब्द व्यावहारिक प्रयोग में सरल है। इसे 'कुलपति महोदय' या 'कुलपति' कहना और लिखना 'उपकुलपति महोदय' या 'उप-कुलपति जी' कहने और लिखने की अपेक्षा सरल है। यही कारण है इस मानक शब्द को सरलता से अपनाया गया और सर्वग्राह्य बन गया।

इस प्रकार नए मानक शब्द के निर्माण या भाषा के मानकीकरण के प्रारंभिक चरण में प्रयोग सुलभता और सतत प्रयोग की व्यावहारिक दृष्टि रखना आवश्यक है।

6. सर्वग्राहिता

वर्तमान वैश्वीकरण के युग में भाषा की श्रेष्ठता और मानकता मात्र संबंधित भाषा भाषियों पर ही आधारित नहीं होती, वरन् राष्ट्र की विभिन्न भाषाओं ही नहीं विश्व को अधिकांश भाषाओं को दृष्टिगत कर निर्धारित की जाती है। हाँ! इसे तीन चरणों में विश्लेषित कर सकते हैं। प्रथम चरण में हिंदी के विस्तृत भौगोलिक क्षेत्र में बहुसंख्यक लोगों द्वारा समझी और प्रयोग की जानेवाली भाषा के मानकीकरण में विभिन्न अंचल के उच्चरित और लिखित रूप पर विचार करते हुए सबके लिए सर्वाधिक सुलभ और ग्राह्य रूप का निर्धारण करना चाहिए। हाँ! यहाँ चयन प्रक्रिया में व्याकरण सम्मत रूप ही अपनाना उपयोगी होता है। इसके बाद भाषा विकास में राष्ट्रीय स्तर की विभिन्न भाषाओं के समभावी शब्दों और तत्त्वों पर विचार कर मानक रूप निर्धारित करना होगा। मानक रूप निर्धारित करते हुए यह ध्यान रखा जाता है कि राष्ट्र के सभी भाषा भाषियों के लिए अपेक्षाकृत अधिक से अधिक ग्राह्य हो।

हिंदी भाषा का प्रयोग मात्र भारत में ही नहीं, विश्व के विभिन्न देशों में हो रहा है। विभिन्न देशों में हिंदी साहित्य का सृजन हो रहा है। विभिन्न देशों के विद्यार्थी

ही नहीं विद्वान भी हिंदी को द्वितीय भाषा के रूप में सीखने के लिए भारत आते हैं। इस प्रकार हिंदी भाषा के मानकीकरण में वैज्ञानिक रूप से सर्वग्राही स्वरूप निर्धारण उपयोगी होता है; यथा—'अंग', 'पंच', 'घंटी' और 'हिंदी' चार शब्द लिखें, तो हिंदीतर भाषी और विदेशी भाषा-भाषी के मन में प्रश्न उठ सकता है कि चारों शब्दों में नासिक्य व्यंजन का अर्ध रूप है, फिर तीन में अनुस्वार के रूप में और चौथा शब्द 'हिन्दी' अर्ध नासिक्य रूप में क्यों लिख गया? एकरूपता, वैज्ञानिकता और सर्वग्राही बनाने के लिए चौथे शब्द का मानक रूप 'हिंदी' निश्चित किया गया है।

7. उच्चारण-लेखन समन्वित मानकीकरण

भाषा के मुख्यतः दो रूप हैं—प्रथम उच्चरित और द्वितीय लिखित। भाषा के उच्चरित रूप में सर्वाधिक विविधता होती है। इसका कारण है—उच्चारण को प्रभावित करने वाले अनेक तत्त्व है; यथा—स्थान-परिवेश, वक्ता की मानसिकता, वक्ता के ध्वनि उत्पादक (मुख) अंगों की रचना भिन्नता, अन्य भाषा का प्रभाव, अपूर्ण अनुकरण, मुख-सुख, बौद्धिक भिन्नता और भावावेश आदि। यह भी निर्विवाद तथ्य है कि प्रत्येक व्यक्ति की उच्चरित भाषा की अपनी पहचान होती है। इसी आधार से पर्दे के पीछे या ओट से भी बोलने पर परिचितों में से कौन बोल रहा है, पहचान हो जाती है। इस प्रकार उच्चरित/सामान्य भाषा की सामान्य भिन्नता पर ध्यान नहीं दिया जाता है, लेकिन मानक भाषा का उच्चारण वैज्ञानिक और पूर्णरूपेण सैद्धांतिक होता है।

मानक उच्चारण निश्चय ही मानक भाषा की पहचान है। हिंदी भाषा के विषय में मान्यता है—'जैसा लिखा जाता है वैसा ही बोला जाता है और जैसा बोला जाता है वैसा ही लिखा जाता है।' हिंदी नहीं मानकीकरण की प्रक्रिया में यह कहना उचित होगा—'मानक हिंदी भाषा को जैसा लिखा जाता है, वैसा ही बोला जाता है और जैसा बोला जाता है वैसा लिखा जाता है।' जब हिंदी के लिखने और बोलने दोनों में उसके मानक रूप को अपनाया जाएगा, तो यह मान्यता चरितार्थ होती दिखाई देगी।

हिंदी के लिखित स्वरूप के मानकीकरण पर पर्याप्त समय से, वैयाकरणों, भाषाविदों और केंद्रीय हिंदी निदेशालय के द्वारा विचार-विमर्श चल रहा है। कई महत्त्वपूर्ण स्थापनाओं से हिंदी के मानकीकरण को दिशा मिल चुकी है। जिसकी चर्चा संवेत रूप में आगे की जाएगी।

हिंदी के उच्चरित स्वरूप के मानकीकरण पर अपेक्षित विचार-विमर्श के साथ उसके और मानक लिखित स्वरूप के समन्वित चिंतन से हिंदी के मानकीकरण का आदर्श परिणाम सामने आएगा। इससे हिंदी के संदर्भ का 'उच्चारणानुसार लेखन और लेखनानुसार उच्चारण' चरितार्थ हो जाएगा। ऐसे विस्तृत विचार क्रम में कुछ संदर्भ व्यावहारिक आधार पर प्रस्तुत हैं—

मध्यस्वर लोप : हिंदी शब्द के मध्य ह्रस्व व्यंजन हो, उसके बाद दीर्घ व्यंजन

हो, तो उच्चारण ह्रस्व व्यंजन अर्ध हो जाता है, किंतु लेखन में पूर्ववत रहता है। इस प्रकार उच्चारण लेखन में सैद्धांतिक भिन्नता है। अर्थात मानक लेखन और उच्चारण में यही रूप अपनाना चाहिए।

मानक लेखन	**मानक (त्वरित) उच्चारण**
चलता, मिलता	चल्ता, मिल्ता

यहाँ यह स्पष्ट करना आवश्यक है कि हिंदी का त्वरित, प्रभावी और शुद्ध रूप मानकीकरण में अपनाया है। इसमें मानक भाषा के सरल, बोधगम्य, सर्वग्राह्य आदि रूप समाहित हैं।

महाप्राणीकरण : हिंदी शब्दों में जब (ख, घ, छ, झ, ठ, ढ, थ, ध, फ, भ) के पूर्व यदि उसी वर्ग का संबंधित अल्पप्राण व्यंजन लेखन में आए, तो त्वरित उच्चारण में अल्पप्राण व्यंजन महाप्राण व्यंजन बन जाता है; यथा–

मानक लेखन	मानक (त्वरित) उच्चारण
अच्छा	अछ्छा
मच्छर	मछ्छर
पत्थर	पथ्थर

मानवीय भाषा में मानव के अभिलक्षण होना स्वाभाविक है। स्पष्ट मान्यता है–"जैसी संगति बैठिए, तैसे ही गुण होत।" यह भी सृष्टि का नियम है कि निकटता में पानी, भाव और गुण उच्च से निम्न की ओर बढ़ते हैं। विद्वान की निकटता गुण, भक्त की निकटता भक्ति प्रदान करती है, उसी प्रकार महाप्राण व्यंजन (छ, थ) की निकटता से उच्चारण (सहज प्रयोग) में अल्पप्राण 'च्' और 'त्' महाप्राण 'छ' और 'थ' बन गए। ये लेखन और उच्चारण भिन्न होते हुए व्यावहारिक और सैद्धांतिक आदि रूपों में मानक हैं।

भाषा के विविध रूपों में मानक भाषा संप्रेषणीयता, सर्वबोधगम्यता, व्याकरणिक योग्यता और एकरूपता आदि गुणों से संपन्न होती है। इसलिए भारत की अस्मिता और संस्कृति की संवाहिका हिंदी के मानकीकरण पर गंभीरता से विचार चिंतन अपेक्षित है।

हिंदी ध्वनि : मानकीकरण

भाषा और समाज अन्योन्याश्रित हैं। समाज का निर्माण और उसकी गतिशीलता मुख्यतः भाषा पर आधारित है। भाषा के बिना समाज संभव नहीं है और समाज के बिना भाषा का अस्तित्व असंभव है। भाषा को परिभाषित करते हुए कहा जाता है—"भावाभिव्यक्ति के साधन को भाषा कहते हैं।" अर्थात अपने भाव और विचार दूसरों तक पहुँचाने और दूसरों के भाव-विचार को ग्रहण करने के माध्यम को भाषा की संज्ञा दी जाती है।

भाषा को प्रयुक्ति के आधार पर निम्नलिखित प्रमुख वर्गों में विभक्त कर सकते हैं—स्पर्श भाषा, चक्षु भाषा, संकेत भाषा, मौखिक भाषा, लिखित भाषा और मशीनी भाषा। भाषा के इन विविध रूपों की अपनी विशेषताएँ हैं, जिनसे मन भावन अभिव्यक्ति होती है। संकेत भाषा सामान्य अभिव्यक्ति का प्रारंभिक रूप है। स्पर्श भाषा सबसे संवेदनशील भाषा है। प्रेम, क्रोध और भय आदि संदर्भ में अनुकूल या प्रतिकूल भाव प्रवाह में स्पर्श का प्रभाव कितना प्रबल होता है! इससे इसकी संवेदनशीलता का ज्ञान हो जाता है। मौखिक भाषा सर्वाधिक प्रयुक्त और भाव-भंगिमा एवं अंग प्रचलन आधार से अभिव्यक्ति का सबसे प्रभावी रूप है। लिखित भाषा लिपि के आधार पर सबसे शक्तिशाली बन जाती है। भाषा का लिखित रूप समय और स्थान की सीमा पार करने की शक्ति रखता है। एक स्थान पर लिखी गई कविता एक प्रदेश, देश ही नहीं, विश्व के किसी कोने तक पहुँच सकती है। वेद प्राचीन काल में रचे गए, आज हमारे सामने हैं और युगों तक रहेंगे। मशीनी भाषा, विज्ञान की तकनीक और यंत्रों पर आधारित बहु उपयोगी वैज्ञानिक रूप है।

हिंदी भारतवर्ष की राष्ट्रभाषा, राजभाषा, जनभाषा, माध्यम भाषा, संपर्क भाषा, मातृभाषा और संचार भाषा है। वर्तमान वैश्वीकरण के युग में हिंदी के प्रयोग को गति मिली है। विज्ञान और कंप्यूटर के आधार पर हिंदी के प्रचार-प्रसार को अनुकूल दिशा मिली है।

यह सर्वविदित तथ्य है कि भाषा के विविध रूपों में मौखिक भाषा का सर्वाधिक प्रयोग होता है। यह भी सुनिश्चित तथ्य है कि बालक एक लंबे समय तक मौखिक

भाषा का प्रयोग करता है, उसके बाद पढ़ना-लिखना सीखता है। जनजातियों के भाव आदान-प्रदान या सामाजिकता का आधार मुख्यतः मौखिक भाषा ही है। गाँवों के अधिकांश किसान और मजदूर भी मौखिक भाषा को आधार भाषा के रूप में प्रयोग करते हैं। हाँ! यह उल्लेखनीय तथ्य है कि अनेक किसान और मजदूर आपस में ऐसे मिलते हैं, जो अत्यंत मोहक मौखिक भाषा का प्रयोग करते हैं, किंतु लिखना-पढ़ना नहीं जानते हैं। यह मौखिक या उच्चारित भाषा के प्रभावी प्रयोग का महत्त्व है।

आइए, मौखिक या उच्चारित भाषा की चर्चा की जाए। सामान्यतः 'मौखिक' भाषा का प्रयोग सामान्य और सहज प्रयोग के लिए किया जाता है, तो उच्चारण में सैद्धांतिक स्वरूप के अनुपालन, शुद्ध या मानकीकृत प्रयोग होता है।

मौखिक भाषा का मानव जीवन के व्यक्तिगत, सामाजिक, धार्मिक, आर्थिक, सांस्कृतिक, राजनीतिक और साहित्यिक आदि सभी क्षेत्रों में सर्वाधिक महत्त्व है। व्यक्ति के व्यक्तित्व निर्माण में सुगठित बलिष्ठ शरीर, रूप रंग और वस्त्रादि का विशेष महत्त्व है। उससे भी अधिक महत्त्व होता है भाव और विचारों की अनुकूल और स्पष्ट अभिव्यक्ति का।

भाषा प्रयोग में संस्कार, विवेक और अभ्यास का विशेष महत्त्व होता है। यह सर्वविदित तथ्य है कि संतुलित, मर्यादित और बोधगम्य भाषा सफलता और प्रसन्नता का द्वार खोलती है—

"ऐसी बानी बोलिए, मन का आपा खोय।
औरन को शीतल करे, आपुहि शीतल होय।।"

जीवन के कार्य क्षेत्र में शुद्ध-उच्चारण व्यक्तित्व-निर्माण और सफलता प्रदान करने का परम आधार है। यह सुनिश्चित तथ्य है कि वक्ता की भाषा के स्वरूप पर उसकी अभिव्यक्ति और संप्रेषणीयता निर्भर होती है। किसी वक्ता में कितना भी प्रभावी ज्ञान हो, चातुर्य हो, किंतु उसकी भाषा विषम या शिथिल हो, तो उसका वक्तव्य प्रभावहीन हो जाना सुनिश्चित है। यह ठीक उसी प्रकार है, जिस प्रकार किसी चित्रकार को चित्रकला गंभीर और प्रेरक पुस्तकीय ज्ञान हो, किंतु तूलिका से रंग उभारने की कला से अनभिज्ञ हो, तो उसकी सफलता संदिग्ध ही होगी।

इस प्रकार स्पष्ट रूप से कहा जा सकता है कि भाषा के स्तरीय और शुद्ध प्रयोग से व्यक्ति के व्यक्तित्व की पहचान बनती है। मनुष्य को प्रारंभ से अपनी भाषा के स्तरीय और मानक रूप के प्रयोग का प्रयास करना चाहिए। वैश्वीकरण के युग में प्रतिस्पर्धा बढ़ती जा रही है। इसलिए "शुद्ध प्रभावी भाषा प्रयोग, व्यक्तित्व निर्माण के आधार" को ध्यान में रख लक्ष्य की ओर बढ़ना चाहिए।

भाषा के शुद्ध और स्पष्ट उच्चारण की विशेष पद्धति है, जिसका अनुशरण करते हुए अभ्यास करना आवश्यक है। भाषा उच्चारण में तीन प्रेरक शक्तियों की अपेक्षा होती है—विकसित बुद्धि, भाषायी चेतना और एकाग्र मन।

भाषा-प्रयोक्ता में परिपक्व या विकसित बुद्धि अपेक्षित होती है। इसका कारण है कि ध्वनि के उत्पादन में ध्वनि उत्पादक फेफड़े, स्वरयंत्र, जिह्वा और अलिजिह्वा आदि अंगों को जटिल कार्य त्वरित गति से करना होता है। अबोध बालक अविकसित बुद्धि के कारण बहुत दिनों तक स्पष्ट नहीं बोल पाता है। उसको बुद्धि जैसे-जैसे विकसित होती है, वैसे-वैसे वह भाषा का उपयोगी प्रयोग करने लगता है। भाषा के शुद्ध प्रयोग में विकसित बुद्धि की भूमिका इससे भी स्पष्ट की जा सकती है, जब कोई विद्वान किन्हीं कारणों से विक्षिप्त हो जाए या पागल हो जाए, तो उसकी भाषा विकृति हो जाती है। यदि ऐसा व्यक्ति रास्ते में जा रहा हो और उसके सामने बिजली का पोल दिखाई दे, तो वह कह सकता है, "मेरे रास्ते से हट जाओ, मैं राजा हूँ..." निश्चय ही बौद्धिकता शुद्ध भाषा प्रयोग का प्रथम और महत्त्वपूर्ण आधार है।

शुद्ध ध्वनि उत्पादन से लेकर शुद्ध और स्पष्ट भाषा प्रयोग का दूसरा प्रेरक तत्त्व भाषायी चेतना है। भाषा-प्रयोक्ता जिस भाषा का प्रयोग कर भाव आदान-प्रदान करना चाहता है, उसका अनुकूल व्यवस्थित ज्ञान आवश्यक है। अपेक्षित ज्ञान के अभाव में भाषा की ध्वनियों, शब्दों ही नहीं वाक्यों के गलत प्रयोग हो जाते हैं। व्यवस्थित भाषा-ज्ञान के अभाव में प्रकांड (उच्च कोटि का) शब्द का प्रयोग 'चोट करने वाली' के स्थान पर वह गलत प्रयोग कर दिया जाता है; यथा—

प्रकांड धूप, प्रचंड विद्वान।

शुद्ध और स्पष्ट उच्चारण की तीसरी महत्त्वपूर्ण शक्ति है—प्रयोक्ता या वक्ता का 'एकाग्र मन'। वक्ता के सफल अर्थात शुद्ध और स्पष्ट वक्तृता के लिए विकसित बुद्धि, भाषायी चेतना के साथ एकाग्र मन की अनिवार्यता होती है। विकसित बुद्धि के साथ यदि प्रभावी भाषायी चेतना हो, किंतु मन साथ न दे, तो शुद्ध स्पष्ट बोलना, तो दूर रहा उसका बोलना भी असंभव हो सकता है। प्रायः प्रारंभिक और माध्यमिक कक्षाओं में ही नहीं विश्वविद्यालयों में भी देखा जाता है कि विद्यार्थी मन में यह सोच कर बोल ही नहीं पाता, मौन रह जाता है कि कहीं गलत न हो जाए। कई बार वक्ता मन की अपरिपक्वता पर या मन के विचलन में बोलते-बोलते चुप हो जाता है। इस प्रकार शुद्ध स्पष्ट भाषा प्रयोग के लिए मन की परिपक्वता अनिवार्य है।

भाषा की ध्वनियों के शुद्ध और स्पष्ट उच्चारण के साथ भाषा के व्यवस्थित और प्रभावी प्रयोग के समय परिपक्व बुद्धि, भाषायी चेतना और संतुलित मन, तीनों का जितना उत्तम समन्वित रूप होगा, भाषा का उतना ही शुद्ध, स्पष्ट और प्रभावी रूप सामने आएगा। इनमें से किसी एक की भी शिथिलता पर भाषा का शुद्ध उच्चारण संदिग्ध हो जाएगा।

हिंदी ध्वनि और उनकी उच्चारण प्रक्रिया

हिंदी भारतीय संस्कार पर आधारित भाषा है। मातृप्रधान भारतीय संस्कृति के आधार पर हिंदी स्वर प्रधान भाषा है। स्वरों को सर्वप्रथम स्थान दिया गया है—अ, आ, इ, ई...औ। इसके बाद व्यंजनों को रखा गया है—क, ख, ग, घ...ह।

1.3.1. ध्वनि उत्पादन

1.3.1.1. ध्वनि उत्पादक अंग

भाषाविज्ञान में मानव मुखोच्चरित ध्वनियों का अध्ययन किया जाता है। ध्वनि अनुभूति और ध्वनि अध्ययन में तीन पक्षों की अपेक्षा होती है। ध्वनि उत्पादक, ध्वनि संवाहक और ध्वनि संग्राहक। ध्वनि उत्पादक वक्ता हो सकता है और ध्वनि संग्राहक श्रोता हो सकता है। वक्ता ध्वनियों का उत्पादन या उच्चारण मुख से करता है, तो श्रोता ध्वनि का ग्रहण कान से करता है। ध्वनि के अस्तित्व या अनुभव के लिए दोनों का सामने होना अनिवार्य है, तो ध्वनि उत्पादक और ध्वनि संग्राहक के मध्य ध्वनि संवाहक का होना भी अनिवार्य है। ध्वनि वक्ता-श्रोता के मध्य तरंग संवाहक माध्यम है, तब ही श्रोता को ध्वनि की अनुभूति होगी। यदि कोई व्यक्ति वायु अवरोधित कक्ष में बैठा हो, तो उसकी आवाज न तो बाहर आ सकेगी, न बाहर की आवाज अंदर कक्ष में जा सकेगी। इस प्रकार ध्वनि उत्पादक, संवाहक और संग्राहक की उपस्थिति में ही ध्वनि-अनुभूति मानेंगे।

ध्वनि उत्पादन प्रक्रिया में फेफड़े से चली निःश्वास की वायु मुख या नासिका या दोनों से साथ-साथ बाहर आती है। मनुष्य साँस में ऑक्सीजन लेता है और निःश्वास में कार्बन डॉई ऑक्साइड (प्रदूषित वायु) बाहर निकालता है। इसी प्रदूषित वायु से ध्वनि उत्पादन की समस्त प्रक्रिया होती है। भाषा मनुष्य के जीवन की परम उपलब्धि है, तो निश्चय ही किसी भी प्रदूषित वस्तु के सदुपयोग में निःश्वास की कार्बन डाई ऑक्साईड (प्रदूषित वायु) सर्वोपरि स्थान है।

ध्वनि उत्पादन अर्थात उच्चारण प्रक्रिया में कई ध्वनि उत्पादक अंगों की भूमिका होती है। इनमें कुछ प्रमुख ध्वनि उत्पादक अंग इस प्रकार हैं–

1. फेफड़ा (Lungs)

प्राणियों के जीवन के लिए श्वसन प्रक्रिया की संतुलित स्थिति अनिवार्य होती है, जिसके आधार फेफड़े हैं। मनुष्य की श्वसन प्रक्रिया जीवन पर्यंत चलती रहती है। श्वास में शुद्ध वायु अर्थात ऑक्सीजन ग्रहण की जाती है, तो निःश्वास में दूषित वायु (कार्बन डाई ऑक्साइड) निकलती है। यदि यह प्रक्रिया रुक जाए, तो ऑक्सीजन न मिलने से मृत्यु निश्चित हो जाएगी।

निःश्वास से निकलने वाली वायु से ध्वनि उत्पादन प्रक्रिया चलती रहती है। इससे विभिन्न ध्वनियों का उच्चारण संभव होता है। फेफड़े से निकली वायु स्वरयंत्र को पार कर विविध ध्वनि उत्पादक अंगों के सहयोग से विभिन्न ध्वनियों का उत्पादन होता है। इस प्रकार फेफड़ा प्रमुख ध्वनि उत्पादक आधार है।

2. स्वरयंत्र (Larynx)

श्वास नलिका फेफड़े से जुड़ी होती है। फेफड़े से कुछ ही ऊपर श्वास नलिका में स्वरयंत्र नामक विशेष ध्वनि उत्पादक अंग होता है। फेफड़े से निकलने वाली निःश्वास की वायु और फेफड़े में जानेवाली श्वास की वायु स्वरयंत्र से ही गुजरती है। स्वरयंत्र में दो मांसल झिल्लियाँ होती है। जिन्हें स्वरतंत्री कहते हैं। स्वरतंत्रियाँ आपस में आगे पीछे विविध रूपों में खिसककर वायु मार्ग को विविध रूप प्रदान करती हैं। इससे ही विविध ध्वनियों का उत्पादन होता है। जिस प्रकार वंशी में कुछ इने-गिने छिद्र होते हैं, किंतु उनको अल्पाधिक बंद-खोल कर विविध ध्वनियों के माध्यम से विभिन्न रागों की प्रस्तुति होती है। स्वरयंत्र उच्चारण प्रक्रिया में ऐसी ही उपयोगी भूमिका निभाता है।

स्वरयंत्र की विभिन्न स्थितियों में चार प्रमुख संदर्भों का रेखांकन किया जा रहा है—

(क) स्वरयंत्र की प्रथम स्थिति में दोनों झिल्लियाँ आपस में सामान्य दूरी पर सहज रूप में स्थित होती हैं। ऐसे में श्वास और निःश्वास की वायु बिना किसी अवरोध के फेफड़े की ओर जाती और वापस बाहर आती रहती है। इससे श्वसन की सहज प्रक्रिया चलती रहती है।

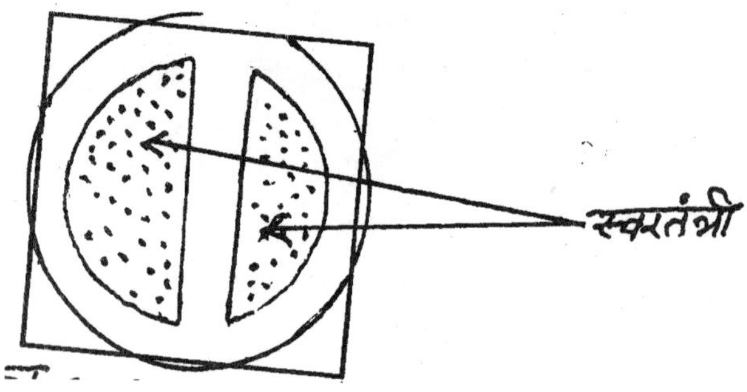

चित्र 1. स्वरयंत्र : श्वसन की सामान्य स्थिति

(ख) स्वरयंत्र की दूसरी स्थिति में स्वरतंत्रियाँ श्वसन प्रक्रिया की स्थिति से कुछ कम खुली होती है, किंतु उच्चारण प्रक्रिया के लिए बाहर निकलती निःश्वास की वायु स्वरतंत्रियों से बिना घर्षण किए आगे बढ़ती है। ऐसी स्थिति में अघोष ध्वनियों का उत्पादन होता है; यथा—

क्, ख्, च्, छ्, ट्, ठ्, त्, थ् आदि।

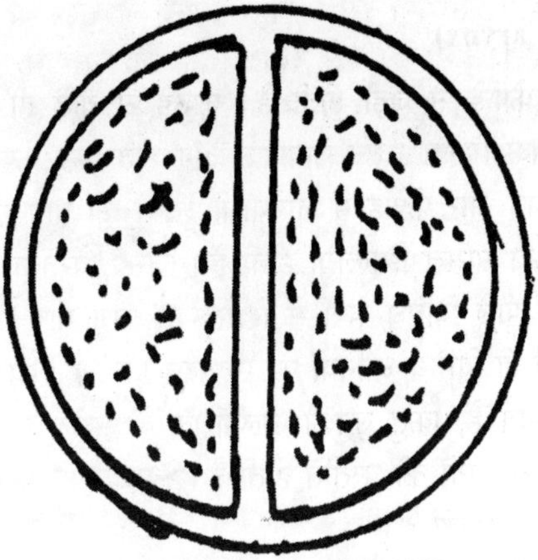

चित्र 2. अघोष ध्वनि उत्पादन स्थिति स्वरयंत्र

(ग) स्वरयंत्र की तीसरी प्रमुख स्थिति में दोनों स्वर तंत्रियाँ एक दूसरे के निकट आकर लगभग सट जाती हैं। ध्वनि उत्पादन के समय जब फेफड़े से चली वायु स्वरयंत्र तक पहुँचती है, तो स्वरतंत्रियों में कंपन होता है। ऐसी स्थिति में घोष ध्वनियों का उत्पादन होता है; यथा–

ग्, घ्, ङ्, ज्, झ्, ञ्, ड्, ढ्, ण आदि।

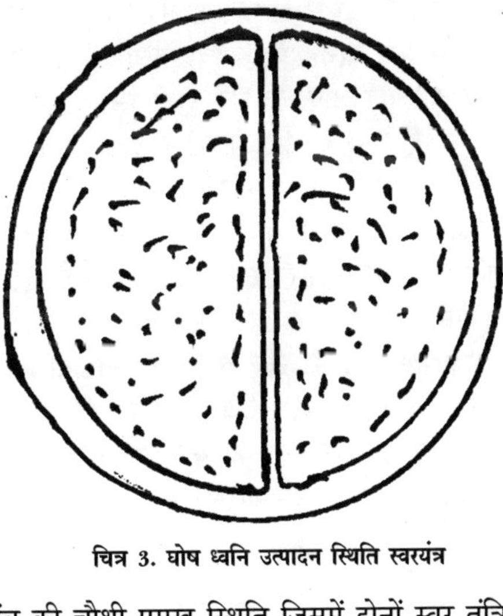

चित्र 3. घोष ध्वनि उत्पादन स्थिति स्वरयंत्र

(घ) स्वरयंत्र की चौथी प्रमुख स्थिति जिसमें दोनों स्वर तंत्रियों का कोई कोना खुला होता है, शेष अंश एक दूसरे में मिला होता है। ऐसे में फुस्फुसाहट के साथ

ध्वनि का उत्पादन होता है। इसे फुस्फुस ध्वनि की संज्ञा दी जाती है। जब कोई व्यक्ति अपनी बात किसी को ऐसे बताना चाहे कि दूसरे न सुन पाएँ या कान के निकट आकर बोले, तो फुस्फुस ध्वनि का उत्पादन होता है। यहाँ यह ध्यातव्य है कि फुस्फुस ध्वनि अत्याधिक विविध मंद रूपों में हो सकती है।

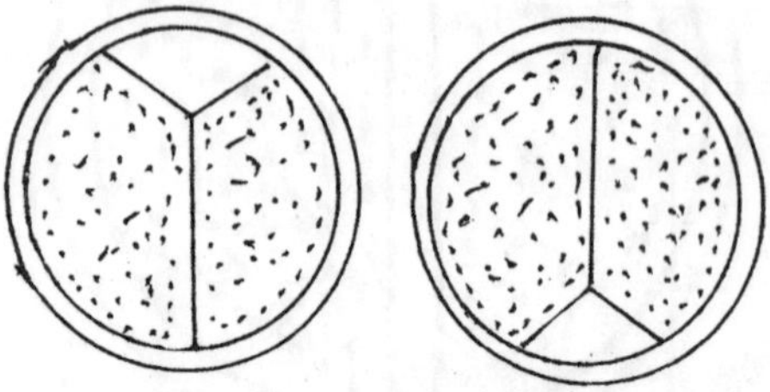

चित्र 4. फुस्फुस ध्वनि उत्पादन स्थिति : स्वरयंत्र

स्वरयंत्र ध्वनि उत्पादन प्रक्रिया का सबसे महत्त्वपूर्ण अंग है। इसकी दोनों स्वर तंत्रियाँ आपस में मिलकर वायु प्रवाह के लिए विविध स्वरूप के मार्ग की रचना करती है, जिससे विविध ध्वनियों का उच्चारण संभव होता है।

यहाँ एक उल्लेखनीय तथ्य यह है कि स्वरयंत्र के ठीक ऊपर स्वरयंत्र आवरण है। भोजन करते समय स्वरयंत्र आवरण आगे बढ़कर स्वरयंत्र की सुरक्षा करता है। इससे भोजन सीधे भोजन नलिका में पहुँचता है। यदि भोजन के समय कुछ बोल रहे होते हैं, तो ध्वनि उत्पादन के समय स्वरयंत्र आवरण पीछे सिमट कर निःश्वास को निकलने का अवसर देता है। इससे ही बोलना संभव होगा। ऐसे में यदि भोजन नलिका और श्वास नलिका के चौराहे पर पहुँचा भोजन का अंश या कण सीधे नीचे श्वास नलिका की ओर बढ़ जाए, तो संकट की स्थिति आ जाती है। इसका कारण है कि यदि भोजन का थोड़ा भी अंश फेफड़े में पहुँच जाए, तो मौत निश्चित है, यह वैज्ञानिक तथ्य है। ऐसी स्थिति में मस्तिष्क स्वरयंत्र को तुरंत आदेश देता है—"स्वरतंत्रियों को एक दूसरे से मिला कर श्वसन मार्ग पूरी तरह बंद कर दो।" इससे भोजन का कण स्वरयंत्र के ऊपर ही रुक जाता है। इसके तुरंत बाद मस्तिष्क के आदेशानुसार डायाफार्म (सीने का हड्डियों का ढाँचा) तेजी से फेफड़े को दबाता है और वायु का तेज प्रवाह स्वरयंत्र की ओर बढ़ता है। स्वर तंत्रियाँ वायु के दबाव में तेजी से खुलती हैं और भोजन का कण तेजी से ऊपर की ओर बढ़कर नासिका मार्ग से बाहर आता है। इसमें भोजनकर्ता को कष्ट भी होता है, मगर प्राण रक्षा होती है। यह स्वरयंत्र की प्राण रक्षक भूमिका है।

3. स्वरयंत्र मुख आवरण (Epiglottis)

इसके नामकरण से ही स्पष्ट है कि स्वरयंत्र के मुख के ऊपर का वह मांसल भाग, जो उसकी सुरक्षा-संदर्भ में आवरण का कार्य करता है। यह श्वास नलिका का वह

मांसल भाग है, जो श्वास नलिका और भोजन नलिका के चौराहे के ठीक नीचे होता है। ध्वनि उत्पादन के समय यह मांसल स्वरयंत्र मुख आवरण सिमट जाता है, जिससे फेफड़े से चली वायु सरलता से बाहर आती है। इसके विपरीत जब भोजन या पेय पदार्थ लिया जाता है, तो श्वास नलिका में स्थित स्वरयंत्र की सुरक्षा के लिए मांसल स्वरयंत्र मुख आवरण आगे बढ़कर भोजन और पेय पदार्थ को सीधे भोजन नलिका में पहुँचाने का मार्ग बना देता है।

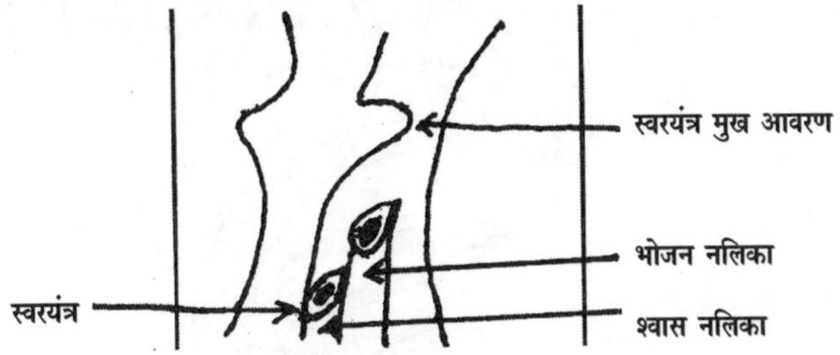

चित्र 5. स्वरयंत्र मुख आवरण

4. अलिजिह्वा (Uvula)

कंठ के ऊपर श्वास नलिका और भोजन नलिका के ऊपर नीचे की ओर झुका हुआ एक मांसल ध्वनि उत्पादक अंग अलिजिह्वा है। अलिजिह्वा मौखिक, अनुनासिक और नासिक्य ध्वनियों के उच्चारण में कभी श्वास या नासिका मार्ग बंद करता है, तो कभी दोनों मार्गों-मुख मार्ग और नासिका मार्ग से वायु जाने का अवसर देता है, तो कभी मुख मार्ग बंद कर नासिका मार्ग से वायु निकलने के अवसर से नासिक्य ध्वनि उच्चारण होता है। अलिजिह्वा की मार्ग देने या अवरोध की भूमिका निभाने की तीन स्थितियाँ सामने आती हैं, जिससे ध्वनि उत्पादन संभव होता है–

ध्वनि उत्पादन की प्रथम स्थिति में अलिजिह्वा श्वास नलिका और भोजन नलिका के चौराहे के ठीक ऊपर आगे बढ़कर श्वास नलिका अर्थात नसिका की ओर का मार्ग बंद कर देती है। इससे वायु मुख मार्ग से बाहर आती है। इस प्रकार मौखिक स्वर-व्यंजन ध्वनियों का उच्चारण होता है; यथा–स्वर अ, आ, इ, ई...औ

व्यंजन–क्, ख् ग्, घ, प, फ, ब, भ, आदि।

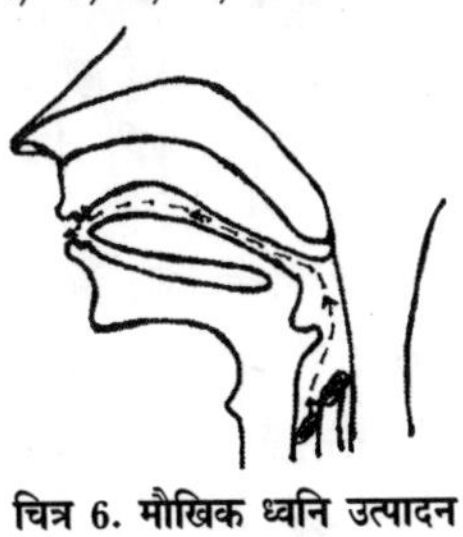

चित्र 6. मौखिक ध्वनि उत्पादन

ध्वनि उत्पादन में अलिजिह्वा की दूसरी स्थिति में अलिजिह्वा नीचे झुककर मुख मार्ग को अवरुद्ध कर देती है। इससे निःश्वास की वायु नासिका मार्ग से बाहर आती है। इस स्थिति में नासिक्य व्यंजन—ङ्, ञ्, ण्, न्, म्, का उच्चारण होता है।

यहाँ यह भी उल्लेखनीय है कि सामान्य श्वसन प्रक्रिया में अलिजिह्वा की स्थिति लगभग ऐसी ही होती है। श्वसन में फेफड़े से वायु का आवागमन नासिका मार्ग से ही होता है।

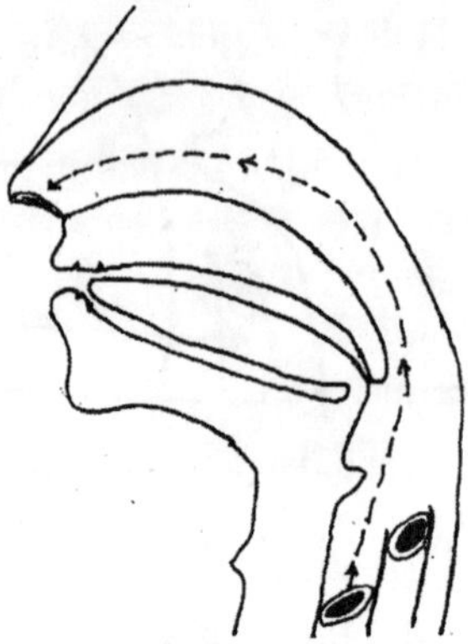

चित्र 7. नासिक्य ध्वनि उत्पादन

ध्वनि उत्पादन में अलिजिह्वा की तीसरी स्थिति सामान्य रहती है अर्थात वह बिना बढ़े या मुख और नासिका मार्ग को अवरुद्ध किए बिना यथावत रहती है। ध्वनि उत्पादन में निःश्वास की वायु मुख और नासिका दोनों मार्गों से बाहर आती है। ऐसे में अनुनासिक ध्वनियों का उच्चारण होता हैः यथा—

स्वर—अँ (अँगिया), आँ (आँख), चाँद, भौंरा, माँड आदि।

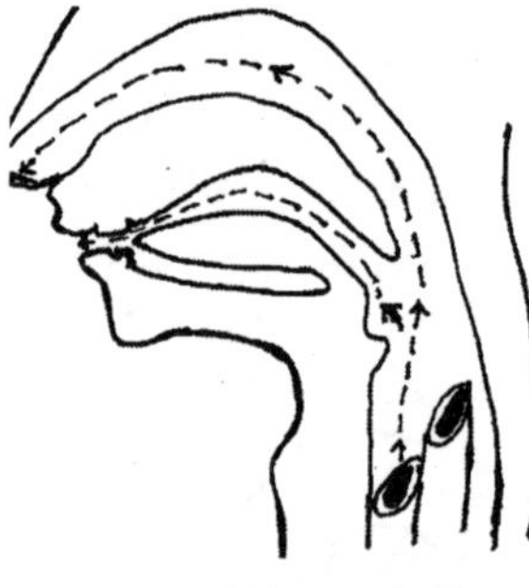

चित्र 8. अनुनासिक ध्वनि उत्पादन

5. नासिका विवर (Nasal Cavity)

श्वसन प्रक्रिया में श्वास और निःश्वास की वायु फेफड़े से चलकर नाक से बाहर और बाहर की ओर से नासिका में प्रवेश कर फेफड़े तक लगातार क्रमिक रूप से चलती

रहती है। इस पूरे मार्ग को श्वास नलिका कहते हैं। नासिका से लेकर अलिजिह्वा तक के भाग को नासिका विवर कहते हैं। श्वसन नलिका नाक की सीमा तक दो भागों में विभक्त होती है आगे चलकर एक हो जाती है। ध्वनि उत्पादन में श्वसन नलिका के नासिका विवर की विशेष भूमिका होती है। जब फेफड़े से निकली निःश्वास की वायु स्वरयंत्र को पार कर कंठ से ऊपर पहुँचती है और अलिजिह्वा झुककर मुख मार्ग बंद किए होती है, तो वायु नासिका विवर से होती हुई नासिका से बाहर आती है, तो नासिक्य ध्वनियों ङ्, ञ्, ण्, न्, म् का उच्चारण होता है। जब अलिजिह्वा सामान्य स्थिति में हो और निःश्वास की कुछ वायु मुख विवर से होती हुई मुख से बाहर जाए, साथ ही कुछ वायु नासिका विवर से होती हुई नासिका से बाहर जाए, तो अनुनासिक ध्वनियों का उत्पादन होता है; यथा—आँ (आँख), चाँद, फाँद, हैं आदि।

6. तालु (Palate)

मुख विवर के ऊपरी भाग को तालु कहते हैं। इसके आगे की ओर दाँत और पीछे की ओर अलिजिह्वा होती है। दाँत के निकट के भाग को वर्त्स्य, अंदर की ओर क्रमशः कठोर तालु, मूर्द्धा और कोमल तालु होते है। निःश्वास की वायु इन स्थानों पर पहुँच कर पल भर रुकने और जिह्वा के स्पर्श से बाहर निकलने पर क्रमशः दंत से दंत्य, तालु से तालव्य और मूर्द्धा से मूर्द्धन्य ध्वनियों का उत्पादन होता है।

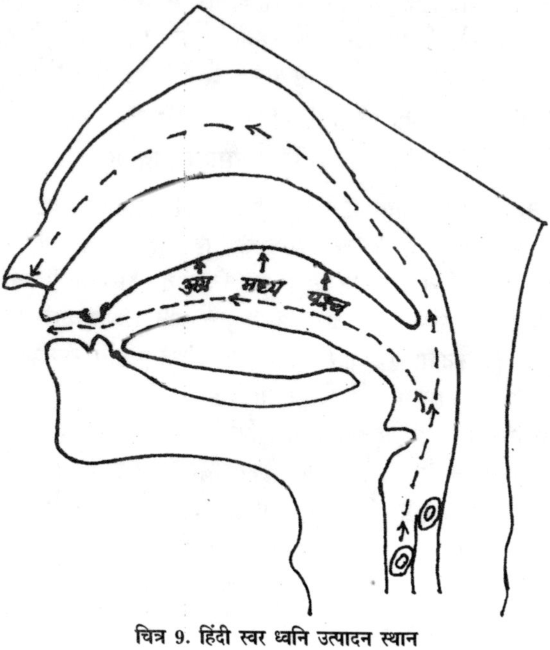

चित्र 9. हिंदी स्वर ध्वनि उत्पादन स्थान

7. जिह्वा (Tongue)

मुख विवर के मध्य मांसल ध्वनि उत्पादक और भोजन पेय पदार्थ ग्रहण कर पेट तक पहुँचानेवाले अंग को जीभ कहते हैं। इसका पीछे का भाग जुड़ा और आगे का भाग खुला होता है। विभिन्न ध्वनियों के उत्पादन में जिह्वा के विभिन्न भागों की विशेष भूमिका होती है। ध्वनि उत्पादन में इसके महत्त्व को दृष्टिगत कर इसे निम्नलिखित भागों में विभक्त करते हैं—जिह्वा नोक, जिह्वा अग्र, जिह्वा मध्य, जिह्वा पश्च और जिह्वा मूल।

8. दाँत (Teeth)

मुख के अग्र भाग के ऊपर तथा नीचे के दोनों जबड़ों में दंत पंक्तियाँ होती हैं। जीवन में भोजन ग्रहण कर शक्ति अर्जन की अनिवार्यता होती है और भोजन ग्रहण में दाँतों की विशेष भूमिका होती है। इसके साथ ही ध्वनि उत्पादन में दाँतों का विशेष सहयोग होता है। जब जिह्वा का नोक दाँत का स्पर्श करता है, तो त्, थ्, द्, ध्, न्, स् दंत्य ध्वनियों का उच्चारण होता है।

9. ओष्ठ (Lip)

मुख का सबसे आगे का मांसल भाग ओष्ठ है। यह भोजन करने का सहयोगी होने के साथ ध्वनि उत्पादन का भी विशेष सहयोगी अंग है। ध्वनि उत्पादन में ऊपरी और नीचले दोनों ओष्ठ समान रूप में सहयोगी होते हैं। प वर्ग की प्, फ्, ब्, भ्, और म् ध्वनियों के उच्चारण में सबसे पहले दोनों ओष्ठ मिलते हैं और फिर मुँह खुलने और वायु बाहर आने के साथ इनका उच्चारण होता है।

1.3.1.2. ध्वनि उत्पादन प्रक्रिया

दो वस्तुओं के टकराने से वातावरण की वायु में कंपन होता है। यह वायु का कंपन जब कानों तक पहुँचाता है, तो उसे ध्वनि की संज्ञा देते हैं। वायु कंपन या तरंग में आवृत्ति होती है। व्यक्ति 200 से 2000 आवृत्ति प्रति सेकेंड वाली ध्वनि को स्पष्ट रूप से अनुभव कर सकता है। वैसे 20 आवृत्ति प्रति सेकेंड वाली ध्वनि तक का अनुभव किया जा सकता है। जब आवृत्ति बीस हजार प्रति सेकेंड से अधिक हो जाए, तो ध्वनि का आभास असंभव हो जाता है।

भाषाविज्ञान में मानव मुखोच्चरित ध्वनियों का अध्ययन किया जाता है। इस प्रकार कहा जा सकता है कि उच्चारण प्रक्रिया या ध्वनि उत्पादन प्रक्रिया में मानव के मुखांगों की भूमिका और विभिन्न उत्पादित ध्वनियों की प्रवृत्तियों का अध्ययन किया जाता है। मनुष्य के उच्चारण में निःश्वास की वायु (कार्बन डाई ऑक्साइड) का उपयोग किया जाता है। केवल क्लिक ध्वनि में ऑक्सीजन का उपयोग किया जाता है। चुंबन और कुत्ते के पिल्ले को पुचकार कर बुलाने में क्लिक ध्वनि का

उपयोग होता है। इसमें मुँह (ओष्ठ) से घर्षण के साथ वायु खींचकर ध्वनि उत्पादन किया जाता है।

ध्वनि उत्पादन में निकलने वाली निःश्वास की वायु के मुख और नासिका दो मार्ग हैं। मुख से उच्चरित वायु के निकलने पर मौखिक ध्वनि होती है, तो नासिका से उच्चरित वायु निकलने पर नासिक्य ङ्, ञ्, ण्, न् और म् ध्वनियों का उत्पादन होता है। जब नाक और मुख दोनों से एक साथ वायु बाहर निकले, तो आँ, (चाँद) ईं (नहीं) आदि अनुनासिक ध्वनियों का उच्चारण होता है।

ध्वनि उत्पादन संदर्भ में उच्चारण प्रक्रिया को मुख्यतः दो वर्गों में विभक्त कर सकते हैं–

1. प्रथम चरण : प्रेरणात्मक प्रक्रिया

मनुष्य किसी कार्य के करने का निर्णय **बुद्धि** से करता है। इसके बाद वह अपनी कार्य शक्ति का निर्णय करता है। इसका कारण है कि कार्य संपन्नता के लिए अनुकूल शक्ति चाहिए। इसके पश्चात मनुष्य मन बनाता है और कार्य प्रारंभ कर देता है। ठीक इसी प्रकार भाषा प्रयोग या उच्चारण के पूर्व तीन प्रेरक या आधार शक्तियों की आवश्यकता होती है। भाषा प्रयोग के प्रारंभिक चरण में विकसित बुद्धि का आधार प्राथमिक आवश्यकता है। यही कारण है शिशु बौद्धिक परिपक्वता तक भाषा की ध्वनियों का भी शुद्ध उच्चारण नहीं कर पाता है। वह बौद्धिक विकास के साथ भाषा का शुद्ध प्रयोग करने लगता है।

भाषायी चेतना या भाषा ज्ञान भाषा प्रयोग या उच्चारण का दूसरा प्रमुख आधार है। व्यक्ति जिस समाज में रहता है उस समाज की भाषा सहज रूप में अर्थात् व्यवहार से सीख लेता है। भाषा सामाजिक संपत्ति है। इसलिए इसका अर्जन व्यवहार से होता है। यदि व्यक्ति सभ्य और शिक्षित समाज का सदस्य है, तो उसकी भाषा का व्याकरण सम्मत होना संभावित होता है। ऐसे न होने पर व्याकरण सम्मत भाषा का शिक्षण आवश्यक होगा। भाषायी चेतना या भाषा ज्ञान होने से भाषा के शुद्ध प्रयोग का मार्ग खुल जाता है।

मानसिक चेतना या भाषा प्रयोग के लिए स्वस्थ मन की तीसरी प्रमुख आधार भूमि या शक्ति की अनिवार्यता होती है। कई बार देखा जाता है कि बच्चे में ही नहीं युवक या वरिष्ठ व्यक्ति बुद्धिमान है और विद्वान भी है अर्थात् भाषा का अच्छा ज्ञान भी है, किंतु उसका मन किन्हीं कारणों से अनुकूल नहीं, टूटा हुआ है या संदेह में पड़ा है, तो वह नहीं बोलता है। यह तो उस स्थिति के समान है कि सोते हुए व्यक्ति को जगाया जा सकता है, किंतु जगे हुए व्यक्ति (बिना मनवाले) को नहीं जगाया जा सकता है।

इस प्रकार स्पष्ट रूप से कहा जा सकता है कि प्रारंभिक चरण में ध्वनि उच्चारण या भाषा प्रयोग के लिए विकसित बुद्धि, भाषायी चेतना और जागृत मन का होना

अनिवार्य है। इन तीनों का जितना ही उत्तम समन्वित रूप भाषा प्रयोग का आधार बनेगा, भाषा का उतना ही उत्कृष्ट रूप सामने आएगा।

इससे यह भी तथ्य सामने आता है कि भाषा शिक्षण और प्रयोग में एकाग्र मन की अपेक्षा होती है।

2. द्वितीय अवस्था : गतिशील प्रक्रिया

ध्वनि उत्पादन या उच्चारण प्रक्रिया में वायु की सर्वाधिक महत्त्वपूर्ण भूमिका होती है। श्वसन प्रक्रिया में जीवन के लिए ऑक्सीजन ग्रहण करते हैं और फेफड़े की दूषित वायु कार्बन डाई ऑक्साइड का निःश्वास में उत्सर्जन किया जाता है। फेफड़े से उत्सर्जित निःश्वास की वायु ध्वनि उत्पादन या उच्चारण का आधार बनती है। जिस प्रकार वायु के माध्यम से वंशी, हारमोनियम आदि बाद्य यंत्रों से संगीतात्मक और लयात्मक ध्वनि का उत्पादन किया जाता है, उसी प्रकार मुख के विभिन्न ध्वनि उत्पादक अंगों से निःश्वास की वायु के सहारे ध्वनियों का उत्पादन किया जाता है।

फेफड़े के प्रतिपल धौंकनी की तरह वायु ग्रहण करते और निकालते रहने की प्रक्रिया चलती रहती है। ध्वनि उत्पादन में निःश्वास की वायु फेफड़े से निकल कर श्वास नलिका में पहुँचकर आगे बढ़ती है। इसे ही ध्वनि उत्पादन की गतिशील प्रक्रिया का प्रारंभ मान सकते हैं।

स्वरयंत्र : ध्वनि उत्पादन का सर्वप्रमुख अंग स्वरयंत्र है। यह फेफड़े के ऊपर श्वास नलिका में होता है। फेफड़े से निकली वायु स्वरयंत्र से होकर आगे बढ़ती है।

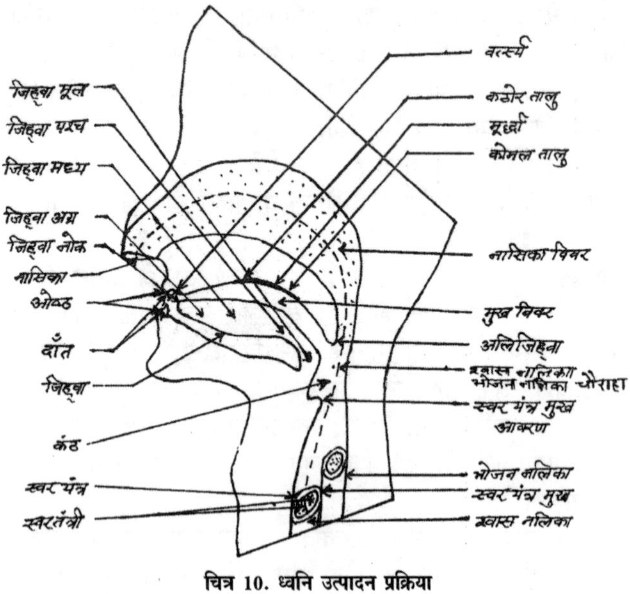

चित्र 10. ध्वनि उत्पादन प्रक्रिया

स्वरयंत्र में दो पतली झिल्लियाँ होती हैं। ये स्वरतंत्रियाँ वायु मार्ग को विविध रूपों में करके विभिन्न ध्वनियों के उत्पादन का आधार बनती हैं। ये स्वरतंत्रियाँ कभी एक दूसरे से दूर रहती हैं, तो कभी निकट हो जाती है। कभी इनका एक कोना एक दूसरे से अलग रहता है, कभी दूसरा। ध्वनि उत्पादन के समय स्वरतंत्रियों को कुछ प्रमुख स्थितियों को इस प्रकार रेखांकित कर सकते हैंः–

प्रथम स्थिति में स्वरतंत्रियाँ लगभग सामान्य स्थिति में रहती है। ऐसे में स्वर तंत्रियाँ एक दूसरे से दूर रहती है, किंतु श्वसन प्रक्रिया की स्थिति से कुछ कम दूरी पर अर्थात् कुछ अधिक निकट होती है। ऐसे में ध्वनि उत्पादक वायु स्वरतंत्रियों से बिना घर्षण किए बाहर की ओर आती है। इसलिए अघोष क्, ख्, च्, छ्, ट्, ठ्, त्, थ्, आदि ध्वनियों का उत्पादन होता है।

द्वितीय स्थिति में स्वरतंत्रियाँ एक दूसरे के निकट आ जाती है, अर्थात लगभग सट जाती हैं। ध्वनि उत्पादक निःश्वास की वायु स्वरतंत्रियों से रगड़कर या टकराकर निकलती है। इसलिए स्वरतंत्रियों में कंपन होता है और घोष ग्, घ्, ङ्, ज्, झ, ञ, ड्, ढ्, ण् आदि ध्वनियों का उत्पादन होता है।

तृतीय स्थिति में स्वरतंत्रियाँ लगभग तीन-चौथाई भाग एक-दूसरे से मिली होती हैं, शेष एक कोने का अंश खुला होता है। ऐसे में बहुत धीमी ध्वनि निकलती है। यह फुस्फुसाहट की तरह आभास होनेवाली ध्वनि होती है। इसीलिए इसे फुस्फुस ध्वनि कहते हैं। वक्ता के बहुत निकट होने पर ही इस प्रकार की ध्वनि को सुना जा सकता है।

कंठ : इसे ग्रसनिका और गलबिल भी कहते हैं। कंठ की स्थिति स्वरयंत्र के ठीक ऊपर होती है। यह वह स्थान है जहाँ पर श्वास नलिका और भोजन नलिका चौराहे (crossing) के रूप में एक दूसरे से मिलते हैं। ध्वनि उत्पादन में फेफड़े से चली वायु स्वरयंत्र को पार कर यदि कंठ स्थल पर पल भर रुक कर बाहर आती है, तो कंठ्य, क्, ख्, ग्, घ्, ङ्, ध्वनियों का उच्चारण होता है।

अलिजिह्वा : इसे कौवा भी कहते हैं। ध्वनि उत्पादन में इस मांसल भाग की विशेष भूमिका होती है। यह श्वास नलिका और भोजन नलिका के चौराहे के ठीक ऊपर स्थिति विशेष अंग है। ध्वनि उत्पादन के समय जब अलिजिह्वा बढ़कर श्वास नलिका के मार्ग को अवरुद्ध कर देती है, तो निःश्वास की वायु मुँह से निकलती है। इससे मौखिक स्वर और व्यंजन ध्वनियों का उत्पादन होता है; यथा–

स्वर–अ, आ, इ, ई...औ।

व्यंजन–क्, ख्, ग्, घ्, त्, थ्, द्, ध् आदि।

जब अलिजिह्वा ध्वनि उत्पादन के समय नीचे की ओर लटककर मुख मार्ग अवरुद्ध कर देती है, तो निःश्वास की वायु नासिका से बाहर आती है। ऐसे में नासिक्य ध्वनियों का उच्चारण होता है।

जब अलिजिह्वा सामान्य स्थिति अर्थात् श्वसन प्रक्रिया के समान हो, और ध्वनि उत्पादन हो, तो निःश्वास की वायु मुँह के साथ नासिका से भी बाहर आती है। ऐसे में अनुनासिक ध्वनियों का उच्चारण होता है; यथा–

अँ (अँतड़ी), आँ (आँख) चाँ (चाँद) एँ (में), ऐं (मैं)

मुख-विवर : मुख-विवर में कई ध्वनि उत्पादक अंग हैं, जो एक-दूसरे के सहयोग से विभिन्न ध्वनियों का उत्पादन करते हैं। मुख-विवर के मध्य मांसल जिह्वा है। इसके विभिन्न भाग-जिह्वा नोक, जिह्वा अग्र, जिह्वा मध्य, जिह्वा पश्च और जिह्वा मूल मुख-विवर के विभिन्न भागों को विविध पद्धति से स्पर्श कर विभिन्न ध्वनियों का उत्पादन करते हैं। जब जिह्वा मुख विवर के ऊपरी भाग तालु का स्पर्श कर वायु को बाहर पहुँचाने की भूमिका अदा करती है, तो तालव्य च्, छ्, ज्, झ, ञ्, श् ध्वनियों का उत्पादन होता है। जब जीभ का मध्य भाग मुख-विवर के ऊपरी शीर्ष भाग मूर्द्धा का स्पर्श कर वायु को बाहर जाने की भूमिका निभाती है, तो मूर्द्धन्य ट्, ठ्, ड्, ढ्, ण्, ष् ध्वनियों का उत्पादन होता है। जब जिह्वा नोक मुख-विवर के अग्र भाग में स्थित दाँत या वर्त्स्य का स्पर्श कर निःश्वास की वायु को ध्वनि उत्पादन हेतु बाहर करती है, तो दंत्य त्, थ्, द्, ध्, न्, स् ध्वनियों का उत्पादन होता है।

मुख विवर का अग्रभाग जो दाँतों का भी आवरण है। उसे ओष्ठ कहते हैं। फेफड़े से निकली निःश्वास की वायु जब स्वरयंत्र को पार कर सीधे ओष्ठ पर पहुँचती है, तो ध्वनि उत्पादन प्रक्रिया में दोनों ओष्ठ बंद हो जाते हैं और पल भर में झटके के साथ खुलते हैं, वायु बाहर आ जाती है, तो ओष्ठ्य प्, फ्, ब्, भ्, म् ध्वनियों का उत्पादन होता है।

विशेष ध्वनि उत्पादन : हिंदी की कुछ ध्वनियों के उच्चारण में विशेष प्रयास की आवश्यकता है। इनमें ड़, ढ़ र्, ल् और ह् ध्वनियाँ विचारणीय हैं।

'ड़' हिंदी की स्पर्श, मूर्द्धन्य, घोष, अल्पप्राण और उत्क्षिप्त व्यंजन है। इसके उच्चारण में जिह्वा का मध्य भाग झटके से ऊपर उठकर मुख विवर के ऊपरी भाग मूर्द्धा को छूकर तेजी से नीचे आ जाती है। इसके उच्चारण में ऐसी मिलती-जुलती प्रक्रिया और आवाज होती है जैसी पानी के किनारे से मेढ़क झलांग लगाकर पानी में आवाज से साथ गिरता है।

'ढ़' हिंदी का स्पर्श, मूर्द्धन्य, घोष, महाप्राण और उक्षिप्त व्यंजन है। इसके उच्चारण में जीभ मुख-विवर में झटके से ऊपर उठती है और जीभ की नोक मूर्द्धा के पीछे के भाग का स्पर्श कर तेजी से नीचे आती है। इसमें 'ड़' ध्वनि से हवा का प्रवाह कुछ ज्यादा होता है। आवाज भी उससे कुछ अधिक होती है।

'र' हिंदी की अंतस्थ, दंत्य और प्रकंपित ध्वनि है। इसके उच्चारण में जीभ कंपन कर वायु को बाहर करती है। इसलिए इसे प्रकंपित ध्वनि कहते है। उच्चारण

प्रक्रिया में यदा-कदा बेलन की भांति लुढ़कती जिह्वा के आधार पर लुंठित व्यंजन ध्वनि भी कहते हैं।

'ल्' हिंदी की अंतस्थ, स्पर्श, वर्त्स्य और पार्श्विक व्यंजन ध्वनि है। इसके उच्चारण में जिह्वा मुख-विवर में ऊपर उठकर वर्त्स्य को स्पर्श कर मुख-विवर का मध्य भाग रोक देती है। निःश्वास की ध्वनि उत्पादक वायु जीभ के दोनों बगल से निकलती हैं। इसलिए इसे पार्श्विक व्यंजन ध्वनि कहते हैं।

ह् हिंदी की सर्वाधिक विशिष्ट ध्वनि है। इसका उच्चारण स्वरयंत्र के निकटतम अंश अर्थात् स्वरयंत्र के मुख से पूर्ण घोषत्व के साथ होता है। फेफड़े से चली वायु स्वरयंत्र से निकलते ही अबाध रूप में मुख से बाहर आकर उच्चारण का आभास देती है। यह हिंदी व्यंजन की ही नहीं, हिंदी की अंतिम ध्वनि है।

वैसे हिंदी व्यंजन ध्वनियों की व्यवस्था क्रमशः कंठ से क वर्ग, तालु से तालव्य, मूर्द्धा से मूर्द्धन्य, दंत से दंत्य और ओष्ठ से ओष्ठ्य की गई है। 'ह' अंतिम ध्वनि होने पर भी इसे उच्चारण के स्थान विशेष आधार पर अंत में रखा गया है।

हिंदी नासिक्य व्यंजनों के उच्चारण की प्रक्रिया : हिंदी में ङ्, ञ्, ण्, न् और म् पाँच नासिक्य व्यंजन हैं। यह निर्विवाद और स्पष्ट तथ्य है कि नासिक्य व्यंजनों के उच्चारण में निःश्वास की उच्चारणात्मक वायु मुख से न निकल कर नासिका से निकलती है। इन पाँचों नासिक्य व्यंजनों की प्रक्रिया पूर्ण रूपेण भिन्न है। इसलिए प्रत्येक नासिक्य ध्वनि के उच्चारण पर विचार अपेक्षित है।

'ङ्' कंठ्य अल्पप्राण, घोष और नासिक्य व्यंजन ध्वनि है। इसका उच्चारण श्वास नलिका के कंठ से होता है। इसके उच्चारण के समय अलिजिह्वा नीचे बढ़कर मुख मार्ग को बंद कर देती है। फेफड़े से चली उच्चारण की निःश्वास-वायु स्वरयंत्र को पार कर सीधे श्वास नलिका से नासिका पहुँचकर बाहर आ जाती है और 'ङ्' नासिक्य व्यंजन का उच्चारण होता है।

'ञ्' हिंदी की तालव्य, अल्पप्राण, घोष और नासिक्य व्यंजन है। इसके उच्चारण में फेफड़े से निकली निःश्वास की वायु स्वरयंत्र को पार कर सीधे मुख-गुहा के तालु तक पहुँचती है, उसी समय जीभ तालु का स्पर्श करती है। हवा का प्रवाह और जिह्वा तालु का स्पर्श पल भर को रुक जाता है। मस्तिष्क के आदेशानुसार फेफड़ों पर डायाफार्म (हड्डियों के ढाँचे) का दबाव कम होने लगता है। फेफड़े फैलने लगते हैं। इससे वायु तालु से वापस श्वासनलिका और भोजन नलिका के चौराहे तक आ जाती है। अब मस्तिष्क के आदेशानुसार अलिजिह्वा नीचे बढ़कर मुख मार्ग बंद कर देती है। 'ञ्' नासिक्य व्यंजन के उच्चारण में निश्वास की वायु को नासिका मार्ग से निकलना है। इसलिए मस्तिष्क के आदेशानुसार फिर फेफड़े पर दबाब बढ़ता है और वायु नासिका मार्ग से बाहर आ जाती है और 'ञ्' ध्वनि का उच्चारण होता है। यह प्रक्रिया बहुत तेजी से पल भर में पूरी हो जाती है।

'ण्' हिंदी की मूर्द्धन्य, अल्पप्राण, घोष और नासिक्य व्यंजन ध्वनि है। इसके उच्चारण में फेफड़े से चली निःश्वास की वायु स्वरयंत्र को पार कर सीधे मूर्द्धा पहुँचती है। इसी समय जीभ मूर्धा का स्पर्श करती है। ठीक इसी समय मस्तिष्क के आदेशानुसार डायाफार्म के द्वारा फेफड़े पर दबाब कम करने से फेफड़े फैलने लगते हैं। इसके परिणाम स्वरूप निःश्वास की वायु मूर्द्धा से पीछे खिसने लगती है। वायु के श्वास नलिका और भोजन नलिका के चौराहे पर पहुँचे ही मस्तिष्क के आदेशानुसार अलिजिह्वा नीचे बढ़कर मुख मार्ग को अवरुद्ध कर देती है। इसी पल मस्तिष्क के आदेशानुसार फेफड़े पर दबाव बढ़ता है और उच्चारण की वायु नासिका मार्ग में आगे बढ़कर नासिका से बाहर आ जाती है और 'ण्' नासिक्य मूर्द्धन्य ध्वनि का उत्पादन हो जाता है।

'न्' हिंदी की दंत्य, अल्पप्राण, घोष और नासिक्य व्यंजन ध्वनि है। इसके उच्चारण में 'ण' नासिक्य ध्वनि से कुछ मिलती जुड़ती प्रक्रिया होती है। फेफड़े से चली उच्चारण की निःश्वास वायु स्वरयंत्र के बाद मुखविवर को पार कर दाँतों तक पहुँच जाती है। इसी पल जिह्वा की नोक दाँत का स्पर्श करती है। इस प्रक्रिया के साथ ही मस्तिष्क के आदेशानुसार फेफड़े फैलने लगते हैं। दाँतों तक पहुँची उच्चारण की निःश्वास की वायु वापस लौट पड़ती है। श्वास-नलिका और भोजन नलिका के चौराहे पर वायु के पहुँचते ही अलिजिह्वा नीचे बढ़कर मुख मार्ग बंद कर देती है। इसके बाद तुरंत ही मस्तिष्क के आदेशानुसार फेफड़े पर दबाव बढ़ता है। उच्चारण की निःश्वास की वायु नासिका मार्ग में आगे बढ़ती हुई नासिका से बाहर आ जाती है। इससे 'न्' दंत्य नासिक्त व्यंजन ध्वनि का उत्पादन होता है।

'म्' ओष्ठ्य, अल्पप्राण घोष स्पर्श और नासिक्य व्यंजन ध्वनि है। इसके उच्चारण में निःश्वास की वायु सबसे लंबी दूरी तय करती है। फेफड़े से निकली निःश्वास की वायु स्वरयंत्र को पार कर ओठों के पास पहुँचती है, उसी समय दोनों ओष्ठ आपस में मिलकर मुख मार्ग बंद कर देते हैं। इसी समय मस्तिष्क के आदेशानुसार फेफड़े का फैलाव या विस्तार होने लगता है और वायु मुख-विवर में वापस लौटकर श्वास नलिका और भोजन नलिका के चौराहे पर पहुँच जाती है। ठीक इसी समय मस्तिष्क के आदेशानुसार अलिजिह्वा नीचे की ओर बढ़कर मुख-विवर का मार्ग बंद कर देती है। अब मस्तिष्क के आदेशानुसार फेफड़े पर दबाव पड़ता है और फेफड़े की वायु स्वरयंत्र को पार कर आगे की वायु को श्वास नलिका के माध्यम से चलकर नासिका से बाहर आती है। ऐसे में 'म्' ओष्ठ्य नासिक्य व्यंजन ध्वनि का उत्पादन होता है।

अर्ध नासिक्य ध्वनियों अनुस्वार का शब्दों में उच्चारण और लेखन का विस्तृत विवरण नासिक्य व्यंजन प्रयोग देखें—पृ. 211

'ऋ' और 'रि' की संरचना और उच्चरित स्वरूप : 'ऋ' हिंदी का मूल, ह्रस्व स्वर और अक्षर है। 'रि' हिंदी का इकार (इ मात्रा) आधारित प्रकंपित अंतस्थ अक्षर

है। दोनों की अक्षरात्मक स्थिति स्पष्ट है, क्योंकि 'ऋ' स्वर है और 'रि' स्वर मात्रा सहित (र+इ) है।

दोनों की उच्चारण प्रक्रिया बहुत भिन्न है। 'ऋ' स्वर के उच्चारण में जिह्वा का मध्य भाग ऊपर उठकर मूर्द्धा को छूता है और फेफड़े से चली निःश्वास की वायु स्वरयंत्र को पार कर मुख विवर से होती हुई अबाध गति से बाहर आती है। इससे 'ऋ' स्वर ध्वनि का उच्चारण होता है। इसके उच्चारण में जीभ में कंपन नहीं होता है।

'रि' की संरचना र+इ है। सबसे पहले 'र्' ध्वनि के उच्चारण में जीभ वर्त्स्य के निकट पहुँचकर निःश्वास की वायु के साथ कंपन करती हुई, अग्र, अवृत्ताकार, संवृत 'इ' स्वर उच्चारण का अवसर प्रदान करती है।

इस प्रकार स्पष्टतः दोनों में अक्षरात्मक स्वरूप है। 'ऋ' अबाध गति से उच्चारित होने वाली अकंपित मूल ह्रस्व स्वर ध्वनि है, तो 'रि' र् प्रकंपित वर्त्स्य व्यंजन के साथ 'इ' अग्र, अवृत्ताकार संवृत आधारित अक्षर है। स्वर होने से 'ऋ' का उच्चारण साँस-सीमा तक देर तक संभव है। 'इ' स्वर की मात्रा 'ि' प्रकंपित 'र' व्यंजन पर आधारित है अतः अबाध गति भी संभव नहीं है। 'रि' व्यंजन आधारित होने से उच्चारण क्षणिक होता है। यदि ह्रस्व उच्चारण से अधिक समय लगाएँ, तो मात्र 'ई.....' सुनाई देगी।

1.3.2. हिंदी ध्वनियाँ : मानक उच्चारण

ध्वनि भाषा की लघुतम, स्वतंत्र और महत्त्वपूर्ण इकाई है। ध्वनि का सार्थक होना अनिवार्य नहीं है। हिंदी ध्वनियों को मुख्यतः दो वर्गों में विभक्त किया जाता है—स्वर और व्यंजन।

1.3.2.1. स्वर ध्वनि मानक उच्चारण

जिन ध्वनियों का उच्चारण बिना किसी अन्य ध्वनि के सहयोग से, अबाधित रूप में, शक्ति-सीमा में जितनी देर चाहें उच्चारण करें और ध्वनि अपरिवर्तित रूप में वही रहे, उसे स्वर कहते हैं; यथा—

अ, इ, ऊ आदि।

इस प्रकार स्वर के उच्चरित स्वरूप में तीन तथ्य सामने आते हैं—

प्रथम—स्वतंत्र रूप में बिना किसी अन्य ध्वनि के सहयोग के उच्चारण संभव।

द्वितीय—उच्चारण प्रक्रिया में फेफड़े से चली निःश्वास की वायु श्वास नलिका और मुख विवर में कही रुके बिना बाहर आती है।

तृतीय—इस प्रकार उच्चरित स्वर को जितनी देर तक चाहें, उच्चारण करते रहें, वही मूल स्वर उच्चरित होता रहेगा।

1.3.2.1.1 स्वर : मात्रानुसार उच्चारण

उच्चारण में लगनेवाले समय को मात्रा कहते हैं। लेखन में इसी आधार पर स्वरों की मात्रा का निर्धारण किया गया है। व्यंजनों के साथ स्वरों के प्रयोग के लिए उनकी मात्राएँ निर्धारित की गई है। हिंदी के विभिन्न स्वरों की मात्राओं का निर्धारण इस प्रकार किया गया है—

स्वरः—	अ	आ	इ	ई	उ	ऊ	ऋ	ए	ऐ	ओ	औ
मात्राः—		ा	ि	ी	ु	ू	ृ	े	ै	ो	ौ

उच्चारण में लगनेवाले समय के आधार पर हिंदी स्वरों को मुख्यतः दो वर्गों में विभक्त किया जाता है।

1. ह्रस्व मात्रा

2. दीर्घ मात्रा

1. ह्रस्व मात्रा : जिन स्वरों के उच्चारण में अपेक्षाकृत कम समय लगता है, उन्हें ह्रस्व स्वर कहते हैं। यह उच्चरित समय चुटकी बजाने या पलक झपकने के समय के लगभग बराबर होता है; यथा—अ, इ, उ, ऋ।

हिंदी के ह्रस्व स्वरों में 'अ' प्रथम और प्रमुख स्वर है। इसका मूल और उच्चरित रूप है, किंतु इसका मात्रा-चिह्न नहीं है। इसका कारण यह है कि व्यंजन वर्ण की रचना और उसक उच्चरित रूप में 'अ' ह्रस्व स्वर का अनिवार्य योगदान होता है; यथा—

क. = क्+अ य= य्+अ

व्यंजन के साथ इस प्रकार ह्रस्व स्वर 'अ' के योग से व्यंजन भी ह्रस्व ही होता है। इस प्रकार व्यंजनों का मूल रूप ह्रस्व ही माना गया है। यहाँ यह उल्लेखनीय है कि हिंदी के सभी ह्रस्व स्वर अपेक्षाकृत कम और लगभग समान समय में उच्चरित होते हैं, किंतु उनके उच्चारण समय में पूर्ण समानता नहीं होती। सूक्ष्म अंतर होना स्वाभाविक है। 'इ' स्वर के उच्चारण में सबसे कम समय लगता है, तो 'ऋ' के उच्चारण में सबसे अधिक समय लगता है।

2. दीर्घ मात्रा : जिन स्वर ध्वनियों के उच्चारण में ह्रस्व स्वर ध्वनि से लगभग दूना समय लगता है, उन्हें दीर्घ स्वर की संज्ञा दी जाती है। दीर्घ स्वर के उच्चारण में कौए की सामान्य बोली 'काक्' या 'काव्' के लगभग बराबर समय लगता है। हिंदी के मूल दीर्घ के साथ संयुक्त स्वर भी दीर्घ होते हैं; यथा—

आ, ई, ऊ, ए, ऐ, ओ, औ।

यहाँ यह उल्लेखनीय है कि जब व्यंजनों में ये दीर्घ मात्राएँ लगी हों, तो उनकी दीर्घता के आधार पर उच्चारण भी दीर्घ ही होता है; यथा—

च > चा - चाचा म > मा - मामा

स, ल, न > सा, ला, ना > सालाना

हिंदी के सभी दीर्घ स्वरों के उच्चारण में लगभग समान समय लगता है, किंतु पूर्ण समानता नहीं होती है। गंभीर अवलोकन से स्पष्ट होता है कि 'औ' में सबसे अधिक समय लगता है। इससे कुछ कम समय 'आ' में और शेष में कुछ कम लगभग समान समय लगता है।

विशेष मात्रा : प्लुत : जब किसी ध्वनि के प्रयोग में ह्रस्व से लगभग तीन गुना या उससे अधिक मात्रा में निःश्वास की बायु सहयोगी बने, तो उसे प्लुत ध्वनि कहते हैं; यथा—ओ3 (ओउम्)। यह शब्द प्लुत ध्वनि ओ आधार पर निर्मित सर्वाधिक प्रचलित शब्द है। इस शब्द में 'ओ' के साथ '3' अंक प्रयुक्त होने से लगता है कि दीर्घ स्वर 'ओ' का तीन गुना, किंतु उस '3' अंक का अर्थ है कि 'ओ' के उच्चारण में ह्रस्व स्वर का तीन गुना समय का प्रयोग।

प्लुत स्वर हिंदी की विशेष ध्वनि है। इसके उच्चरित रूप में सामान्य से अधिक, और अधिक और बहुत अधिक मात्रा में निःश्वास की वायु का प्रयोग कर दीर्घ से भी दीर्घ, दीर्घतर और दीर्घतम रूप में उच्चारण होता है। इसी आधार पर प्लुत, प्लुततर और प्लुततम उच्चरित ध्वनियों को अभिव्यक्ति की जाती है। ऐसा ध्वन्यात्मक स्वरूप नाट्य मंचन, दूरदर्शन और चलचित्र आदि संदर्भों में संप्रेषण के आधार बनते हैं। इन प्लुत ध्वनियों का प्रयोग कुछ दूर, अधिक दूर या अधिकाधिक दूर स्थित व्यक्ति को संबोधित करने या बुलाने में किया जाता है; यथा–

रामा!   रामा!!   रामा!!!

3.2.1.2 स्वर मात्रा-प्रयोग

हिंदी स्वर की मात्राओं को व्यंजनों के साथ प्रयोग कर शब्द लेखन और उच्चारण से भावाभिव्यक्ति संभव होती है। हिंदी स्वर की मात्राओं का सहज प्रयोग संभव है; यथा–

व्यंजन	**मात्रा प्रयोग**
क	का, कि, की, कु, कू, कृ, के, कै, को, कौ

स्वर ध्वनियों के उच्चारण संदर्भ में यह विशेष उल्लेखनीय है कि जब स्वर का प्रयोग अनुनासिकता के साथ होता है, तो स्वर में अधिक प्रबलता होती है और अर्थ-परिवर्तन संभावित होता है; यथा–

गई > गईं	चौक > चौंक
पूछ > पूँछ	है > हैं

हिंदी स्वर : उच्चरित स्वरूप

अ : हिंदी का प्रथम और महत्त्वपूर्ण स्वर है। इसके सहयोग से ही हिंदी के मूल व्यंजनों का उच्चारण संभव होता है। इसका अनुभव हिंदी के किसी भी व्यंजन का

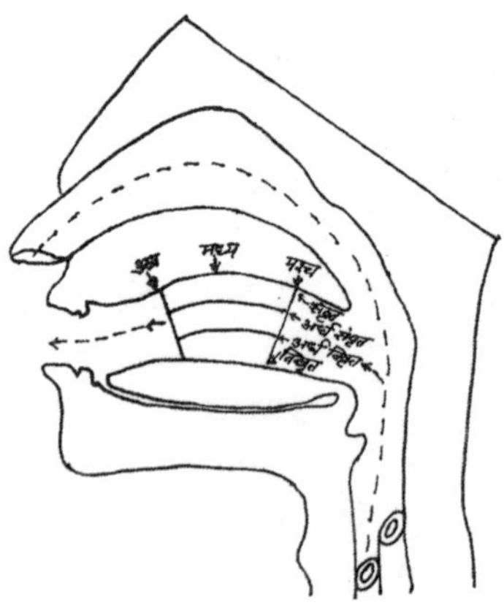

चित्र 11. हिंदी स्वर ध्वनि उत्पादन

उच्चारण करके संभव है। व्यंजन लेखन में वर्ण का स्वरूप सामने आता है, जिसमें स्वर की स्थिति सुस्पष्ट है; यथा—क=क्+अ, प=प्+अ।

यह मध्य, अर्ध विवृत, घोष ह्रस्व स्वर है। 'अ' स्वर के उच्चारण में मुँह अर्ध विवृत अर्थात् अपेक्षाकृत अधिक खुला होता है। जीभ का मध्य भाग कुछ ऊपर उठा होता है। फेफड़े से चली हुई वायु अबाध गति से चुटकी बजाने या पलक झपकने के समय में मुख से बाहर आ जाती है और 'अ' स्वर ध्वनि उच्चरित हो जाती है।

हिंदी के मूल व्यंजनों के साथ यह ह्रस्व स्वर 'अ' ध्वनि विद्यमान रहती है। इसलिए इसकी मात्रा (उच्चरित समय) के लिए चिह्न मात्राओं में नहीं निर्धारित किया गया है। यहाँ यह भी ध्यातव्य है कि ह्रस्व स्वर 'अ' के आधार पर मूल व्यंजन निर्मित होने के कारण उन्हें ह्रस्व व्यंजन की मान्यता मिली है; यथा—क, च, ट, य (ह्रस्व व्यंजन)। 'अ' का आदि और मध्य स्थितियों में सहज प्रयोग होता है; यथा—

आदि-अपना, अमन, अक्षय, मध्य-तम (तअम्), मन (म्अन्)

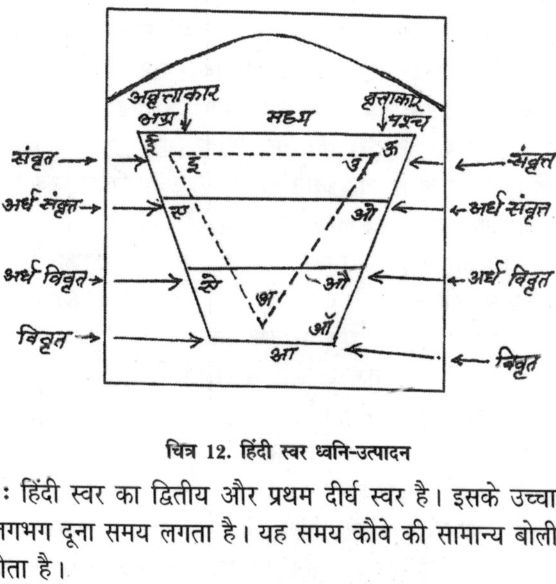

चित्र 12. हिंदी स्वर ध्वनि-उत्पादन

आ : हिंदी स्वर का द्वितीय और प्रथम दीर्घ स्वर है। इसके उच्चारण में ह्रस्व स्वर से लगभग दूना समय लगता है। यह समय कौवे की सामान्य बोली के लगभग बराबर होता है।

यह पश्च, विवृत, घोष, दीर्घ-स्वर है। इसके उच्चारण में मुँह पर्याप्त रूप में खुलता है। मुख-विवर पूर्ण गोल होने से मुखाकृति का गोला होना स्वाभाविक है। इसके उच्चारण में मुख के पर्याप्त खुले होने के साथ जीभ मुख-विवर के तलवे में दबाब के साथ लेटी रहती है। इसका प्रयोग आदि, मध्य और अंत्य तीनों स्थितियों में होता है; यथा—आदि-आप, आम, आशा मध्य-काम (क्आम्) नाम (नआम्) राम (रआम्) अंत्य—गया (ग्अयआ) श्यामा (श्यआम्आ), अपना (अप्अन्आ)

इ : यह हिंदी का तीसरा स्वर है। इसके उच्चारण में 'अ' के ही समान चुटकी बजाने का समय लगता है।

यह अग्र, संवृत, अवृत्ताकार, घोष, ह्रस्व स्वर है। इसके उच्चारण में मुख अर्थात दोनों जबड़े सबसे कम अर्थात अत्यल्प खुलते हैं। मुख-विवर और ओष्ठ सामान्य रहते हैं अर्थात गोल नहीं होते हैं। इसके उच्चारण में जीभ का अग्र भाग ऊपर उठा पर्याप्त गति करता है अर्थात् जीभ सर्वाधिक चंचल रहती है। इसका प्रयोग आदि मध्य, अंत्य तीनों स्थितियों में होता है; यथा–आदि-इस, इन, इधर मध्य–किस (कइस) फिर (फ्इर्) तिल (त्इल्) अंत्य–अति (अत्इ) मति (मअन्इ), गति (ग्अतइ)

ई : यह हिंदी की चतुर्थ स्वर ध्वनि है। इस दीर्घ स्वर में 'आ' के ही समान कौवे की 'काव्' ध्वनि (बोली) के लगभग समान समय लगता है।

यह अग्र अवृत्ताकार, संवृत, घोष, दीर्घ स्वर ध्वनि है। इसका उच्चारण मुख के अग्र भाग अर्थात् होठों के माध्यम से होता है। होंठ 'इ' ध्वनि के उच्चारण के अनुपात में अधिक खुलते हैं और जीभ उसके अनुपात में आगे की और कुछ अधिक खिंची और चंचल रहती है। होंठ दोनों ओर तक अर्थात् चौड़ाई में अपेक्षाकृत अधिक खुलते हैं। होंठ सामान्य रूप में ही खुलते है और गोलाकार नहीं होते हैं। 'ई' का प्रयोग आदि, मध्य, अंत्य तीनों स्थितियों में होता है; यथा–आदि-ईश्वर, ईमान, मध्य-मील (मईल्), भीत (भईत्) पीत (प्ईत्) अंत्य-भाई, घोड़ी (घओड़्ई),

उ : यह हिंदी की पंचम स्वर ध्वनि है। इसके उच्चारण में ह्रस्व 'अ' स्वर के ही समान पलक झपने का समय लगता है।

यह पश्च, वृत्ताकार, संवृत ह्रस्व स्वर ध्वनि है। इस ह्रस्व वृत्ताकार 'उ' स्वर ध्वनि के उच्चारण में दोनों होंठ थोड़ा आगे बढ़कर वायु को बाहर निकलने के लिए लघु गोलाकार रूप बनाते हैं। इसी आधार पर इसे वृत्ताकार ध्वनि कहते हैं। संवृति स्वर 'उ' के उच्चारण में मुँह अपेक्षाकृत सबसे कम खुलता है और दोनों ओंठ थोड़ा सा आगे आकर लघु रूप का गोला बनाते हैं। जीभ सर्वाधिक चंचल या गतिशील होकर पीछे के भाग को ऊपर उठाकर ध्वनि उत्पादन में सहयोग करती है। इसका प्रयोग आदि, मध्य, अंत्य तीनों स्थितियों में होता है : यथा–**आदि** उस, उनका, उधर। **मध्य**-सुत (स्उत), कुल (क्उल) पुल (प्उल) **अंत्य**-गुरु (ग् उ र उ) तरु (त् अ र् उ)।

ऊ : यह हिंदी की षष्ठ स्वर ध्वनि है। इस दीर्घ स्वर ध्वनि में 'आ' के ही समान कौवे की बोली 'काव्' ध्वनि के लगभग समान समय लगता है।

यह पश्च, वृत्ताकार संवृत, घोष, दीर्घ स्वर ध्वनि है। इस वृत्ताकार 'ऊ' दीर्घ स्वर के उच्चारण में दोनों होंग 'उ' स्वर के उच्चारण की स्थिति से अधिक खिंचाव से आगे आकर गोलाकार रूप बनाते हैं। जीभ का पिछला भाग पर्याप्त ऊपर उठ, आगे की ओर सर्वाधिक रूप में बढ़कर खिंचाव के साथ जीभ चंचल रहती है। इसका प्रयोग आदि, मध्य, अंत्य तीनों स्थितियों में होता है; यथा–**आदि**-ऊपर, ऊर्मि, ऊष्मा

मध्य—भूल (भ्ऊल्), मूल (म्ऊल्), फूल (फ्ऊल्), अंत्य—चाक् (च्आक्ऊ), भालू (भ्आल्ऊ), आलू (आल्ऊ)

ऋ : यह हिंदी का सप्तम और चतुर्थ ह्रस्व स्वर है। अवृत्ताकार, मध्य, विवृत, ह्रस्व स्वर इसकी प्रवृत्ति है। इसके उच्चारण के समय मुख के दोनों किनारों के विपरीत दिशा में खिंचाव होने से मुख के विस्तार होने का अनुभव कर सकते हैं। यह 'ऋ' ध्वनि के अवृत्ताकार होने का आधार है।

हिंदी भाषा के कुछ सहज प्रयोक्ता का विचार है कि वर्तमान समय में 'ऋ' का उच्चारण 'रि' के समान हो गया है। इसलिए 'ऋ' को वर्णमाला से निकाल देना चाहिए। यह विचार असंगत और अवैज्ञानिक है।

यदि दोनों अक्षरों या ध्वनियों के चिह्नों 'ऋ' और 'रि' को देखें, तो पूर्णरूपेण भिन्न है। दोनों की ध्वन्यात्मक भिन्नता भी स्पष्ट रूप सामने आती है। 'रि' में मूल ध्वनि 'र' है। इस पर 'इ' की मात्र 'ि' का प्रयोग किया जाता है। 'र' हिंदी की प्रकंपित व्यंजन ध्वनि है। इसके उच्चारण में जीभ में कंपन होता है। जीभ का कंपन 'र' उच्चारण की त्वरा, गति और शक्ति पर आधारित होती है। 'र' के उच्चारण में जीभ का कंपन अनिवार्य है। यदि हम 'र' ध्वनि का उच्चारण जोर से साँस सीमा में करें, तो अनुभव कर सकते हैं। इसके उत्तरांश में 'इ' ध्वनि आती है।

'ऋ' स्वर ध्वनि के उच्चारण में फेफड़े से चली निःश्वास की वायु स्वरयंत्र को पार कर मुख गुहा के मूर्द्धा तक पहुँचती है, उसी समय जीभ का अग्र भाग ऊपर उठकर पीछे की ओर मुड़ता है और जीभ की नोक मूर्द्धा या मूर्द्धा और तालु के संधि स्थल को छूता है। इसी समय निःश्वास की वायु बाहर आने से 'ऋ' ध्वनि का उच्चारण होता है। 'ऋ' ध्वनि-उत्पादन प्रक्रिया में जीभ में कंपन नहीं होता है। इस ध्वनि का प्रयोग तत्सम शब्दों में ही होता है।

ए : यह हिंदी की अष्टम स्वर ध्वनि है। संयुक्तता की दृष्टि से प्रथम स्वर ध्वनि है।

यह अग्र, अवृत्ताकार, अर्ध संवृत, घोष, दीर्घ स्वर है। इसके उच्चारण में मुखाकृति और होंठ गोलाकार न होकर लगभग सामान्य स्थिति में रहते हैं। मात्रा या उच्चारण समय की दृष्टि से यह दीर्घ स्वर है। संरचना में 'अ' और 'इ' स्वरों के योग होने से इसे संयुक्त स्वरों में स्थान दिया गया है, किंतु उच्चारण की दृष्टि से मूल स्वर है। इसके उच्चारण में मुख-विवर का अग्र भाग आधार रूप में सहयोगी होता है। उच्चारण में मुख लगभग सामान्य अर्थात् अवृत्ताकार रूप में कुछ विस्तार लिए हुए खुलता है। जीभ का अग्र भाग सामान्य रूप में ऊपर उठता है। इस प्रक्रिया में होंठों के दोनों पार्श्व 'ई' के उच्चारित संदर्भ से कुछ अधिक खुलते हैं। 'ए' के उच्चारण के समय होंठों में अपेक्षाकृत कुछ अधिक दृढ़ता होती है। 'ए' का प्रयोग आदि, मध्य, अंत्य तीनों स्थितियों में होता है; यथा—आदि-एक,

एकता, एड़ी **मध्य**-खेल (ख्एल्) मेल (म्एल्) तेल (त्एल्) **अंत्य**-मिले (म्इल्ए) चले (च्अलए) ये (य्ए)।

ऐ : यह हिंदी की नवम स्वर ध्वनि है। इसके उच्चारण में 'आ' अथवा 'ए' के लगभग समान समय लगता है।

यह अग्र, अवृत्ताकार, अर्ध विवृत, संयुक्त, दीर्घ, दृढ़ स्वर है। 'ए' और 'ऐ' के उच्चारण समय में लगभग समानता है, किंतु 'ए' के उच्चारण में होंठ सामान्य रूप से खुलते हैं, जब कि 'ऐ' के उच्चारण में दोनों होंठ झटके से अपेक्षाकृत अधिक विस्तार लेते हुए झटके से बंद भी हो जाते हैं। इसके उच्चारण में नीचे के जबड़े पर भी दृढ़ता (खिंचाव) का अनुभव होता है। 'ऐ' का प्रयोग आदि, मध्य और अंत में होता है; यथा–**आदि**–ऐनक, ऐसा, ऐश्वर्य, **मध्य**–कैसा (क्ऐस्आ) जैसा (ज्ऐस्आ) थैला (थ्ऐल्आ) **अंत्य**-हैं, (ह्ंए) मैं (म् ऐं)

ओ : यह हिंदी की दशम स्वर ध्वनि है। इसके उच्चारण में 'आ' अथवा 'ऊ' के उच्चारण के लगभग बराबर समय लगता है।

यह पश्च, वृत्ताकार, अर्ध संवृत, दीर्घ, संयुक्त स्वर है। इसके उच्चारण में जीभ का पश्च भाग कुछ ऊपर उठता है, किंतु 'उ' और 'ऊ' के उच्चरित संदर्भ से कुछ नीचे ही रहता है। इसके उच्चारण में मुख की मांसपेशियों में खिंचाव या दृढ़ता का आभास होता है, किंतु यह खिंचाव 'औ' स्वर ध्वनि के उच्चारण में होनेवाले खिंचाव से कम होता है।

'ओ' के उच्चरित स्वरूप को आदि मध्य और अंत्य तीनों स्थितियों में प्रयोगात्मक रूप में देख सकते हैं; यथा–

आदि प्रयोग–ओखली, ओर, ओस।

मध्य प्रयोग–कोठरी, भोर, मोरनी।

अंत्य प्रयोग–आओ, खाओ, भगाओ।

औ : यह हिंदी की एकादश स्वर ध्वनि है। इसके उच्चारण में 'आ' या 'ओ' दीर्घ स्वर के उच्चारण के लगभग समान समय लगता है।

यह पश्च, वृत्ताकार, अर्ध विवृत, संयुक्त, दीर्घ, दृढ़ स्वर है। 'ओ' ध्वनि के उच्चारण में जितना समय मुँह खुलने में लगता है, उतने ही समय में 'औ' के उच्चारण में मुँह तेजी से (झटके के साथ) अपेक्षाकृत अधिक खुलकर बंद भी हो जाता है। इसके उच्चारण में मुँह का निचला जबड़ा तेजी से (झटके के साथ) खुलता और बंद होता है। इसलिए निचले जबड़े पर खिंचाव या दृढ़ता का आभास होता है।

इसे प्रयोगात्मक रूप में आदि, मध्य और अंत्य स्थितियों में देख सकते हैं; यथा–

आदि प्रयोग–औघड़, और, औरत

मध्य प्रयोग–कौशल, नौकर, मौका

अंत्य प्रयोग–ऊधौ, माधौ, सूधौ

ऑ : यह अंग्रेजी की आगत स्वर ध्वनि है। अंग्रेजी शब्दों को हिंदी में मानक रूप से उच्चारण-लेखन के लिए इसे व्यावहारिक रूप में अपना लिया गया है। वैसे इसे अभी हिंदी वर्णमाला में स्थान नहीं मिल पाया है, किंतु मानक उच्चारण में इसे अपनाना उपयोगी है।

यह पश्च, वृत्ताकार विवृत, दीर्घ, दृढ़, आगत स्वर है। इसके उच्चारण में दीर्घ स्वर 'आ' के उच्चारण से कुछ अधिक समय लगता है। इसके उच्चारण में मात्र होंठ ही गोलाकार रूप धारण नहीं करते वरन् नीचे का जबड़ा खिंचकर मुख-विवर का विस्तृत गोलाकार रूप बनता है।

इसके उच्चारण का सर्वाधिक रेखांकन योग्य तथ्य यह है कि मुख विवर विस्तृत रूप में दृढ़ता (खिंचाव) से खुलने के साथ वायु का प्रवाह (खिंचाव) अंतर्मुखी होता है। हिंदी के समस्त स्वरों में यह सर्वाधिक दृढ़ स्वर है। इसके उच्चारण में मुख की मांसपेशियों पर सर्वाधिक खिंचाव होता है; यथा—

ऑ—कॉलेज, डॉक्टर, बॉल आदि।

1.3.2.1.3. मौखिक और अनुनासिक स्वर : हिंदी के समस्त स्वर मौखिक हैं। यहाँ यह उल्लेखनीय है कि हिंदी अंग्रेजी से आगत 'ऑ' स्वर भी मौखिक है। हिंदी के सभी स्वर प्रयोग संदर्भ में अनुनासिक हो जाते हैं, किंतु 'ऑ' स्वर अनुनासिक नहीं होता है। इसी प्रकार संस्कृत शब्दों में प्रयुक्त 'ॠ' स्वर भी अनुनासिक नहीं होता है। उच्चारण की दृष्टि से स्वरों को दो वर्गों में विभक्त कर सकते हैंः—

1. मौखिक स्वर : जिन स्वरों के उच्चारण में फेफड़े से चली निःश्वास की वायु अलिजिह्वा के द्वारा नासिका मार्ग बंद कर देने के कारण केवल मुख मार्ग से निकलती है, उसे मौखिक स्वर कहते हैं। हिंदी के समस्त स्वर मौखिक है—

अ, आ, इ, ई, उ, ऊ, ॠ, ए, ऐ, ओ, औ, ऑ। अंग्रेजी से आगत पश्च वृत्ताकार विवृत, दीर्घ घोष, 'ऑ' स्वर भी मौखिक है। इसके साथ तत्सम शब्दों में प्रयुक्त यह ध्वनि भी मौखिक ही होती है।

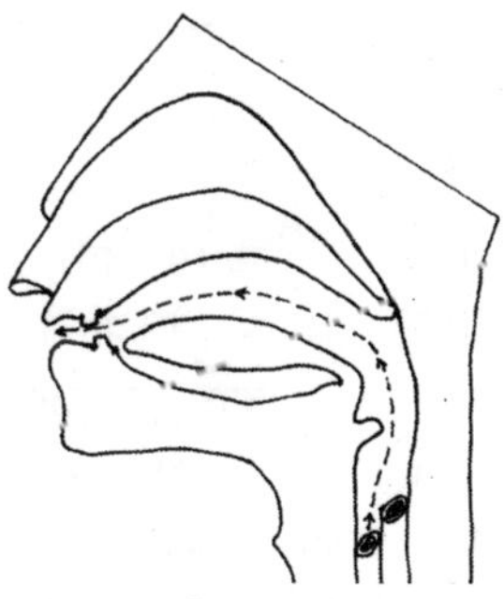

चित्र 13. मौखिक ध्वनि उत्पादन

2. अनुनासिक स्वर : जब स्वर ध्वनियों के उच्चारण के समय अलिजिह्वा नासिका मार्ग को कुछ खोल देती है और निःश्वास की वायु मुख मार्ग के साथ कुछ नासिका मार्ग से भी निकलती है, तो वे अनुनासिक स्वर ध्वनियाँ होती है:–

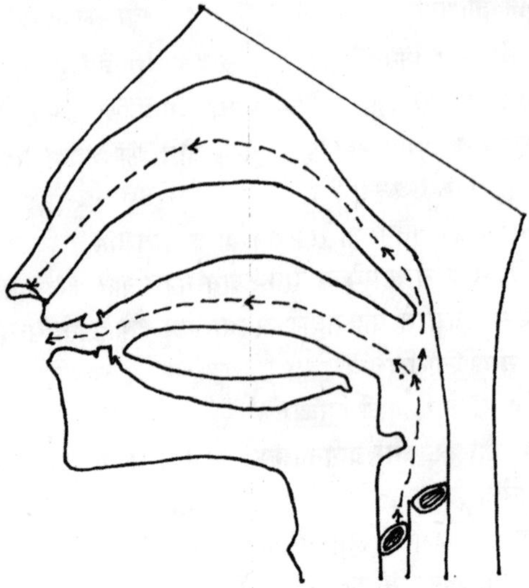

चित्र 14. अनुनासिक ध्वनि उत्पादन

हिंदी की सभी स्वर ध्वनियाँ संदर्भानुसार अनुनासिक रूप में प्रयुक्त होती हैं; यथा–

मौखिक स्वर	अनुनासिक स्वर	प्रयोग (उच्चारण)
अ	अँ	अँधेरा, अँगना, अँगड़ाई
आ	आँ	आँधी, गाँधी (ग्आँधी), चाँद (च्आँद)
इ	इँ	इँनका, इँनकी, इँमरती (नासिक्य साथ)
ई	ईं (ईँ)	नहीं (नह्ईँ), कहीं (कह्ईं)
उ	उँ	उँन, चुँन (नासिक्य साथ)
ऊ	ऊँ	चलूँ (चल्ऊँ), दौड़ूँ (दौड़ऊँ)
ए	एँ	में (मेँ-म्एँ), उनमें (उनमें-उनम्एँ)
ऐ	ऐं (ऐँ)	मैं (मैँ-म्ऐँ), मैंने (म्ऐँने)
ओ	ओं (ओँ)	कुत्तों (कुत्त्ओँ), गधों (गध्ओँ)
औ	औं (औँ)	हौं (हौँ-ह्औँ), कहौं (कहौँ-कह्औं)

यहाँ उल्लेखनीय है कि तत्सम शब्दों में प्रयुक्त 'ऋ' और अंग्रेजी शब्दों में प्रयुक्त 'ऑ' ध्वनियों में अनुनासिकता नहीं होती है।

मात्रा की दृष्टि से विचार करें, तो अनुनासिक स्वर मूल स्वर से कुछ बड़े होते हैं।

नासिक्य व्यंजन के पहले और बाद में आनेवाले दोनों स्थितियों में स्वर का उच्चारण अनुनासिक हो जाता है; यथा–

स्वर का पूर्ववर्ती प्रयोग		**स्वर का परवर्ती प्रयोग**	
लिखित	उच्चरित	लिखित	उच्चरित
ऊन	ऊँन्	नकल	न्अँक्अल्
आम	आँम	मात	म्आँत्
तम	त्अँम्	मत	म्अँत्
तुम	त्उँम्	मुझ	म्उँझ्

नासिक्य व्यंजन के साथ प्रयुक्त दीर्घ स्वर में ह्रस्व स्वर की अनुनासिकता अधिक तीव्र होती है। इसे उच्चरित प्रक्रिया में अनुभव कर सकते हैं; यथा–

प्रयोग लिखित		**उच्चरित रूप**	
ह्रस्व स्वर प्रयोग	**दीर्घ स्वर प्रयोग**	**ह्रस्व स्वर प्रयोग**	**दीर्घ स्वर प्रयोग**
तन	तान	त्अँन्	त्आँन्
मन	मान	म्अँन्	म्आँन्
रण	राम	र्अण्	र्आँम्

यहाँ यह ध्यातव्य है कि अनुनासिकता स्वर ध्वनियों की होती है। व्यंजन ध्वनियाँ अनुनासिक नहीं होती हैं। शब्द-लेखन प्रक्रिया में लगता है कि व्यंजन ध्वनि अनुनासिक है, किंतु ऐसा नहीं है। शब्द-लेखन में स्वर या व्यंजन ध्वनि न होकर वर्ण होते हैं; यथा–

माँग – म्आँग्अ
चाँदनी – च्आँद्अन्ई
हँसना – ह्अँस्अन्आ

नासिक्य व्यंजन के प्रभाव से शब्द के उच्चारण में आई अनुनासिकता भी स्वर ध्वनि को ही प्रभावित करती है; यथा–

लेखन	**उच्चारण**	**उच्चारण प्रक्रिया**
काम	काँम्	क्आँम्
चमक	चँमक्	च्अँम्अक्
राम	राँम्	र्आँम्
मरण	मरँण्	मअँर्अँण्

क्षेत्रीय प्रभाव के कारण अकारण उच्चारण में आई अनुनासिकता में भी स्वर ही प्रभावित होते हैं; यथा–

लेखन	उच्चारण	उच्चारण प्रक्रिया
हाथ	हाँथ्	ह् आँ थ्
पूछ	पूँछ्	प् ऊँ छ्
कापी	काँपी	क् आँ प् ई

यहाँ यह उल्लेखनीय है कि प्रत्येक स्वर का एक मूल रूप होता है। स्वर के स्वतंत्र रूप से उच्चारण में स्वर का मूल सामने आता है। जब भाषा में स्वरों का प्रयोग किया जाता है, तो उसके निकट की ध्वनियों का प्रभाव पड़ना स्वाभाविक है। इसमें संवृतता, विवृतता, अनुनासिकता और मात्रा आदि प्रवृत्तियों का प्रभाव उल्लेखनीय है। इस प्रकार स्पष्ट रूप से कहा जा सकता है कि स्वतंत्र रूप में स्वर का मूल रूप रहता है, किंतु प्रयोग में परिस्थितियों के अनुसार स्वरूप में विविधता दिखाई देती है।

1.3.2.1.4 'अ' का अनुच्चरित स्वरूप

हिंदी के मूल और स्वतंत्र 'अ' का लिखित रूप सुनिश्चित है। इसका प्रयोग आदि (अमन, अमर), मध्य (मना > म्अन्आ) तना (त्अन्आ) और अंत्य (सप्त > स्अप्त्अ, रम्य > र्अम्य्अ) तीनों स्थितियों में होता है।

हिंदी के उच्चारण का सर्व प्रमुख नियम माना गया है कि जब शब्दांत में ह्रस्व अर्थात लेखन में मात्रा रहित व्यंजन का प्रयोग हो, तो वह शब्द व्यंजनांत हो जाता है। इसका अर्थ है कि शब्द के अंतिम व्यंजन का स्वर लुप्त हो जाता है; यथा–

लिखित	उच्चारित
रतन	र् अ त् अ न्
हिमालय	ह् इ म् आ ल् अ य्
समाचार	स् अ म् आ च् आ र्

हिंदी के शब्दों में अंत्य ह्रस्व सहित व्यंजन प्रायः व्यंजनांत होता है, किंतु सदा नहीं होता है। गंभीरता से विचार करने पर निम्नलिखित तथ्य सामने आते हैं–

जब शब्दांत में विभिन्न वर्गों के अल्पप्राण व्यंजन क, ग, च, ज, ट, ड, त, द और प, व और शब्दांत प्रयुक्त होनेवाले अल्पप्राण नासिक्य व्यंजन ण, न, म आएँ तो उच्चारण में 'अ' स्वर अनुच्चरित हो जाता है। इस प्रकार शब्द व्यंजनांत हो जाते हैं; यथा–

रोहतक > रोहतक्	प्रयाग > प्रयाग्	सच > सच्
रपट > रपट्	प्रताप > प्रताप्	आप > आप्
रमण > रमण्	सामान > सामान्	राम > राम्

हिंदी के शब्दों में जब महाप्राण व्यंजन ध्वनि आती है, तो स्वभावतः अधिक वायु के प्रयोग से 'अ' स्वर विद्यमान रहता है। त्वरा से अथवा विशेष भंगिमा से उच्चारण में कभी-कभी महाप्राण ध्वनियाँ अल्पप्राण बन जाती हैं। इससे स्वर 'अ' अनुच्चरित हो जाता है और शब्द व्यंजनांत हो जाता है; यथा–

शब्द का मूल रूप	शब्द का परिवर्तित (उच्चरित) रूप
भूख (भ्ऊख्अ)	भूक (भ्ऊक्)
बाघ (ब्आघ्अ)	बाग (ब्आग्)

1.3.2.1.5 स्वरगुच्छ

हिंदी में सामान्यतः एक स्वतंत्र स्वर का प्रयोग होता है; यथा–

अ–अमन,	आ–आप,	इ–इस	ई–ईश्वर
उ–उसका	ऊ–ऊसर	ऋ–ऋषि	ए–एक
ऐ–ऐनक,	ओ–ओर	औ–औरत	

हिंदी स्वरों के साथ 'अ' स्वर को छोड़कर सभी की मात्राएँ भी प्रयुक्त होती है; यथा–

आ– ा > राम	इ–ि > मिलन
ई–ी > मीत	उ–ु > कुछ
ऊ–ू > भूतल	ऋ–ृ > कृपण
ए–े > केरल	ऐ–ै > सैकत
ओ–ओ > कोमल	औ–ौ > कौशल

हिंदी में स्वर ध्वनियों को विशेष महत्त्व दिया गया है। इसका मुख्य कारण है, इन ध्वनियों का विविध रूप में प्रयोग। इस संदर्भ में स्वरगुच्छ का प्रयोग विशेष उल्लेखनीय है।

जब शब्द में एक साथ एकाधिक स्वरों का प्रयोग होता है, तो उसे स्वरगुच्छ की संज्ञा दी जाती है। स्वरगुच्छ शब्द के आदि, मध्य और अंत्य तीनों स्थितियों में प्रयुक्त हो सकते हैं।

आदि स्वरगुच्छ

जब शब्द के प्रारंभ में स्वरगुच्छ की योजना हो, तो उसे आदि स्वरगुच्छ कहते हैं; यथा–

आइ > आइएगा, आइना आई–आई, आईना, आईनी
आउ > आऊँगा, आउँगी आए–आएगा, आएगी
आओ > आओ, आओगी, आओगे

मध्य स्वरगुच्छ

हिंदी के शब्दों के मध्य में एकाधिक स्वरों के प्रयोग भावाभिव्यक्ति में सहयोगी होते हैं; यथा–

अइ–पइसार (प् अ इ सा र)	अई–रईस (र् अ ई स), जईक (वृद्ध)
अउ–मउर (म् अ उ र) (मुकुट)	आइ–नाइन (न् आ इ न), साइड (किनारे)
आई–बाईस (ब् आ ई स), सत्ताईस	आउ–नाउनि, पाउडर
आउ–पाऊँगा, खाऊँगा	आए–जाएगा, जाएगी

आओ—जाओगे, जाओगी	इऊ—पिऊँगा, जिऊँगा
इए—चढ़िएगा, मढ़िएगा	उए—छुएगा, मुएगा
एई—तेईस	ओए—खोएगा, सोएगा
ओऊ—धोऊँगा, सोऊँगा	ओओ—खोओगे, सोओगे

अंत्य स्वरगुच्छ

हिंदी के शब्दांत में भी एकाधिक स्वरों का एक साथ प्रयोग होता है; यथा—

अई—जई (ज् अ ई) (जौ),	दई (ईश्वर) मधुरई, नई
अऊ—तऊ (त् अ ऊ)	जऊ (यद्यपि)
अए—नए (न् अ ए),	गए (ग्अए)
आई—पुताई (पु त् आ ई),	नरमाई (नरम्आई), पाई (प्आई)
आए—खाए (ख् आ ए),	लाए (ल्आए)
आओ—खाओ (ख् आ ओ),	जाओ (ज्आओ)
इए—किए (क् इ ए)	पिए (प्इए)
उई—मुई (म् उ ई)	रुई (र्उई)
उए—मुए (म् उ ए)	महुए (मह्उए)
ओई—कोई (क् ओ ई)	बहनोई (बहन्ओई)
ओए—खोए (ख् ओ ए)	सोए (स्ओए)
औआ—कौआ (क् औ आ)	चौआ (च्औआ)

अंत्य स्वरगुच्छ में दो से अधिक स्वरों के एक साथ प्रयोग विशेष उल्लेखनीय हैं; यथा—

आइए, खाइए (ख्आइए), पाइए, सुनाइए, मिलवाइए आदि।

1.3.2.2. व्यंजन ध्वनि : मानक उच्चारण

1.3.2.2.1 हिंदी व्यंजन उच्चरित स्वरूप

जिन ध्वनियों का उच्चारण स्वर के सहयोग के बिना संभव न हो, उच्चारण बाधित और क्षणिक हो, उन्हें व्यंजन ध्वनि की संज्ञा दी जाती हैं। डॉ. भोलानाथ तिवारी ने व्यंजन ध्वनि को परिभाषित करते हुए लिखा है—"व्यंजन उन ध्वनियों को कहते हैं, जिनका उच्चारण मुँह में किसी निश्चित स्थान से होता है तथा उस स्थान पर वायु मार्ग में पूर्ण या अपूर्ण रुकावट होती है या हवा के बीच के रास्ते को छोड़कर बगल से निकलना पड़ता है।"

मूल हिंदी व्यंजन

क	ख	ग	घ	ङ
च	छ	ज	झ	ञ

ट	ठ	ड	ढ	ण	ड़	ढ़
त	थ	द	ध	न		
प	फ	ब	भ	म		
य	र	ल	व			
श	ष	स	ह			

यहाँ यह उल्लेखनीय है कि ये लिखित चिह्न वर्ण हैं। इसीलिए हिंदी के ऐसे चिह्नों के समग्र समूह को वर्णमाला कहते हैं। इनका उच्चरित रूप ध्वनि होता है। ध्वनि चिह्नों के लिप्यंकन के लिए उनके नीचे हल (्) चिह्न का प्रयोग किया जाता है। यहाँ सरलीकृत रूप में वर्ण चिह्न अपनाकर उसके साथ ध्वनि शब्द प्रयोग कर हल (्) चिह्न से बचने की योजना रहेगी।

क—अघोष, अल्पप्राण, स्पर्श, कंठ्य व्यंजन।

'क' ध्वनि के उच्चारण में स्वरतंत्रियों के पर्याप्त खुली होने से फेफड़े से चली वायु घर्षण रहित रूप में आगे बढ़ती है। इसलिए यह अघोष ध्वनि होती है। निःश्वास की वायु की मात्रा अल्प या सीमित होने के कारण अल्पप्राण होती है। संस्कृत में इसका उच्चारण स्थान कंठ था, किंतु हिंदी में कोमल तालव्य होता जा रहा है। ऐसे में जीभ कोमल तालु का स्पर्श करती है और वायु प्रवाह मुख की ओर हो जाता है।

इस ध्वनि का प्रयोग शब्द के आदि, मध्य और अंत्य तीनों स्थितियों में होता है—

आदि प्रयोग—कमल, काला, कितना।

मध्य प्रयोग—पकवान, मकान, अकेला

अंत्य प्रयोग—रोहतक, आपका, चालाकी

ख—अघोष, महाप्राण, स्पर्श, कोमल तालव्य व्यंजन।

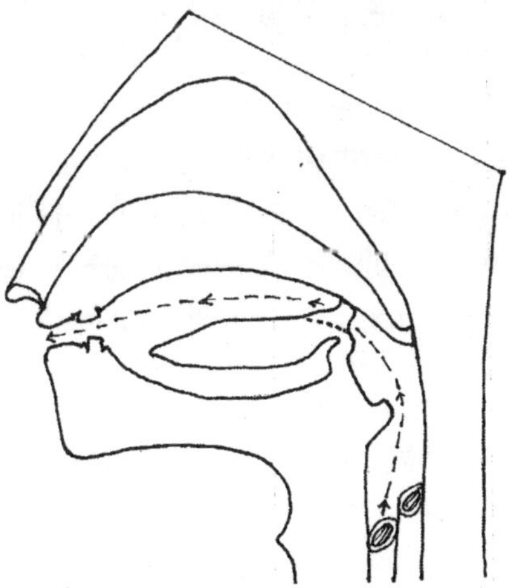

चित्र 15. क्, ख्, ग्, घ् व्यंजन ध्वनि उत्पादन

'ख' व्यंजन ध्वनि के उच्चारण में 'क' ध्वनि के ही समान स्वरतंत्रियाँ एक दूसरे से दूर या पर्याप्त रूप में खुली होती है। इसलिए निकलनेवाली वायु से घर्षण न होने से अघोष रूप रहता है। उच्चारण प्रक्रिया में अपेक्षाकृत अधिक वायु का उपयोग होता है। इसलिए महाप्राण ध्वनि होती है। फेफड़े से चली वायु कंठ के निकट कोमल तालु पहुँचते समय जीभ तालु का स्पर्श करती है या निकट आ जाती है और वायु मुख मार्ग आने से 'ख' ध्वनि का उच्चारण होता है।

'ख' ध्वनि का आदि, मध्य और अंत्य तीनों रूपों में प्रयोग होता है—

आदि प्रयोग—खत, खाना, खीर

मध्य प्रयोग—रखना, परखना, पखवाड़ा

अंत्य प्रयोग—भूख, दुख, भीख

ग—घोष, अल्पप्राण, कोमलतालव्य, स्पर्श व्यंजन।

'ग' व्यंजन ध्वनि के उच्चारण में स्वरयंत्र की तंत्रियाँ एक दूसरे से निकट होती हैं अर्थात् निःश्वास की वायु निकलने का मार्ग सकरा होता है। वायु के घर्षण के साथ बाहर आने से घोष ध्वनि और वायु की मात्रा अपेक्षाकृत कम होने से अल्पप्राण व्यंजन ध्वनि होती है। उच्चारण प्रक्रिया जीभ कंठ के निकट कोमल तालु का स्पर्श करती है, उसके साथ ही वायु मुख मार्ग से बाहर आ जाती है। इस प्रकार कोमलतालव्य स्पर्श 'ग' व्यंजन ध्वनि का उच्चारण होता है।

'ग' ध्वनि का शब्दांतर्गत आदि, मध्य और अंत्य तीनों स्थितियों में प्रयोग होता है—

आदि प्रयोग—गमन, गाना, गोलक

मध्य प्रयोग—रोगन, भागना, भगोड़ा।

अंत्य प्रयोग—आग, राग, भागो

घ—घोष, महाप्राण, कोमलतालव्य, स्पर्श व्यंजन।

'घ' व्यंजन ध्वनि के उच्चारण में स्वरतंत्रियाँ 'ग' ध्वनि के उच्चरित स्थिति के समान एक दूसरे से निकट होती है, किंतु निःश्वास से निकलनेवाली हवा की मात्रा अधिक होती है। इस प्रकार घोष और महाप्राण ध्वनि होती है। अर्थात स्वरयंत्र से अधिक वायु घर्षण करती हुई आगे बढ़ती है। कंठ से आगे बढ़ती हुई कंठ के निकट कोमल तालु तक पहुँचती है, उसी समय जीभ कोमल तालु का स्पर्श करती है और वायु मुख से बाहर आने से 'घ' ध्वनि का उच्चारण होता है।

'घ' ध्वनि का शब्दांतर्गत आदि, मध्य, अंत्य तीनों स्थितियों में प्रयोग होता है—

आदि प्रयोग—घर, घात, घोष।

मध्य प्रयोग—सघन, राघव

अंत्य प्रयोग—बाघ, माघी

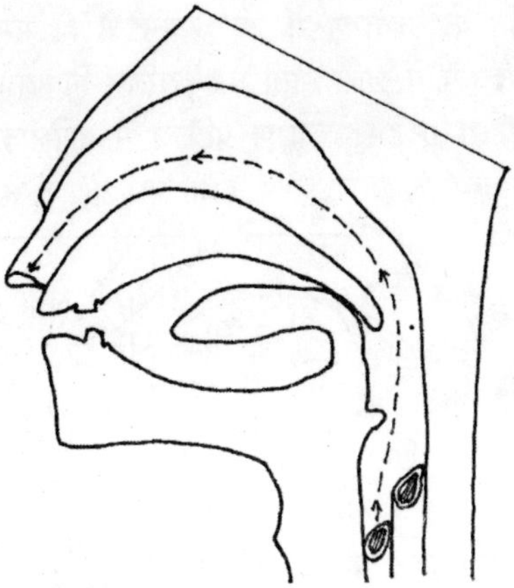

चित्र 16. ङ् नासिक्य व्यंजन ध्वनि-उत्पादन

ङ–घोष, अल्पप्राण, कोमलतालव्य, नासिक्य व्यंजन।

'ङ' व्यंजन ध्वनि के उच्चारण के समय स्वरयंत्र की तंत्रियाँ आपस में निकटस्थ होती है। इसलिए वायु घर्षण के साथ उससे आगे बढ़ती है। ऐसे में घोष ध्वनि होती है। वायु की मात्रा अपेक्षाकृत कम होने से अल्पप्राण होती है। जब जीभ कंठ के निकट कोमल तालु का स्पर्श करती है, उसी समय निःश्वास की वायु नासिका मार्ग से बाहर आती है। इससे नासिक्य 'ङ' ध्वनि का उच्चारण होता है।

'ङ' नासिक्य व्यंजन ध्वनि का प्रयोग न तो आदि स्थिति में होता है और न ही अंत्य स्थिति में होता है। इसका प्रयोग शब्द के मध्य में वह भी कवर्ग के अन्य व्यंजनों के पूर्व ही होता है। यहाँ विशेष उल्लेखनीय यह है कि 'ङ' का शब्द के मध्य में पूर्ण वर्ण के रूप में प्रयोग न होकर अर्ध रूप 'ङ्' अर्थात् स्वर रहित व्यंजन के रूप में होता है; यथा–अङ्क, दिनाङ्क, शशाङ्क।

हिंदी के मानकीकरण में इसके लिए अनुस्वार 'ं' का प्रयोग किया जाता है; यथा–

अंक, दिनांक, शशांक।

संस्कृत के कुछ शब्दों में 'ङ्' का प्रयोग 'म' और 'न' के पूर्व भी प्रयुक्त होता है; यथा–वाङ्मय, पराङ्मुख, पराङ्न्याय।

च–अघोष, अल्पप्राण, (कठोर) तालव्य, स्पर्शसंघर्षी व्यंजन।

'च' तालव्य व्यंजन ध्वनि के उच्चारण में फेफड़े से चलकर स्वरयंत्र की पर्याप्त खुली झिल्लियों से सीमित वायु आगे बढ़ती है। इससे झिल्लियों में घर्षण नहीं होता है। अघोष और अल्पप्राण वायु अलिजिह्वा के द्वारा नासिका मार्ग बंद कर देने कारण मुख मार्ग की ओर बढ़ती है। जीभ तालु से दबाव के साथ लगी होने से वायु प्रवाह और घर्षण से धीरे-धीरे नीचे उतरती है और स्पर्श संघर्षी 'च' व्यंजन ध्वनि का उत्पादन होता है।

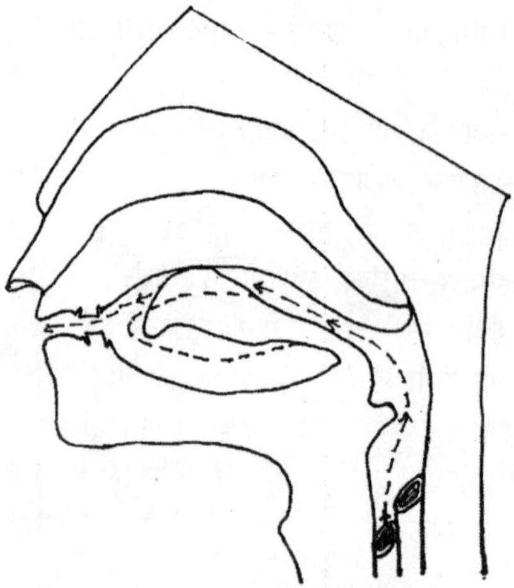

चित्र 17. च्, छ्, ज्, झ् व्यंजन ध्वनि-उत्पादन

'च' व्यंजन ध्वनि शब्दों में आदि, मध्य और अंत्य तीनों स्थितियों में प्रयोग होता है–

आदि प्रयोग–चमक, चार, चूना।

मध्य प्रयोग–पचना, मचान, बचाव।

अंत्य प्रयोग–पाँच, सच, सोचो।

छ–अघोष, महाप्राण, तालव्य स्पर्शसंघर्षी व्यंजन।

'छ' व्यंजन ध्वनि में स्वरतंत्रियाँ 'च' उच्चारण की स्थिति के समान अधिक खुली होती है, किंतु वायु अपेक्षाकृत अधिक निकलती है। इसके उच्चारण के समय अलिजिह्वा नासिका मार्ग को बंद रखती है। जीभ तालु में दबाव के साथ लगी होती है। वायु के प्रवाह से घर्षण होता है, जीभ धीरे-धीरे नीचे आती है और 'छ' ध्वनि का उच्चारण होता है।

'छ' व्यंजन ध्वनि शब्द में आदि, मध्य और अंत्य तीनों स्थितियों में प्रयुक्त होती है–

आदि प्रयोग : छतरी, छाता, छोटा ।

मध्य प्रयोग : मछली, पिछला, मछुआरा।

अंत्य प्रयोग : कुछ, पीछा, मूँछ।

ज–घोष, अल्पप्राण, तालव्य, स्पर्शसंघर्षी व्यंजन।

'ज' व्यंजन ध्वनि के उच्चारण में स्वरतंत्रियाँ अपेक्षाकृत कम खुली होती है और निःश्वास की वायु भी अपेक्षाकृत कम निकलती है। इससे उच्चरित रूप घोष और अल्पप्राण होता है। उच्चारण की शेष प्रक्रिया 'च' ध्वनि के ही समान होती है।

'ज' व्यंजन ध्वनि का भी शब्दों में आदि, मध्य और अंत्य स्थितियों में प्रयोग होता है–

आदि प्रयोग–जहाज, जापान, जोकर।

मध्य प्रयोग–सुजान, खजाना, सजना।

अंत्य प्रयोग–राज, समाज, नमाज।

झ–घोष, महाप्राण, तालव्य, स्पर्शसंघर्षी व्यंजन।

'झ' व्यंजन ध्वनि के उच्चारण में स्वरतंत्रियाँ 'ज' ध्वनि के उच्चारण स्थिति के समान कम खुली होती हैं, किंतु निःश्वास की वायु अपेक्षाकृत अधिक मात्रा में स्वरतंत्रियों से घर्षण कर बाहर आती है। इससे घोष और महाप्राण स्थिति होती है। उच्चारण की शेष प्रक्रिया 'च' व्यंजन ध्वनि के समान होती है।

'झ' व्यंजन ध्वनि का भी शब्दों में आदि, मध्य और अंत्य तीनों स्थितियों में प्रयोग होता है–

आदि प्रयोग–झगड़ा, झमेला, झील।

मध्य प्रयोग–मझला, मझोला, रीझना।

अंत्य प्रयोग–माझा, साझा, बोझा।

ञ–घोष, अल्पप्राण, तालव्य, नासिक्य व्यंजन।

'ञ' व्यंजन ध्वनि की प्रमुख पहचान या विशेषता यह है कि यह नासिक्य है अर्थात इसके उच्चारण में निःश्वास की वायु मुख से बाहर न आकर नासिका मार्ग से बाहर आती है।

इसके उच्चारण में फेफड़े से चली सीमित वायु स्वरतंत्रियों के अपेक्षाकृत सीमित खुली स्थिति से बाहर आती है। अलिजिह्वा नासिका मार्ग को बंद रखता है क्योंकि तालव्य ध्वनि होने से इसे तालु तक पहुँचना होता है। इसी समय जीभ तालु का स्पर्श करती है। मस्तिष्क आदेश पर डायाफ्राम सीने की हड्डियों का ढाँचा पल भर फेफड़े को दबाना रोकता है। वायु का प्रवाह पल भर वही रुक जाता है। इसके बाद मस्तिष्क के आदेशानुसार फेफड़े पर दबाव कम किया जाता है। तालु तक गई वायु फेफड़े के फैलने से वापस आने लगती है। वायु के कंठ तक पहुँचने पर मस्तिष्क के पुनः आदेश पर अलिजिह्वा मुख मार्ग बंद कर देता है और नासिका मार्ग खुल जाता है। अगले ही पल मस्तिष्क के त्वरित आदेश पर फेफड़े दबते हैं और वायु के नासिका मार्ग से बाहर आने पर 'ञ' नासिक्य ध्वनि का उच्चारण होता है।

'ञ' नासिक्त ध्वनि का प्रयोग शब्द में चवर्ग के अन्य व्यंजन ध्वनियों के पूर्व होता है। 'ङ' नासिक्त व्यंजन ध्वनि के ही समान इसका प्रयोग स्वर रहित 'ञ्' रूप में ही होता है। इसे लेखन और उच्चारण दोनों में देख और अनुभव कर सकते हैं; यथा–

ञ्–चञ्चल, मुञ्जाल, झञ्झट।

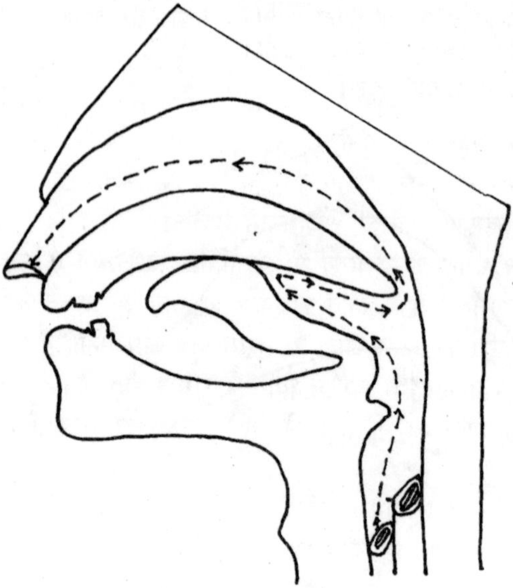

चित्र 18. 'ञ्' नासिक्य ध्वनि-उत्पादन

हिंदी के मानकीकरण में इसके लिए अनुस्वार ' ं ' का प्रयोग किया जाता है। यह प्रयोग सभी दृष्टियों से वैज्ञानिक लेखन है– चंचल, मुंजाल, झंझट।

यहाँ यह उल्लेखनीय है कि इसके वर्तमान समय के हिंदी उच्चारण में 'न्' का आभास होता है, किंतु इसके मूल अस्तित्व को ही स्वीकार करना चाहिए।

ट–अघोष, अल्पप्राण मूर्द्धन्य स्पर्श व्यंजन।

संस्कृत में 'ट' व्यंजन ध्वनि का उच्चारण मूर्द्धा से होता था। अर्थात् जीभ मूर्द्धा को स्पर्श कर वायु को मुख से बाहर करती थी। हिंदी 'ट' ध्वनि के उच्चारण में जीभ मुख गुहा में ऊपर की ओर से पीछे प्रतिष्ठित हो, या पलट कर कठोर तालु या कठोर तालु मूर्द्धा के संधि स्थल को छूती है। इसके उच्चारण में विविधता दिखाई देती है।

'ट' व्यंजन ध्वनि के उच्चारण में स्वरयंत्र की तंत्रियाँ एक दूसरे से अपेक्षाकृत दूर रहती हैं, सीमित वायु मुख की ओर आगे बढ़ती है। अलिजिह्वा नासिका मार्ग बंद रखता है। इसलिए वायु मुख विवर में पहुँचती है। जीभ का अग्रभाग ऊपर से पीछे की ओर मुड़ कर अर्थात प्रतिवेष्ठित होकर कठोर तालु या कभी कठारे तालु और मूर्द्धा के संधि स्थल का स्पर्श करती है। ऐसे वायु प्रवाह मुख से बाहर होता है और 'ट' व्यंजन ध्वनि का उच्चारण होता है।

'ट' व्यंजन ध्वनि का शब्द के आदि, मध्य और अंत्य तीनों स्थितियों में प्रयोग होता है; यथा–

आदि प्रयोग–टपकना, टालना, टूटना।

मध्य प्रयोग–पटकना, चटकना, मटकी।

अंत्य प्रयोग–नट, बाट, हाट।

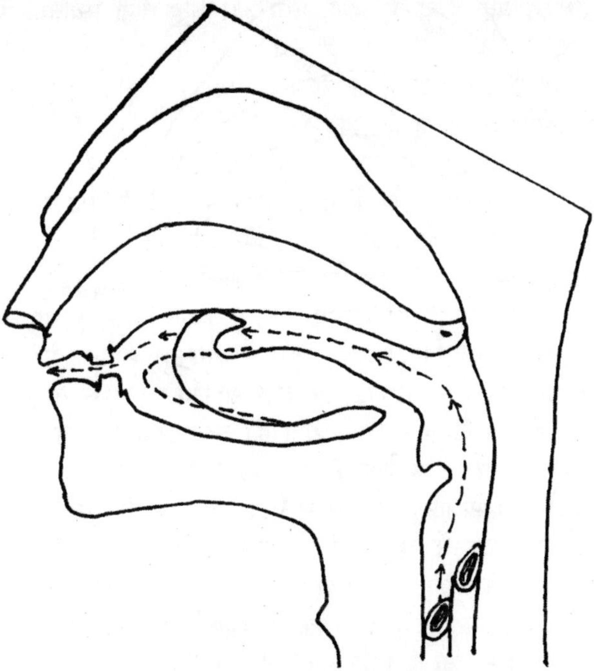

चित्र 19. ट्, ठ् ड्, ढ् व्यंजन ध्वनि-उत्पादन

ठ–अघोष, महाप्राण, पूर्व तालव्य प्रतिवेष्ठित स्पर्श (मूर्द्धन्य) व्यंजन।

'ठ' के उच्चारण में स्वरतंत्रियों की स्थिति 'ट' उच्चारण की स्थिति होती है, किंतु निःश्वास के वायु की मात्रा अपेक्षाकृत अधिक या महाप्राण होती है। इसके उच्चारण में जीभ का अग्र भाग ऊपर उठकर और कुछ पीछे मुड़कर, ऊपर पूर्व तालु का स्पर्श करती है।

'ठ' व्यंजन ध्वनि शब्द के आदि, मध्य और अंत्य तीनों स्थितियों में प्रयुक्त होती है; यथा–

आदि प्रयोग–ठगना, ठाठा, ठोंकना।

मध्य प्रयोग–गठन, कठिन, कठोर।

अंत्य प्रयोग–कर्मठ, आठ, बलिष्ठ।

ड–घोष, अल्पप्राण, पूर्व तालव्य प्रतिवेष्ठित स्पर्श (मूर्द्धन्य) व्यंजन।

'ड' व्यंजन ध्वनि के उच्चारण में स्वर तंत्रियाँ एक दूसरे से निकट होती है।

इससे फेफड़े से आनेवाली सीमित वायु से भी उनमें कंपन होने से घोष ध्वनि होती है। मुख-विवर में जीभ के प्रतिवेष्ठित रूप से पूर्व तालव्य के ही स्पर्श से उच्चारण होता है।

'ड' व्यंजन ध्वनि शब्द के आदि, मध्य और अंत्य तीनों स्थितियों में प्रयुक्त होती है; यथा–

आदि प्रयोग–डमरू, डरना, डालना।

मध्य प्रयोग–अडिग, सुडौल, विडम्बना।

अंत्य प्रयोग–अंडा, सोडा, रोड

यहाँ यह उल्लेखनीय है कि हिंदी के शब्दों में 'ड' ध्वनि का प्रयोग मुख्यतः आदि स्थिति में होता है और मध्य, अंत्य में विरल ही होता है।

ड़–घोष, अल्पप्राण पूर्वतालव्य प्रतिवेष्ठित उत्क्षिप्त व्यंजन।

'ड़' व्यंजन ध्वनि हिंदी नव उद्‌भूत ध्वनि है अर्थात संस्कृत में यह ध्वनि नहीं है। इसलिए इसका परंपरागत रूप में संस्कृत से आगमन नहीं हुआ है।

इसके उच्चारण में स्वरतंत्रियाँ एक दूसरे से निकट होने से सीमित वायु के निकलने पर भी स्वरतंत्रियों में कंपन होता है। अलिजिह्वा नासिका मार्ग को बंद रखती है। जीभ ऊपर उठकर पीछे की ओर झटके से उठकर या प्रतिवेष्ठित होकर पूर्व तालु स्थान का स्पर्शकर झटके से ही नीचे आती है। जीभ के झटके से ऊपर उठने और नीचे झटके से मुख विवर में पहुँचने या गिरने को उसी प्रकार समझ सकते हैं जिस प्रकार सरोवर तट पर बैठा मेढ़क आहट पाने पर झटके से उछलता है और पानी के तल पर झटके से पहुँचकर 'डब्' की आवाज करता है। 'ड़' व्यंजन ध्वनि के उच्चारण में ऐसी ही ध्वनि सुनाई भी देती है।

'ड़' व्यंजन ध्वनि का शब्द के मध्य और अंत्य दो ही स्थितियों में प्रयोग होता है; यथा–

मध्य प्रयोग–सड़क, गड़ना, पड़ना।

अंत्य प्रयोग–पेड़, बाड़, साँड़।

ढ–घोष, महाप्राण, पूर्वतालव्य प्रतिवेष्ठित स्पर्श (मूर्द्धन्य) व्यंजन।

'ढ' व्यंजन ध्वनि के उच्चारण के समय स्वर तंत्रियाँ 'ड' उच्चरित स्थिति के समान सीमित रूप में खुली होती है, किंतु वायु की मात्रा अधिक होने से महाप्राण की स्थिति होती है। संबंधित ध्वनि अंगों और प्रक्रिया पूर्णतः समान होती है।

'ढ' व्यंजन ध्वनि का हिंदी शब्दों में प्रायः आदि स्थिति में प्रयोग होता है; यथा–

आदि प्रयोग–ढपली, ढलान, ढोल, ढोकला।

मध्य प्रयोग–(यदाकदा ही प्रयोग) निढाल, बेढब।

अंत्य प्रयोग–(अपवाद स्वरूप) ढूँढ, मुड्ढा।

ढ़–घोष, महाप्राण, पूर्व तालव्य उत्क्षिप्त व्यंजन।

'ढ़' व्यंजन ध्वनि के उच्चारण में स्वरतंत्रियों की स्थिति 'ड़' ध्वनि के उच्चारण की स्थिति के समान अर्थात आपस में निकट होती है। यहाँ अंतर यह है कि उच्चारण में प्रयुक्त वायु की मात्रा अधिक होती है। शेष उच्चारण प्रक्रिया पूर्णतः 'ड़' उच्चारण के समान होती है।

'ढ़' व्यंजन ध्वनि का शब्दों में मध्य और अंत्य स्थितियों में ही प्रयोग होता है; यथा–

मध्य प्रयोग–पढ़ना, गढ़ना, चढ़ना।

अंत्य प्रयोग–गढ़, मढ़, चिढ़।

ण–घोष, अल्पप्राण, पूर्वतालव्य, नासिक्य, उत्क्षिप्त व्यंजन।

'ण' ध्वनि के उच्चारण में स्वर तंत्रियाँ सीमित रूप में खुली होने पर सीमित वायु निकलने पर भी कंपन होता है। अलिजिह्वा नासिका मार्ग खुला रखती है। निःश्वास की वायु मुख विवर में पहुँचती है।

अधिकांश लोगों का कथन है कि जीभ मूर्द्धा को छूती है, किंतु ऐसा प्रक्रिया 'ण' उच्चारण में अब नहीं होती है। जीभ का अग्र भाग मुड़ते हुए ऊपर उठकर मूर्द्धा और कठोर तालु के संधि स्थल को छूकर झटके से नीचे आती है। इसमें 'ड़' उत्क्षिप्त व्यंजन ध्वनि की तरह आवाज सुनाई पड़ती है। इसके साथ ही वायु नासिका के मार्ग से बाहर आती है।

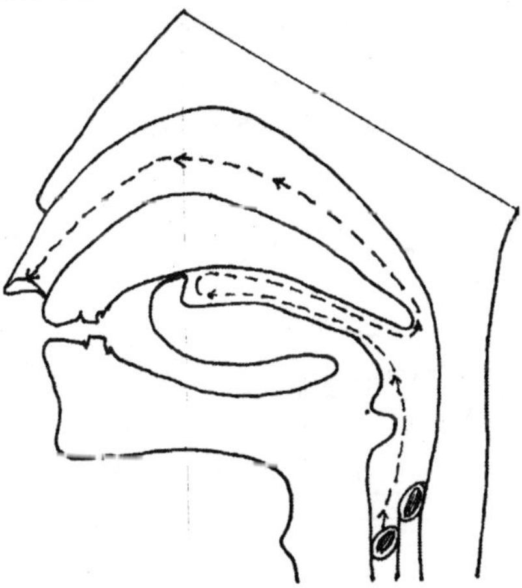

चित्र 20. ण् नासिक्य ध्वनि-उत्पादन

यह 'ण' नासिक्य ध्वनि के अर्ध रूप 'ण' के उच्चारण संदर्भ में एक उल्लेखनीय तथ्य है। जब टवर्ग की ध्वनियों ट, ठ, ड, ढ के पूर्व 'ण' का अर्ध रूप प्रयुक्त होता है, तो उसका उच्चारण या अभिव्यक्ति लगभग दंत्य नासिक्य 'न' व्यंजन के अर्ध रूप में होती है; यथा–

लिखित रूप	**उच्चरित रूप**
कंटक (कण्टक)	कन्टक
कंठ (कण्ठ)	कन्ठ
मंडन (मण्डन)	मन्डन

'ण' नासिक्य व्यंजन ध्वनि का प्रयोग शब्दों के मध्य और अंत्य स्थितियों में ही होता है, किंतु आदि स्थिति में नहीं होता है।

मध्य प्रयोग—प्रणय, प्रणाम, परिणय।

अंत्य प्रयोग—चरण, तरुण, वरुण।

त—अघोष, अल्पप्राण, दंत्य स्पर्श व्यंजन।

'त' के उच्चारण में स्वरयंत्र की तंत्रियाँ आपस में अपेक्षाकृत दूर रहकर वायु निकलने का मार्ग बनाती हैं। अलिजिह्वा नासिका मार्ग को बंद रखती है। जीभ मुख की ओर आगे बढ़ती है। जीभ की नोक दाँतों का स्पर्श कर वायु को बाहर निकलती है। इससे 'त' व्यंजन ध्वनि का उच्चारण होता है। 'त' व्यंजन ध्वनि शब्दों में आदि, मध्य और अंत्य तीनों स्थितियों में प्रयुक्त होती है; यथा—

आदि प्रयोग—तटवर्ती, तपन, तोरण।

मध्य प्रयोग—पतन, पाताल, पतीला।

अंत्य प्रयोग—पात, मात, चाहत

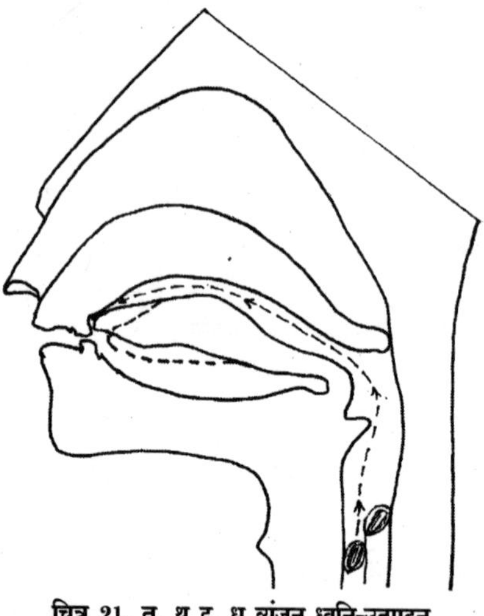

चित्र 21. त्, थ् द्, ध् व्यंजन ध्वनि-उत्पादन

थ—अघोष, महाप्राण, दंत्य, स्पर्श व्यंजन।

'थ' व्यंजन ध्वनि के उच्चारण में समस्त प्रक्रिया 'त' ध्वनि के उच्चारण की प्रक्रिया के समान होती है। इसमें अंतर यह है उच्चारण में प्रयुक्त होने वाली निःश्वास

की वायु की मात्रा अपेक्षाकृत अधिक होती है। नासिका मार्ग का बंद होना और जीभ द्वारा दाँतों का स्पर्श आदि समान रूप से होता है।

'थ' व्यंजन ध्वनि का शब्दों में आदि, मध्य और अंत्य तीनों स्थितियों में प्रयोग होता है; यथा–

आदि प्रयोग–थकना, थापना, थोड़ा।

मध्य प्रयोग–कथन, कथानक, कथोपकथन।

अंत्य प्रयोग–पदार्थ, हाथ, महारथ।

द–घोष, अल्पप्राण, दंत्य, स्पर्श व्यंजन।

'द' ध्वनि के उच्चारण के समय स्वरयंत्र की तंत्रियाँ आपस में निकट होती हैं। इसलिए निःश्वास की वायु के निकलते समय इनमें कंपन होने से ध्वनि का रूप घोष होता है। ध्वनि की मात्रा अपेक्षाकृत कम होने से अल्पप्राण रूप होता है। 'द' उच्चारण की शेष प्रक्रिया पूर्णतः 'त' ध्वनि के उच्चारण के समान होती है।

'द' ध्वनि का शब्दों में आदि, मध्य और अंत्य तीनों स्थितियों में प्रयोग होता है; यथा–

आदि प्रयोग–दशरथ, दामिनी, दोपहर।

मध्य प्रयोग–बदली, मदारी, चादर।

अंत्य प्रयोग–शायद, जलद, मानद

ध–घोष, महाप्राण, दंत्य, स्पर्श व्यंजन।

'ध' व्यंजन ध्वनि के उच्चारण में 'द' ध्वनि उच्चारण के समान स्वर तंत्रियाँ आपस में निकट होने से उसमें कंपन होती है। अंतर यह है कि वायु की मात्रा अधिक होने से महाप्राण ध्वनि होती है। शेष प्रक्रिया 'द' ध्वनि उच्चारण के समान होती है।

'ध' व्यंजन ध्वनि शब्दों में आदि, मध्य और अंत्य तीनों स्थितियों में प्रयोग होता है; यथा–

आदि प्रयोग–धवल, धारणा, धोखा।

मध्य प्रयोग–माधव, साधारण, विधाता।

अंत्य प्रयोग–विविध, संबंध, सिंधु।

न–घोष, अल्पप्राण, वर्त्स्य, नासिक्य व्यंजन।

'न' व्यंजन ध्वनि के उच्चारण के समय स्वरतंत्रियाँ आपस में बहुत निकट होती हैं। इसलिए वायु प्रवाह के समय उसमें कंपन होती है। वायु की मात्रा अपेक्षाकृत कम होती है। वायु सीधे दाँत के निकट वर्त्स्य तक पहुँचती है। जीभ की नोक वर्त्स्य का स्पर्श करती है। नासिका मार्ग खुला होने से वायु मुख विवर से वापस आ नाक से बाहर आती है और 'न' ध्वनि का उच्चारण होता है।

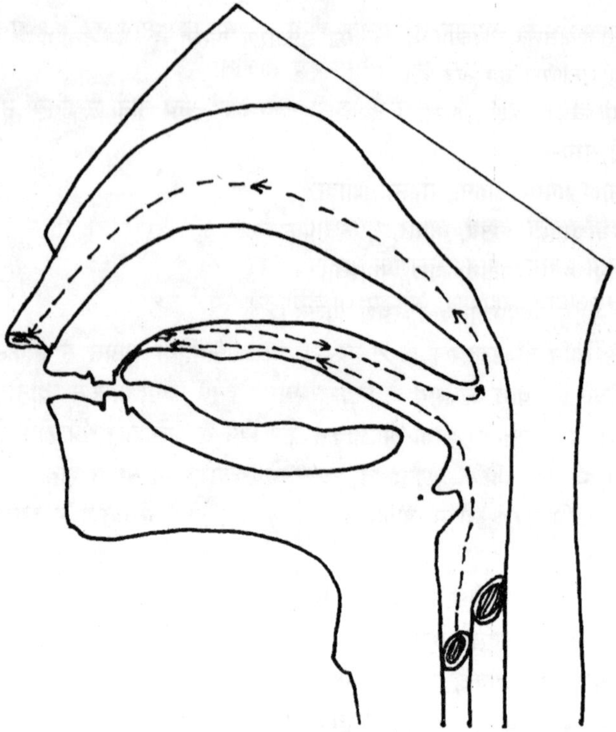

चित्र 22. 'न्' नासिक्य व्यंजन ध्वनि-उत्पादन

'न' नासिक्य व्यंजन ध्वनि का शब्दों में आदि, मध्य और अंत्य तीनों स्थितियों में प्रयोग होता है; यथा–

आदि प्रयोग–नवल, नाविक, नामांकन।

मध्य प्रयोग–अनल, पिनाक, सुनीता।

अंत्य प्रयोग–जलन, मिलाना, अपनी।

प–अघोष, अल्पप्राण, ओष्ठ्य या द्वयोष्ठ्य, स्पर्श व्यंजन।

'प' व्यंजन ध्वनि के उच्चारण में स्वरतंत्रियों के पर्याप्त खुली होने और सीमित वायु प्रवाह से उसमें कंपन नहीं होती है। अलिजिह्वा नासिका मार्ग को बंद रखती है। वायु सीधे ओठों तक पहुँचती है। 'प' ध्वनि के उच्चारण संदर्भ से मस्तिष्क के आदेशानुसार दोनों ओष्ठ एक दूसरे को स्पर्श कर मुख बंद कर देते है। वायु के प्रवाह पर दोनों ओठ खुलते है और 'प' ध्वनि का उच्चारण होता है।

उच्चारण प्रक्रिया में 'प' सबसे सरल ध्वनि है, क्योंकि स्वरतंत्रियों के पर्याप्त खुली होने और सीमित निःश्वास की वायु से उच्चारण प्रक्रिया होती है। ओष्ठों के बंद और खुलने से ही 'प' ध्वनि उच्चरित हो जाती है। इसकी सरलता का प्रमाण

यह है कि दंतरहित बच्चा भी 'प' का उच्चारण करता है और दंतविहीन वृद्ध भी 'प' का उच्चारण कर लेते हैं।

'प' व्यंजन ध्वनि शब्दों में आदि, मध्य और अंत्य तीनों स्थितियों में प्रयुक्त होती है; यथा—

आदि प्रयोग—पवन, पावन, पेशावर।

मध्य प्रयोग—तपन, अपार, उपहार।

अंत्य प्रयोग—आतप, कालपी, प्रताप।

फ—अघोष, महाप्राण, ओष्ठ्य या द्वयोष्ठ्य, स्पर्श व्यंजन।

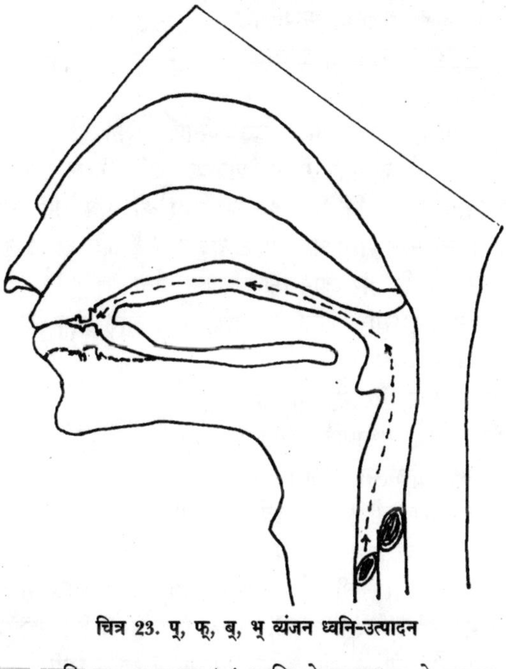

चित्र 23. प्, फ्, ब्, भ् व्यंजन ध्वनि-उत्पादन

'फ' व्यंजन ध्वनि का उच्चारण 'प' ध्वनि के उच्चारण के समान होता है, इसमें अंतर यह है कि इसके उच्चारण में निःश्वास की वायु की मात्रा अधिक अर्थात् महाप्राण होती है। दोनों ओष्ठों का मिलना खुलना और वायु का बाहर आना 'फ' उच्चारण का आधार है।

'फ' व्यंजन ध्वनि शब्दों में आदि, मध्य और अंत्य तीनों स्थितियों में प्रयुक्त होती है; यथा—

आदि प्रयोग—फलना, फूलना, फैलना।

मध्य प्रयोग—सफल, त्रिफला, विफल।

अंत्य प्रयोग—तरफ, साफ, गुफा।

ब–घोष, अल्पप्राण, ओष्ठ्य या द्वयोष्ठ्य स्पर्श व्यंजन ध्वनि।

'ब' व्यंजन ध्वनि के उच्चारण में स्वरतंत्रियाँ आपस में निकट होती है। इसलिए सीमित वायु (अल्पप्राण) के प्रवाह पर भी स्वरतंत्रियों में कंपन होने से घोष ध्वनि होती। शेष प्रक्रिया ओष्ठ्य स्पर्श व्यंजन 'प' ध्वनि के उच्चारण के समान होती है। अर्थात नासिका मार्ग बंद ओष्ठ बंद होने और ओष्ठ खुलने से 'ब' ध्वनि उच्चरित होती है।

'ब' ओष्ठ्य व्यंजन ध्वनि शब्दों में आदि, मध्य और अंत्य तीनों स्थितियों में प्रयुक्त होती है; यथा–

आदि प्रयोग–बहुत, बातूनी, बौखलाहट।

मध्य प्रयोग–सबका, चबाना, कबूतर।

अंत्य प्रयोग–अब, सब, बिंब।

भ–घोष, महाप्राण, ओष्ठ्य या द्वयोष्ठ्य, स्पर्श व्यंजन।

'भ' व्यंजन ध्वनि के उत्पादन में पूरी प्रक्रिया 'ब' ध्वनि के उच्चारण के समान होती है। इसमें अंतर यह है कि निःश्वास की वायु की मात्रा अधिक या महाप्राण होती है। इसमें भी नासिका मार्ग बंद, ओष्ठ बंद होते हैं और ओष्ठ खुलते ही वायु मुख से बाहर आती है तो 'भ' ध्वनि का उत्पादन होता है।

'भ' ओष्ठ्य व्यंजन ध्वनि शब्दों में आदि, मध्य और अंत्य तीनों स्थितियों में प्रयुक्त होती है; यथा–

आदि प्रयोग–भजन, भागना, भोगना।

मध्य प्रयोग–सभय, सभापति, संभाषण।

अंत्य प्रयोग–शुभ, आभा, अशुभ।

म–घोष, अल्पप्राण, ओष्ठ्य या द्वयोष्ठ्य, नासिक्य व्यंजन।

'म' हिंदी का पाँचवाँ और ओष्ठ्य वर्ग का नासिक्य व्यंजन है। इस ध्वनि के उत्पादन में बहुत तीव्र और लंबी प्रक्रिया संपन्न होती है। फेफड़े से चली निश्वास की वायु आपस में निकट स्थित स्वरतंत्रियों को पार करती है। स्वतंत्रियों में इससे कंपन होने से घोष और सीमित वायु होने से अल्पप्राण ध्वनि होती है। ओष्ठ्य ध्वनि से वायु होंठों तक पहुँचती है। दोनों होंठ बंद हो जाते हैं। मस्तिष्क के आदेशानुसार अलिजिह्वा नासिका मार्ग खोल देती है और उसी समय मस्तिष्क के आदेश से होंठ खुलते है और मुख विवर में पहुँची वायु अलिजिह्वा तक वापस होकर नासिका मार्ग से बाहर आती है। इससे नासिक्य 'म' ध्वनि का उत्पादन होता है। इससे स्पष्ट होता है कि 'म' ध्वनि कि उत्पादन में ध्वनि को फेफड़े से होंठो तक और फिर वापस होकर नासिका से होती हुई लंबे मार्ग से बाहर आना होता है।

'म' ओष्ठ्य नासिक्य ध्वनि शब्दों में आदि, मध्य और अंत्य तीनों स्थितियों में प्रयुक्त होती है; यथा–

आदि प्रयोग—मकान, महात्मा, मोहन।
मध्य प्रयोग—कमल, तमाल, तमोला।
अंत्य प्रयोग—परम, सुरमा, सुनामी।

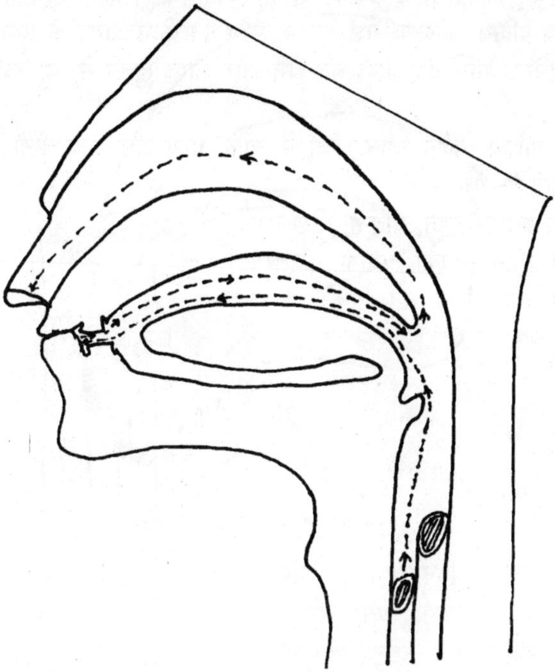

चित्र 24. 'म्' नासिक्य व्यंजन ध्वनि-उत्पादन

य—घोष, अल्पप्राण, तालव्य, संघर्षहीन, सप्रवाही, स्पर्श, अंतस्थ, अर्धस्वर।

'य' ध्वनि के उत्पादन में फेफड़े से सीमित वायु चल कर आपस में निकट स्थित स्वरतंत्रियों को पार करती है, जिससे उसमें कंपन होता है। इस प्रकार घोष और अल्पप्राण वायु आगे बढ़ती है। अलिजिह्वा नासिका मार्ग को बंद रखती है। जीभ ऊपर उठकर 'इ' स्वर के उच्चारण के समान कठोर तालु को चलायमान स्थिति में स्पर्श करती है। इस प्रकार निःश्वास की वायु मुख से बाहर आने से 'य' ध्वनि का उत्पादन होता है। इसके उत्पादन का पूर्वांश 'इ' स्वर स्वरूप के बाद उत्तरांश 'य' का आभास होता है। यह प्रकृति में स्वरवत है, किंतु कार्य रूप व्यंजन होता है। इसलिए इसे अर्ध स्वर कहा जाता है।

'य' ध्वनि का शब्दों के आदि, मध्य और अंत्य तीनों रूपों में प्रयोग होता है; यथा—

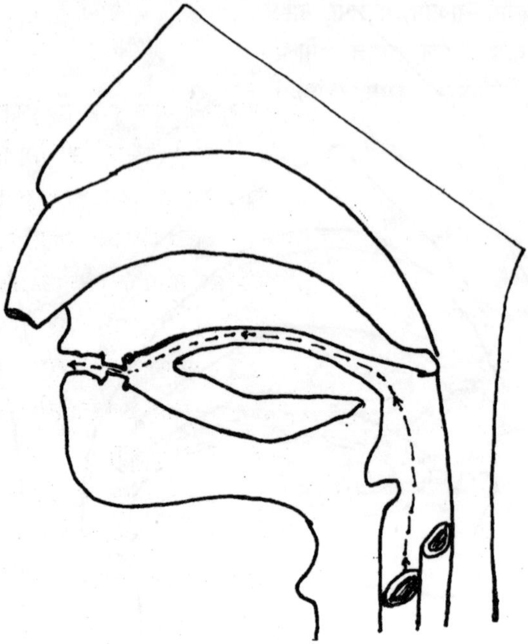

चित्र 25. 'य्' व्यंजन ध्वनि-उत्पादन

आदि प्रयोग—यवन, यातना, योजना।

मध्य प्रयोग—प्रयत्न, प्रयास, संयोग।

अंत्य प्रयोग—तोय, सहाय, अभिनय।

र—घोष, अल्पप्राण, प्रकंपित, वर्त्स्य, अंतस्थ, व्यंजन।

'र' के उत्पादन में 'य' ध्वनि की तरह स्वरतंत्रियों की निकट स्थिति, सीमित वायु के प्रयोग से घोष और अल्पप्राण ध्वनि है। 'र' के उत्पादन को मुख्य प्रवृत्ति के विषय में डॉ. धीरेंद्र वर्मा ने 'लुंठित' कहा है। इसका अर्थ है जीभ का बेलन की तरह लपेट कर बढ़ना। डॉ. भोलानाथ तिवारी ने इसके लिए 'प्रकंपित' शब्द का प्रयोग किया है। इसका अर्थ है—जीभ में विशेष प्रकार का कंपन होना। 'प्रकंपित' शब्द जीभ की स्थिति को प्रकट करने में पूर्ण उपयोगी है। 'र' ध्वनि उत्पादन के समय अलिजिह्वा नासिका मार्ग को बंद रखती है। निःश्वास की वायु वर्त्स्य तक पहुँचती है। जीभ वर्त्स्य की ओर बढ़ती है, उसका अग्र भाग विशेष रूप से कंपन कर वर्त्स्य को छूता है। यदि हम जोर लगाकर 'र' ध्वनि का उत्पादन करें, तो प्रकंपित रूप (विशेष कंपन) का आभास हो जाएगा। इस प्रकार 'र' ध्वनि का उत्पादन होता है।

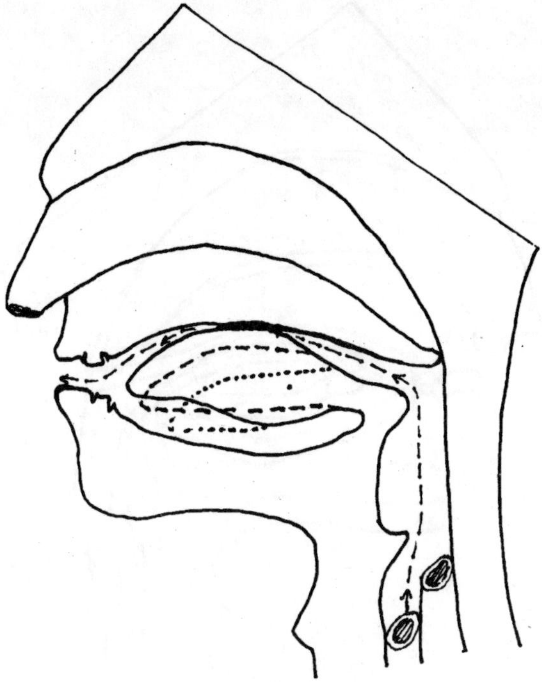

चित्र 26. 'र्' व्यंजन ध्वनि-उत्पादन

'र' ध्वनि का शब्दों में आदि, मध्य और अंत्य तीनों स्थितियों में प्रयोग होता है; यथा—

आदि प्रयोग—रमन, रामायण, रोचक।

मध्य प्रयोग—परमात्मा, पराया, मरोड़।

अंत्य प्रयोग—अपार, समाचार, किनारा।

ल—घोष, अल्पप्राण, वर्त्स्य, पार्श्विक व्यंजन।

'ल' ध्वनि के उत्पादन में फेफड़े से सीमित हवा (अल्पप्राण) निकल कर स्वरयंत्र तक पहुँचती है। उस समय स्वरतंत्रियाँ सीमित रूप में खुलती हैं। जिससे हवा निकलने पर उनमें कंपन होने से ध्वनि में घोष रूप आ जाता है। अलिजिह्वा के द्वारा नासिका मार्ग बंद कर दिया जाता है। वायु सीधे वर्त्स्य तक पहुँचती है। इससे पूर्व जीभ ऊपर उठती है और उसकी नोक वर्त्स्य को स्पर्श करती है। उसके दोनों किनारे खुले होते हैं। इस प्रकार 'ल' के उच्चारण में जीभ के दोनों किनारों (पार्श्व) से हवा बाहर आती है। इस प्रकार स्पष्ट रूप से कह सकते हैं कि 'ल' ध्वनि उत्पादन की मुख्य पहचान है—पार्श्विकता।

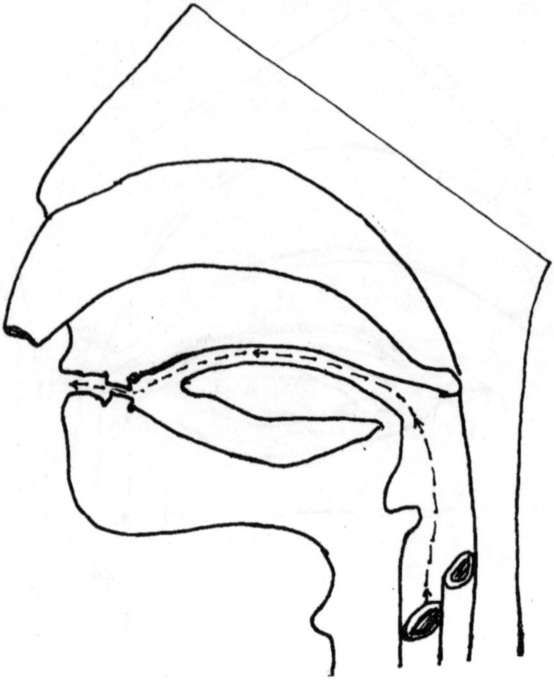

चित्र 27. 'ल्' व्यंजन ध्वनि-उत्पादन

'ल' पार्श्विक व्यंजन ध्वनि शब्द में आदि, मध्य और अंत्य तीनों स्थितियों में प्रयुक्त होती है; यथा–

आदि प्रयोग–लटकना, लिपटना, लौटना।

मध्य प्रयोग–अलग, बिलग, विलुप्त।

अंत्य प्रयोग–बोतल, गमला, मुरली।

व–घोष, अल्पप्राण, ओष्ठ्य या द्वयोष्ठ्य, संघर्षहीन, प्रवाही अर्ध स्वर।

'व' ध्वनि के उत्पादन में सीमित वायु (अल्पप्राण) निकलकर स्वरयंत्र पहुँचती है। स्वरयंत्र की तंत्रियाँ आपस में निकट होने से हवा के निकलते समय इनमें कंपन होता है। इससे ध्वनि का घोष रूप रहता है। अलिजिह्वा नासिका मार्ग को बंद कर देती है। इससे वायु मुख विवर में पहुँचती है। इसके उच्चारण में जीभ का पश्च भाग 'उ' स्वर उच्चारण की तरह ऊपर उठा होता है। निःश्वास की वायु दोनों होठों के खुलते ही बिना घर्षण के बाहर आ जाती है। इससे 'व' का उच्चारण होता है। इसे अर्ध स्वर भी कहते हैं। इसकी प्रकृति स्वर की है, किंतु इसका कार्य व्यंजन का होता है।

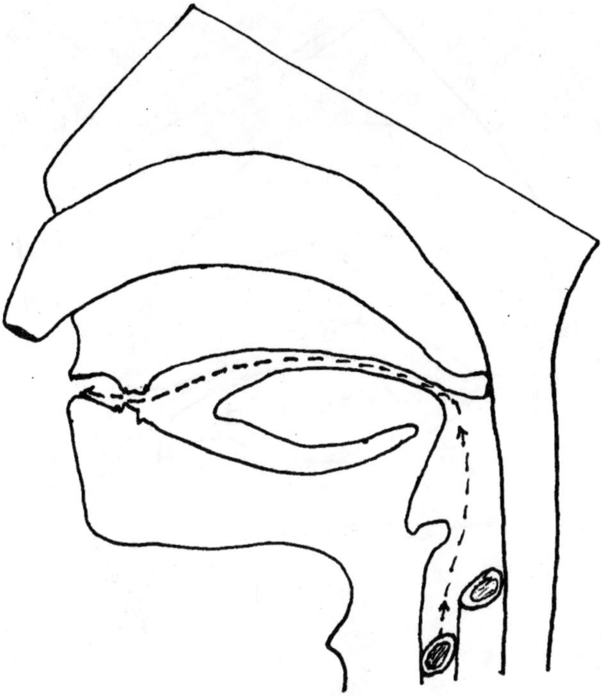

चित्र 28. 'व्' व्यंजन ध्वनि-उत्पादन

'व' अर्धस्वर ध्वनि का शब्दों में आदि, मध्य और अंत्य तीनों स्थितियों में प्रयोग होता है; यथा–

आदि प्रयोग–वतन, वातायन, वैतरणी।

मध्य प्रयोग–भवन, सावन, आवागमन।

अंत्य प्रयोग–स्वभाव, विभाव, संभावी।

श–अघोष, अल्पप्राण, तालव्य, संघर्षी व्यंजन।

'श' ध्वनि के उत्पादन में निःश्वास की सीमित वायु (अल्पप्राण) का उपयोग होता है। वायु प्रवाह के समय स्वरतंत्रियाँ पर्याप्त रूप में खुली होती हैं। इसलिए उनमें कंपन न होने से अघोष की स्थिति होती है। ऐसे क्षण अलिजिह्वा नासिका मार्ग बंद कर देती है। वायु मुख विवर में पहुँचती है। इसी समय जीभ का अग्रभाग ऊपर उठकर कठोर तालु के बहुत निकट आ जाता है। ऐसे में वायु जीभ और कठोर तालु के मध्य घर्षण करती मुख से बाहर आती है, तो 'श' ध्वनि का उत्पादन होता है।

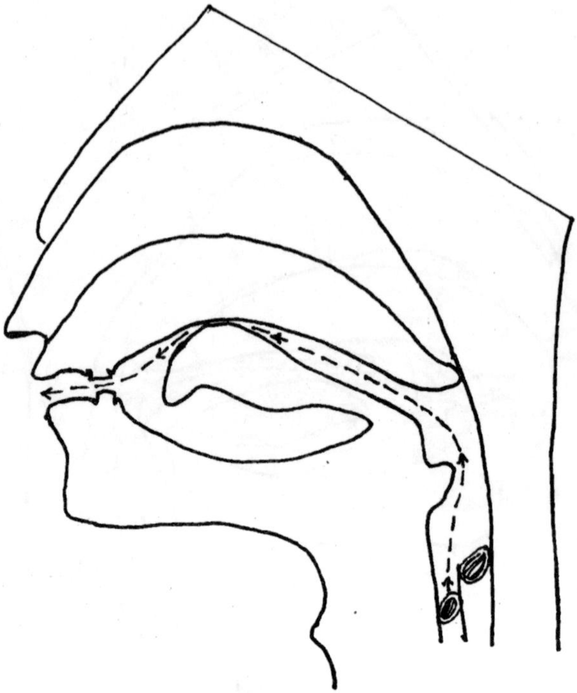

चित्र 29. 'श्' व्यंजन ध्वनि-उत्पादन

'श' व्यंजन ध्वनि का शब्द में आदि, मध्य और अंत्य तीनों स्थितियों में प्रयोग होता है; यथा–

आदि प्रयोग–शक्कर, शाम, शीतल।

मध्य प्रयोग–स्टेशन, विशेष, विशाल।

अंत्य प्रयोग–आकाश, सुयश, मुनीश।

ष–अघोष, अल्पप्राण, प्रतिवेष्ठित (मूर्द्धन्य), संघर्षी व्यंजन।

'ष' का प्रयोग संस्कृत आगत तत्सम शब्दों में होता है। इसके उत्पादन में फेफड़े से चली सीमित वायु स्वरयंत्र की तंत्रियों के सीमित मार्ग से आगे बढ़ती है। अलिजिह्वा नासिका मार्ग को बंद रखती है। वायु मुखविवर में पहुँचती है। इसी समय जीभ का मध्य भाग ऊपर उठकर मूर्द्धा को स्पर्श कर वायु को बाहर की ओर करती है। इससे शुद्ध रूप में 'ष' का उच्चारण होता है। देखा गया है कि आर्य समाज और संस्कृत के विद्वानों द्वारा इसका शुद्ध उच्चारण किया जाता है। अधिकांश लोगों द्वारा इसका उच्चारण 'श' के समान किया जाता है.। विभिन्न अंचलों में इसे 'स' के रूप में उच्चरित किया जाता है।

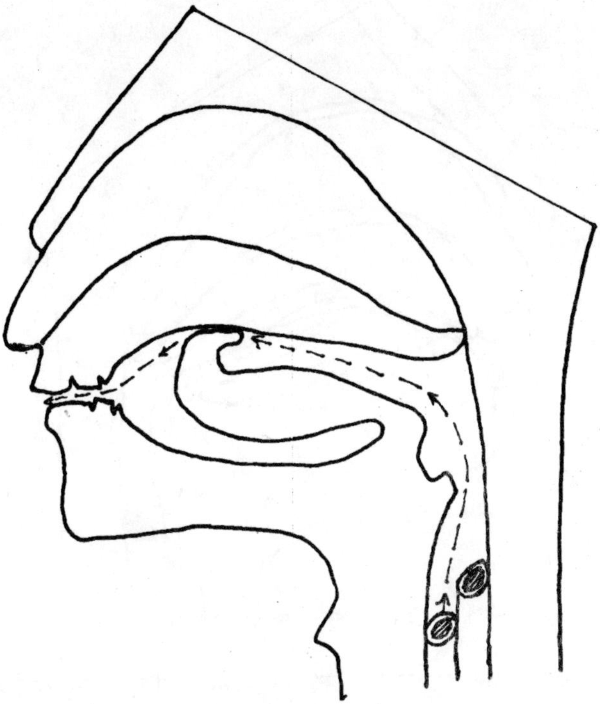

चित्र 30. 'ष्' व्यंजन ध्वनि-उत्पादन

'ष' का प्रयोग हिंदी में संस्कृत आगत तत्सम शब्दों में प्रायः मध्यम में और यदा-कदा आदि और अंत में होता है; यथा—

आदि प्रयोग—षष्ठ, षटपद, षष्ठि।

मध्य में पूर्ण रूप प्रयोग—विषाद, निषेध, निषाद।

मध्य में अर्ध रूप प्रयोग—मस्तिष्क, अष्ट, नष्ट, विष्टा।

अंत्य प्रयोग—आशीष, विष, श्लेष।

स—अघोष, अल्पप्राण, दंत्य/वर्त्स्य, संघर्षी व्यंजन।

'स' व्यंजन ध्वनि का उच्चारण 'त' दंत्य ध्वनि के लगभग समान प्रक्रिया से होता है। इसमें मुख्य अंतर यह है कि 'त' दंत्य स्पर्श ध्वनि है जबकि 'स' दंत्य या वर्त्स्य संघर्षी ध्वनि है। 'स' ध्वनि के उच्चारण में फेफड़े से चली सीमित वायु मुख विवर से होती हुई सीधे वर्त्स्य तक पहुँचती है। इसी समय जीभ का अग्र भाग उठकर वर्त्स्य के निकट पहुँच जाता है। वायु वर्त्स्य दाँत और जीभ के मध्य से घर्षण करती हुई मुख से बाहर आती है और 'स' ध्वनि उच्चरित होती है।

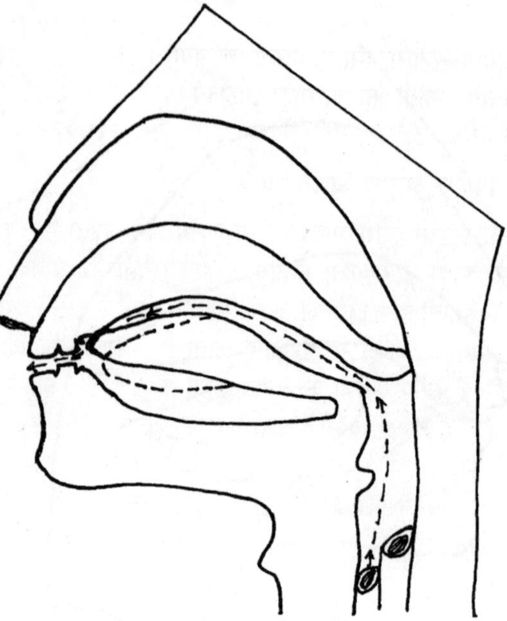

चित्र 31. 'स्' व्यंजन ध्वनि-उत्पादन

'स' व्यंजन ध्वनि का शब्दों में अग्र, मध्य और अंत्य तीनों स्थितियों में प्रयोग होता है; यथा–

अग्र प्रयोग–समान, सामान, सोलह, सौतन।

मध्य प्रयोग–किसका, मसाला, पसीना, मसौदा।

अंत्य प्रयोग–आवास, प्रवासी, किस्सा, रस।

ह–घोष, महाप्राण, स्वरयंत्र मुखी, संघर्षी व्यंजन।

'ह' व्यंजन ध्वनि का उच्चारण हिंदी की समस्त ध्वनियों से विशिष्ट है। इसकी प्रमुख पहचान यह है कि ध्वनि उत्पादक प्रथम और प्रमुख अंग स्वरयंत्र का मुख ही इसका उत्पादक स्थान है। शेष ध्वनियों के उच्चारण स्थान कंठ से लेकर ओष्ठ या मुख और नासिका मार्ग हैं।

'ह्' के उच्चारण में फेफड़े से चली निःश्वास की वायु स्वरयंत्र की आपस में निकटतम स्थिति की तंत्रियों से संघर्ष करती हुई आगे बढ़ती है। अलिजिह्वा नासिका मार्ग को बंद कर देती है। वायु मुख विवर में पहुँचती है। संघर्षी वायु मुख विवर में रुकती नहीं वरन् घोषत्त्व रूप में त्वरित गति से मुख अर्थात होठों तक पहुँच जाती है। इस समय होंठों की स्थिति 'अ' उच्चारण की स्थिति के लगभग समान होती है।

आदि प्रयोग–हमारा, हराया, हारना, होशियार।

मध्य प्रयोग–महती, महान, माहुर, महोदय।

अंत्य प्रयोग–कह, राह, राही, वैदेही।

1.3.2.2.2 विशेष आगत व्यंजन ध्वनि

जब एक भाषा क्षेत्र में दूसरी भाषा का भी प्रयोग होने लगता है तब एक भाषा की ध्वनियाँ दूसरी भाषा में सहजता से प्रयुक्त होने लगती हैं। प्रत्येक भाषा की कुछ विशिष्ट ध्वनियाँ होती हैं, जो उनकी अपनी पहचान होती हैं। ऐसी ध्वनियों का प्रयोग भी संबंधित भाषा के शब्दों में ही किया जाता है। अंग्रेजी की विशेष स्वर ध्वनि है–'ऑ'। इसका प्रयोग अंग्रेजी के आगत शब्दों के साथ ही किया जाता है; यथा–

Ball–बॉल, College–कॉलेज, Doctor–डॉक्टर

हिंदी में उर्दू, अरबी, फारसी, तुर्की, की कुछ ध्वनियों क़, ख़, ग़, ज़ और फ़ का प्रयोग होता है। इन ध्वनियों की मुख्य प्रवृत्ति संघर्षी है। हिंदी में अनुकूल और स्पष्ट अभिव्यक्ति के लिए इनका प्रयोग किया जाता है। इसलिए इनके उच्चरित स्वरूप का विश्लेषण अपेक्षित है।

क़–अघोष, अल्पप्राण, जिह्वामूलीय, संघर्षी व्यंजन।

'क़' ध्वनि लेखन 'क' के समान उच्चारण में भी लगभग समानता है, किंतु मुख्य अंतर 'क़' ध्वनि की संघर्षी प्रवृत्ति है।

'क़' संघर्षी ध्वनि में फेफड़े से चली सीमित वायु आपस में अपेक्षाकृत दूर स्थित स्वरतंत्रियों के मार्ग से आगे बढ़ती है। अलिजिह्वा नासिका मार्ग बंद कर देती है। इससे वायु मुख विवर में पहुँचती है। जीभ का पश्च भाग ऊपर उठकर कोमल तालु के पिछले भाग का स्पर्श करता है। हवा जीभ के पश्च भाग और कोमल तालु के पश्च भाग के मध्य से घर्षण करती हुई संघर्षी ध्वनि 'क़' का उत्पादन करती हुई बाहर आ जाती है।

'क़' संघर्षी ध्वनि उर्दू शब्दों के आदि, मध्य और अंत्य तीनों स्थितियों में प्रयुक्त होती है; यथा–

आदि प्रयोग–'क़दम (पाँव), क़दीस (मोती), कफ़ूर (कृतघ्न)।

मध्यम प्रयोग–ताक़त (शक्ति), मक़ाम (स्थान), रक़म (धन)।

अंत्य प्रयोग–नातिक़ (वक्ता), रक़ीक़ (कोमल), वरक़ (पन्ना)।

ख़–अघोष, महाप्राण, कोमलतालव्य, संघर्षी व्यंजन।

'ख़' ध्वनि 'ख' के ही समान अघोष और महाप्राण है। इसकी विशेषता या मुख्य पहचान इसका संघर्षी स्वरूप है। 'ख़' संघर्षी ध्वनि का उच्चारण 'क़' संघर्षी ध्वनि के उच्चारण के भी लगभग समान प्रक्रिया से होता है, किंतु इसमें अंतर यह है कि इसके उच्चारण में फेफड़े से निःश्वास की वायु अपेक्षाकृत अधिक मात्रा में

निकलती है, अर्थात महाप्राण स्थिति होती है। स्वरतंत्रियाँ विस्तार से खुली होती है। इससे अघोष की स्थिति होती है। अलिजिह्वा नासिका मार्ग बंद कर देती है। इसलिए वायु मुख विवर में पहुँचती है। इसी समय जीभ का पश्चभाग ऊपर उठकर कोमलतालु के पश्च भाग के बहुत निकट पहुँच जाता है। इससे वायु जीभ के पश्च और कोमल तालु के सँकरे मार्ग से घर्षण करती बाहर आती है और 'ख़' संघर्षी ध्वनि का उत्पादन होता है।

'ख़' संघर्षी व्यंजन उर्दू के शब्दों की आदि, मध्य और अंत्य तीनों स्थितियों में प्रयुक्त होता है; यथा–

आदि प्रयोग–ख़याल (ध्यान), ख़लीफ़ः (प्रतिनिधि), ख़ामोशी (सन्नाटा)।

मध्य प्रयोग–रुख़ाम (संगमरमर), सख़ीन (मजबूत), ज़ख़ीम (मोटा)।

अंत्य प्रयोग–सख़ी (दानी), शाख़ (शाखा), चख़ (झगड़ा या कलह)।

ग़–घोष, अल्पप्राण, कोमल तालव्य, संघर्षी व्यंजन।

'ग़' संघर्षी ध्वनि का उच्चारण 'ख़' उच्चारण की प्रक्रिया के समान होता है। इसमें अंतर यह होता है कि स्वरतंत्रियाँ एक दूसरे से निकट होती हैं। इससे वायु स्वरयंत्र से वायु निकलते समय स्वरतंत्रियों में कंपन होता है और ध्वनि का रूप घोष हो जाता है। इसके पश्चात वायु कंठमार्ग से होती हुई कोमल तालु के पश्च भाग तक पहुँचती है। इसी समय जीभ का पश्च भाग ऊपर उठकर कोमलतालु के पश्च भाग के बहुत निकट आ जाता है। निःश्वास की वायु इन दोनों के बीच से घर्षण करती हुई मुख से बाहर आती है और 'ग़' संघर्षी ध्वनि का उत्पादन होता है।

'ग़' संघर्षी ध्वनि उर्दू के शब्दों की आदि, मध्य और अंत्य तीनों स्थितियों में प्रयुक्त होती है; यथा–

आदि प्रयोग–ग़ज़ल, ग़रीब, ग़ज़ब (क्रोध)।

मध्य प्रयोग–दग़ल (कपट), बग़ल (पार्श्व), ग़ौग़ाई (कोलाहल)।

अंत्य प्रयोग–बेदाग़, ग़ौग़ा (कोलाहल करनेवाला), ज़ाग़ (कौआ)।

'ज़'–घोष, अल्पप्राण, वर्त्स्य, संघर्षी स्वर।

'ज़' संघर्षी ध्वनि के उच्चारण के समय स्वरयंत्र की स्वरतंत्रियाँ आपस ने निकट होने से वायु मार्ग पतला होता है। फेफड़े से चली कम वायु (अल्पप्राण) होने पर भी स्वरतंत्रियों में कंपन होने से घोष रूप रहता है। अलिजिह्वा नासिका मार्ग को बंद कर देती है। वायु सीधे मुख विवर में पहुँचती है। इसी समय जीभ का अग्र भाग वर्त्स्य के बहुत निकट पहुँच जाता है। निःश्वास की वायु वर्त्स्य और जीभ के अग्रभाग के मध्य से घर्षण करती हुई मुख से बाहर आती है और संघर्षी ध्वनि 'ज़' का उत्पादन होता है।

'ज़' संघर्षी ध्वनि उर्दू के शब्दों की आदि, मध्य और अंत्य तीनों स्थितियों में प्रयुक्त होती है; यथा–

आदि प्रयोग—ज़रूर, ज़माना, ज़ालिम।

मध्य प्रयोग—गुज़र, गाज़ुर (धोबी), मुज़ीब (पिघलानेवाला)।

अंत्य प्रयोग—जहाज़, नामाज़, मखीज़ (छाछ)।

फ़—अघोष, महाप्राण, दंतोष्ठय, संघर्षी व्यंजन।

'फ़' संघर्षी ध्वनि के उत्पादन के समय स्वरयंत्र की स्वरतंत्रियाँ एक दूसरे से दूर रहती हैं, वायु मार्ग खुला या चौड़ा होता है। ध्वनि महाप्राण होने से वायु की मात्रा भी अधिक होती है, फिर भी स्वरतंत्रियों में कंपन नहीं होता है। अलिजिह्वा नासिका मार्ग बंद कर देती है। निःश्वास की वायु मुखविवर से होती हुई दाँतों तक पहुँचती है। इसी समय दोनों ओष्ठ दाँतों सहित एक दूसरे के निकट आ जाते हैं। वायु इनके बीच से घर्षण कर मुख से बाहर आती है और संघर्षी 'फ़' ध्वनि का उत्पादन होता है।

'फ़' संघर्षी ध्वनि का उर्दू शब्दों की आदि, मध्य और अंत्य तीनों स्थितियों में प्रयोग होता है; यथा—

आदि प्रयोग—फ़ारसी, फ़ाइदः (फ़ाइदा), फ़ासिद (दूषित)।

मध्य प्रयोग—सफ़ेद, ज़राफ़त (हँसी), लफ़ंग (नीच)।

अंत्य प्रयोग—खलीफ़ा (प्रतिनिधि), ग़ादिफ़ (नाविक), ज़ईफ़ (वृद्ध)।

विवरणात्मक रेखा चित्र

हिंदी व्यंजन उच्चारण

स्थान प्रयत्न	स्थान यंत्रमुखी	कंठ्य	तालव्य	मूर्द्धन्य	दंत्य	वर्त्स्य	ओष्ठ्य
स्पर्श		क् ख् ग् घ्		ट् ठ् ड् ढ्	त् थ् द् ध्		प् फ् ब् भ्
स्पर्श संघर्षी			च् छ् ज् झ्				
नासिक्य		ङ्	ञ्	ण्		न्	म्
प्रकंपी					र्		
उत्क्षिप्त				ड़ ढ़			
पार्श्विक						ल्	
संघर्षी	ह्	ख़् ग़्	श्	ष्	स्	ज़्	फ़्
अर्ध स्वर			य्				व्

चित्र 32. स्थान और प्रयत्न आधार पर व्यंजन ध्वनि-उत्पादन

1.3.2.2.3. स्थान आधार पर व्यंजन उच्चारण

हिंदी ध्वनियों के उच्चारण में विभिन्न ध्वनि उत्पादक अंग सहयोगी होते हैं। जिस स्थान के आधार से ध्वनि का उत्पादन होता है, उसका नाम भी उसी आधार पर किया गया है। इस प्रकार ध्वनि के नाम से उसके उत्पादन की प्रक्रिया का आभास हो जाता है। हिंदी व्यंजन ध्वनियों को उच्चारण आधार पर विभिन्न वर्गों में विवेचन कर सकते हैं। फेफड़े से चली निःश्वास की वायु स्वरयंत्र को पार कर विभिन्न ध्वनि उत्पादक अंगों की स्पर्श कर बाहर आती है।

1. स्वरयंत्रमुखी

जब फेफड़े से चली निःश्वास की वायु स्वरयंत्र के मुख तक पहुँचकर सीधे मुख से बाहर आती है, तो 'ह' व्यंजन ध्वनि का उत्पादन होता है।

2. कंठ्य व्यंजन

जब फेफड़े से चली निःश्वास की वायु स्वरयंत्र पारकर सीधे कंठ पहुँचकर स्पर्श कर मुख से बाहर आती है, तो कंठ्य व्यंजन क्, ख्, ग्, घ्, ध्वनियों का उत्पादन होता है। यदि वायु नाक से होती हुई बाहर आए तो 'ङ्' व्यंजन ध्वनि का उत्पादन होता है।

3. तालव्य व्यंजन

ध्वनि उत्पादन प्रक्रिया में जब निःश्वास की वायु स्वरयंत्र को पार कर सीधे मुख गुहा के तालु तक पहुँचती है, उसी समय जीभ ऊपर उठती है और उसके अग्र भाग के द्वारा तालु स्पर्श के साथ वायु मुख से बाहर आती है, तो चवर्ग की च्, छ्, ज्, झ् और श् (ऊष्म) व्यंजन ध्वनियों का उच्चारण होता है, यदि वायु प्रवाह नाक से होता है, तो 'ञ्' ध्वनि का उत्पादन होता है।

4. मूर्द्धन्य व्यंजन

ध्वनि उत्पादन प्रक्रिया में जब निःश्वास की वायु स्वरयंत्र को पार कर सीधे मुख-गुहा के मूर्द्धा तक पहुँचती है और उस समय जीभ ऊपर उठती है। उसके मध्य भाग द्वारा मूर्द्धा के स्पर्श करते ही वायु मुख से बाहर आती है, तो टवर्ग की ट्, ठ्, ड्, ड़, ढ्, ढ़ और ष् (ऊष्म) ध्वनियों का उत्पादन होता है। यदि निःश्वास की वायु नासिका मार्ग से बाहर आती है, तो 'ण्' व्यंजन ध्वनि का उत्पादन होता है।

5. दंत्य व्यंजन

ध्वनि उत्पादन प्रक्रिया में जब निःश्वास की वायु स्वरयंत्र को पारकर सीधे दाँतों तक पहुँचती है और उसी समय जीभ की नोक दाँत को स्पर्श करते ही वायु मुख से बाहर आती है, तो तवर्ग की त्, थ्, द्, ध्, स (ऊष्म) व्यंजन ध्वनियों का उत्पादन होता है। पहले न्, अंतस्थ, र्, ल् और ऊष्म स् व्यंजन ध्वनियों को

इसी वर्ग में रखा जाता था, किंतु वर्तमान में इनके उच्चारण में जीभ स्पष्ट रूप से दाँत को स्पर्श न कर वर्त्स्य का स्पर्श करती है। इसलिए इन्हें वर्त्स्य वर्ग में रखना वैज्ञानिक होगा।

6. वर्त्स्य व्यंजन

ध्वनि उत्पादन प्रक्रिया में जब निःश्वास की वायु स्वरयंत्र को पार कर सीधे मुखगुहा के अग्रभाग में पहुँचती है, उसी समय जीभ के अग्र भाग के द्वारा ऊपरी वर्त्स्य (मसूढ़े) को स्पर्श करने से वायु मुख मार्ग से बाहर आए, तो अंतस्थ र्, ल, ऊष्म-स् व्यंजन ध्वनियों का उत्पादन होता है। जब वायु मुख मार्ग से न निकल कर नासिका मार्ग से आती है, तो न् नासिक्य व्यंजन ध्वनि का उत्पादन होता है।

ध्यातव्य है कि दंत और वर्त्स्य निकटस्थ ध्वनि उत्पादक अंग हैं। हिंदी व्यंजन ध्वनि उत्पादन में पहले त्, थ्, द्, ध्, न्, स् आदि दंत्य ही थीं, किंतु वर्तमान में प्रयोगात्मक अध्ययन से ऊपर वर्णित स्वरूप प्रायः मिलता है।

7. ओष्ठ्य व्यंजन

ध्वनि उत्पादन में जब निःश्वास की वायु स्वरयंत्र से निकल और मुखगुहा को पारकर सीधे ओठों तक पहुँचती है, तो दोनों ओठ बंद हो जाते हैं। जब ओठ झटके से खुलते हैं, तो प्, फ्, ब्, भ् और अंतस्थ व् व्यंजन ध्वनियों का उत्पादन होता है। यदि ध्वनि उत्पादन के समय ओठ बंद रहें और वायु नासिका मार्ग से निकलने के बाद खुलें तो 'म्' नासिक्य व्यंजन का उत्पादन होता है।

इस प्रकार स्पष्ट होता है कि हिंदी व्यंजन ध्वनियों के उत्पादन में ध्वनि उत्पादक अंगों की विशेष भूमिका है। इसके साथ ही ध्वनि उत्पादन प्रक्रिया से ही व्यंजन ध्वनियों की प्रवृत्ति का ज्ञान होता है।

1.3.2.2.4. प्रयत्न आधार पर व्यंजन उच्चारण

ध्वनि उत्पादन में विभिन्न ध्वनि उत्पादक अंगों की भूमिका होती है। इसके साथ ही ध्वनि उत्पादन के लिए किए जानेवाले प्रयत्न भी उतने ही महत्त्वपूर्ण हैं। सच तो यह है कि विभिन्न ध्वनियों के उत्पादन में ध्वनि उत्पादक अंगों के साथ प्रयत्न की समन्वित भूमिका होती है। हिंदी के व्यंजनों के उच्चारण में किए जानेवाले प्रयत्न को निम्नलिखित वर्गों में विभक्त कर विवेचन कर सकते हैं–

1. स्पर्श व्यंजन

हिंदी के कुछ व्यंजनों के उच्चारण में ध्वनि उत्पादक कोई दो अवयव एक दूसरे को स्पर्श करते हैं, उन्हें स्पर्श व्यंजन कहते हैं। हिंदी व्यंजनों के उच्चारण में कभी तालु से जीभ स्पर्श करती है, तो च्, छ्, ज्, झ आदि का उच्चारण होता है; ध्वनि उत्पादन प्रक्रिया में जब जीभ मूर्द्धा का स्पर्श करती है, तो ट्, ठ्, ड्, ढ्, ण् आदि

व्यंजन ध्वनियों और दोनों ओठों के आपस में स्पर्श की स्थिति में प्, फ्, ब्, भ्, म् आदि व्यंजन ध्वनियों का उत्पादन होता है।

2. संघर्षी व्यंजन

हिंदी व्यंजनों के उच्चारण में जब दो मुखांग एक दूसरे के पर्याप्त निकट आ जाते हैं, तो निःश्वास की वायु निकलने का मार्ग सकरा हो जाता है और वह घर्षण करके बाहर निकलती है, तो संघर्षी व्यंजन का उत्पादन होता है; यथा—ख़्, ग़्, ज़्, फ़।

3. स्पर्श संघर्षी व्यंजन

हिंदी व्यंजनों के उच्चारण में जब दो मुखांग एक दूसरे को स्पर्श करें और निःश्वास की वायु घर्षण करती हुई बाहर निकले, तो स्पर्श संघर्षी व्यंजन का उत्पादन होता है; यथा—च्, छ्, ज्, झ्।

4. नासिक्य व्यंजन

जिन हिंदी व्यंजन ध्वनियों के उच्चारण में निःश्वास की वायु कंठ, तालव्य, मूर्द्धा, वर्त्स्य दंत या ओष्ठ तक पहुँचकर मुख से न निकलकर नासिका मार्ग से बाहर आती है, उन्हें नासिक्य व्यंजन ध्वनि कहते हैं; यथा—ङ्, ञ्, ण्, न्, म्।

5. पार्श्विक व्यंजन

जब हिंदी व्यंजन के उच्चारण के समय मुख मार्ग के मध्य भाग में कोई अंग यथा—जिह्वा आकर निःश्वास की वायु के निकलने में अवरोधक सिद्ध हो और वायु उसके दोनों ओर से निकले, तो उसे इस उत्पादन प्रक्रिया के प्रयत्न आधार पर पार्श्विक व्यंजन की संज्ञा दी जाती है। हिंदी व्यंजन 'ल' के उच्चारण में निःश्वास की वायु के प्रवाह के समय जीभ ऊपर उठकर वर्त्स से चिपक जाती है। ऐसे में वायु जीभ के दोनों ओर से निकल कर 'ल' के उच्चारण का आधार बनती है।

6. लुंठित व्यंजन

इसे प्रकंपित व्यंजन भी कहते हैं। लुंठित का अर्थ है—बेलन की तरह लोटना और प्रकंपित का अर्थ है—त्वरित गति से कंपन करना। हिंदी 'र' व्यंजन के उच्चारण में जीभ का अग्र भाग त्वरित गति से कंपन करते समय निःश्वास की वायु मुख से बाहर आती है। हिंदी में 'र' एकमात्र प्रकंपित व्यंजन ध्वनि है।

7. उत्क्षिप्त व्यंजन

हिंदी में कुछ ध्वनि ऐसी विकसित हो गई हैं, जिनके उच्चारण में जीभ का अग्र भाग मुख गुहा में तेजी से ऊपर उठता है और उतनी ही त्वरा से नीचे आता या गिरता है। जीभ के मुखगुहा के नीचे के भाग में गिरने से ऐसी ही आवाज सुनाई देती है जैसे तालाब के पास के टीले से मेढ़क उझलता है और त्वरा से तालाब में गिरने

से आवाज आती है। इसके उच्चारण की प्रक्रिया ठीक इसी प्रकार है। हिंदी की ड़ और ढ़ ऐसी उत्क्षिप्त व्यंजन ध्वनियाँ हैं।

8. अर्धस्वर

हिंदी की 'य्' और 'व' ऐसी ध्वनियाँ हैं जिनमें स्वर और व्यंजन दोनों के लक्षण मिलते हैं। इनका उच्चारण स्वरवत शुरू होता है और फिर व्यंजन रूप अपना लेता है। उल्लेखनीय तथ्य यह है कि इनके लिए मात्रा नहीं होती है, जो स्वर की पहचान है। इसलिए इसे व्यंजन में स्थान दिया गया है।

1.3.2.2.5. हिंदी नासिक्य व्यंजन : संरचना और उच्चारण

हिंदी व्यंजनों को उच्चारण स्थान के आधार पर मुख्यतः पाँच वर्गों में विभक्त किया जाता है। व्यंजन के विभिन्न वर्गों का नामकरण भी सामान्यतः उच्चारण स्थान पर किया जाता है; यथा–

स्थान	वर्ग नाम	व्यंजन वर्ग	मुख्य व्यंजन
कंठ	कंठ्य	कवर्ग	क ख ग घ ङ
तालु	तालव्य	चवर्ग	च छ ज झ ञ श
मूर्द्धा	मूर्द्धन्य	टवर्ग	ट ठ ड ढ ण ड़ ढ़ ष
दंत	दंत्य	तवर्ग	त थ द ध न स
ओष्ठ	ओष्ठ्य	पवर्ग	प फ ब भ म
	अंतस्थ		य र ल व
	ऊष्म		श ष स ह

हिंदी व्यंजन के पाँचों वर्गों की अंतिम पाँचवी ध्वनियाँ ङ, ञ, ण, न, म नासिक्य ध्वनियाँ हैं। फेफड़े से चली निःश्वास की वायु स्वरयंत्र को पार कर नासिका मार्ग से बाहर आती है। इसी आधार पर इन ध्वनियों को नासिक्य ध्वनि नाम दिया गया है।

हिंदी के नासिक्य व्यंजनों को यदि इन वर्गों के आधार पर रखें, तो इनकी उच्चारण प्रक्रिया का सामान्य ज्ञान हो जाता है; यथा–

कंठ्य	–	ङ
तालव्य	–	ञ
मूर्द्धन्य	–	ण
दंत्य	–	न
ओष्ठ्य	–	म

नासिक्य व्यंजनों की उच्चारण प्रक्रिया

ङ–यह हिंदी की प्रथम नासिक्य व्यंजन ध्वनि है। इसे कंठ्य नासिक्य व्यंजन कहते हैं। इस नासिक्य व्यंजन ध्वनि के उच्चारण में फेफड़े से चली निःश्वास की वायु स्वरयंत्र को पार कर कंठ का स्पर्श करती है। इसी समय मस्तिष्क के निर्देशानुसार

अलिजिह्वा नीचे बढ़कर मुख मार्ग को अवरुद्ध कर देती है। अब निःश्वास की वायु मुख मार्ग का रास्ता बदल कर नासिका मार्ग से बाहर आती है।

हिंदी की समस्त व्यंजन ध्वनियों में कंठ्य नासिक्य 'ङ' ध्वनि का उच्चारण सबसे कठिन हो गया है। गंभीरता से विचार करने पर 'ङ' ध्वनि के उच्चारण की जटिलता के निम्नलिखित कारण सामने आते हैं–

1. 'ङ' नासिक्य व्यंजन का प्रयोग शब्द के आदि में नहीं होता है।

2. 'ङ' का प्रयोग शब्द के अंत में भी नहीं होता है।

3. शब्द में इसका प्रयोग मध्य में होता है, किंतु यहाँ भी इसका पूर्ण रूप न होकर अर्ध रूप ही होता है।

4. 'ङ' शब्द लेखन में कंठ्य नासिक्य का अर्ध रूप भी अपने मूल रूप में न होकर एक बिंदु (अनुस्वार ं) के रूप में किया जाता है।

5. यदि लेखन में अर्ध कंठ्य नासिक्य ध्वनि के अनुस्वार (ं) का निर्धारण होता, तो पहचान और उच्चारण प्रक्रिया सरल होती, किंतु अनुस्वार का प्रयोग सभी पाँचों नासिक्य व्यंजनों के अर्ध रूप के लिए किया जाता है; यथा–

पूर्ण रूप	अर्ध रूप	अनुस्वार	प्रयोग
ङ >	ङ्	–	अङ्क > अंक, अङ्ग > अंग, पङ्क > पंक
ञ >	ञ्	–	अञ्जलि > अंजलि, मञ्जुल > मंजुल, कञ्च > कंच
ण >	ण्	–	घण्टा > घंटा, घण्टियाँ > घंटियाँ, कण्ठ > कंठ
न >	न्	–	पन्त > पंत, कन्द > कंद, मन्द > मंद
म >	म्	–	कम्प्यूटर > कंप्यूटर, पम्प > पंप, कम्प > कंप

यहाँ पाँच पंक्तियों में क्रमशः ङ, ञ, ण, न, म के अर्ध रूप ङ्, ञ्, ण्, न् और म् सभी के लिए अनुस्वार (ं) का प्रयोग का प्रचलन सर्व स्वीकृति है और अर्ध नासिक्य व्यंजन के लिए अनुस्वार 'ं' को मानक माना गया है।

'ङ' उच्चारण की प्रयोगात्मक विधि

कंठ्य नासिक्य व्यंजन 'ङ' ध्वनि का स्वतंत्र उच्चारण प्रायः जटिल लगता है। वैसे हिंदी का सामान्य ज्ञान रखने वाला व्यक्ति भी शब्दों में इसका अनुस्वार ' ं ' के रूप में लेखन और उच्चारण प्रायः शुद्ध प्रयोग करता है। इसे बोलकर निर्णय कर सकते हैं; यथा–

मानक लिखित रूप	**स्पष्ट उच्चारित रूप**
पंक	पङ्क
रंग	रङ्ग

यदि प्रयोगात्मक रूप में कुछ हिंदी भाषा प्रशिक्षणार्थी से 'ङ' का स्वतंत्र रूप में उच्चारण करवाया जाए, तो शुद्ध उच्चारण विरल मिलेगा। इसके लिए जो उच्चारण

मिलते हैं, उनमें ड, डा, अड, अडा, ड़, ड़ा, अड़, अड़ा, अं, अंग, अंगा आदि आदि संभावित हैं।

शुद्ध उच्चारण अभ्यास के लिए एक शब्द का चयन करते हैं, जिसमें 'ङ' कंठ्य नासिक्य 'ङ्' ध्वनि का प्रयोग हो। माना शब्द दिया गया पंक।

सर्व प्रथम 'पंक' के सहज और ध्यान से तीन बार उच्चारण करें—पंक > पङ्क, पङ्क, पङ्क। सभी का उच्चारण प्रायः शुद्ध और मानक होंगे। संतुष्ट न होने पर इस शब्द का पुनः तीन बार उच्चारण करें।

अब इस शब्द को दो बार उच्चारण करने के बाद शब्द की अंतिम ध्वनि 'क' को अनुच्चरित रख (बिना उच्चारण किए) 'पङ्' उच्चारण करें। अब 'पङ्' का तीन बार शुद्ध उच्चारण करें। स्वयं भी विचार करें कि उच्चारण में 'पङ्क' का 'क' अंश सुनाई नहीं दे रहा है और शेष अंश विद्यमान हैं। यदि सामने गुरु जी या प्रशिक्षक हैं, तो शुद्ध उच्चारण का निर्णय उनसे लें।

अब शुद्ध रूप में पङ्, पङ् पङ् तीन बार बोलने के बाद शब्दांश 'पङ्' की पूर्व ध्वनि 'प' अनुच्चरित रख (बिना बोले) अब केवल 'ङ' का उच्चारण कीजिए, सर्व प्रथम अपनी अभिव्यक्ति और अनुभव के आधार पर सोचिए कि अब 'पङ्क' के आदि की 'प' और अंत्य 'क' ध्वनि सुनाई तो नहीं दे रही है। यदि मात्र 'ङ' ध्वनि सुनाई दे, तो उच्चारण शुद्ध है। प्रयास और अभ्यास से शुद्ध उच्चारण सुनिश्चित हो जाएगा।

अभ्यास हेतु इसके बाद अंग, तंग, पंख, भंग और संग आदि शब्दों के आधार पर 'ङ्' उच्चारण प्रक्रिया अपनाई जा सकती है। यह स्पष्ट तथ्य है कि शब्द के मध्य 'ङ्' का उच्चारण सरलता और सहजता से किया जाता है, तो थोड़े से प्रयास से उसका स्वतंत्र उच्चारण संभव है।

1. 'ङ' प्रयोग की दो स्थितियाँ—'ङ' ध्वनि के उच्चारण में मन, मस्तिष्क और शारीरिक शक्ति का समन्वित प्रयास होता है। जीभ मुखगुहा के तलवे में हल्के दबाव के साथ पड़ी रहती है। जीभ का पीछे का भाग कोमलतालु को स्पर्श करता है। अलिजिह्वा नीचे की ओर बढ़कर मुख मार्ग को बाधित करती है और निश्वास की वायु नासिका मार्ग से बाहर आती है।

यह स्थिति क, ख, ग और घ पूर्व में होती है; यथा—

अङ्क > अंक, पङ्ख > पंख, अङ्ग > अंग, कङ्घा > कंघा। संस्कृत के कुछ शब्दों में 'म' ध्वनि के पूर्व 'ङ' का प्रयोग होता है। उच्चारण प्रक्रिया समान रूप से होती है। लेखन में इसके लिए अनुस्वार 'ं' का प्रयोग न कर मूल रूप 'ङ्' ही रखा जाता है'; यथा—

वाङ्मय, पराङ्मुख।

2. 'ङ्' के उच्चारण में जीभ न तो कोमल तालु को स्पर्श करती है और न ही तलवे को स्पर्श करती है, वरन् मुख गुहा के मध्य में स्थित रहती है। यह स्थिति शब्द में 'ह' के पूर्व उच्चरित होने पर होती है। यहाँ उच्चरित 'ङ' के लिए अनुस्वार 'ं' का ही प्रयोग किया जाता है—संहार, संहारक, संहिता।

'ङ' नासिक्य व्यंजन का लेखन हिंदी में अनुस्वार 'ं' के रूप में किया जाता है। यहाँ भी उल्लेखनीय है कि इसका उच्चारण स्वर के साथ किया जाता है। इसीलिए इसे अयोगवाह कहा गया है; यथा—

लिखित	**उच्चरित**	**उच्चरित प्रक्रिया**
पंक	प्अङ्क्अ	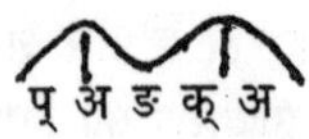
शंख	श्अङ्ख्अ	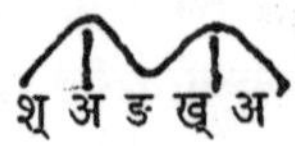

यहाँ यह उल्लेखनीय है कि यदि संयुक्त व्यंजन की परवर्ती ध्वनि ह्रस्व उच्चारण में और शब्दांत हो, तो उसके साथ स्वर विद्यमान होने से शब्द स्वरांत ही होगा।

'ञ्' उच्चारण—

यह हिंदी का द्वितीय नासिक्य व्यंजन है। इसका उच्चारण स्थान तालु है। इसलिए इसे तालुक्य नासिक्य व्यंजन की संज्ञा दी गई है। 'ञ' नासिक्य व्यंजन के स्वतंत्र रूप में उच्चारण की व्यावहारिक समस्या 'ङ' के ही समान है। 'ञ' नासिक्य व्यंजन ध्वनि भी शब्द में न तो आदि में प्रयुक्त होती है और न अंत में। यह शब्द के मध्य में ही प्रयुक्त होती है और लेखन में मूल रूप में प्रयुक्त न होकर अनुस्वार 'ं' के रूप में होती है।

'ञ्' के उच्चरित रूप—

'ञ्' के तीन उच्चरित रूप विभिन्न संदर्भों में सामने आते हैं। लेखन में इनके लिए अनुस्वार 'ं' का ही प्रयोग होता है।

1. 'ञ्' तालव्य नासिक्य व्यंजन ध्वनि के उच्चारण में जीभ तालु का स्पर्श करती है। निःश्वास की वायु नासिका मार्ग से बाहर आती है। इसका प्रयोग च, छ, ज और झ के पूर्व होता है; यथा—

लेखन	उच्चारण	उच्चारण प्रक्रिया
पंच (पञ्च)	प्अञ्च्अ	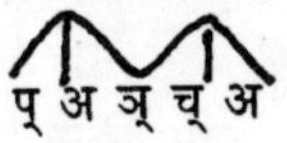
पंछी (पञ्छी)	प्अञ्छ्ई	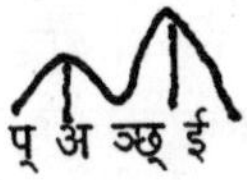
मंजुल (मञ्जुल)	म्अञ्ज्उल्	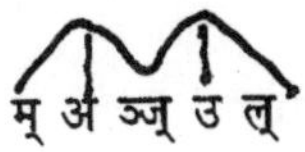
बंझा (बञ्झा)	ब्अञ्झ्आ	

2. 'ञ्' तालव्य नासिक्य व्यंजन के विशेष उच्चारण में निःश्वास की वायु तालु और जीभ के मध्य संघर्ष करती हुई नासिका मार्ग से बाहर आती है। ध्यातव्य है कि शब्द की पूर्व ध्वनि के उच्चारण के बाद जीभ ऊपर उठकर तालु के निकट आ जाती है और वायु संघर्ष के साथ बाहर आती है। 'ञ्' का यह उच्चरित रूप 'श' ध्वनि के पूर्व सुनाई देता है; यथा–

लेखन	उच्चारण	उच्चारण प्रक्रिया
अंशक (भाग)	अञ्श्अक्	
अंशल (चाणक्य)	अञ्श्अल्	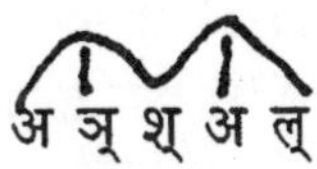
संशय (संदेह)	स्अञ्श्अय्	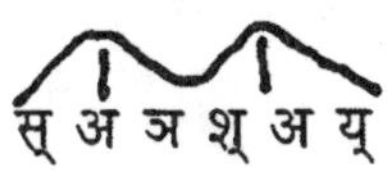

3. 'ञ' तालव्य नासिक्य के तीसरे विशेष उच्चरित रूप में जीभ मुख गुहा में कठोर तालु की ओर ऊपर उठती है। वायु उनके बीच बिना संघर्ष किए हुए नासिका मार्ग की ओर बढ़कर नासिका से बाहर आती है। 'ञ्' का यह विशेष उच्चरित रूप शब्द के मध्य 'य' के पूर्व की स्थिति में होती है; यथा–

लिखित	उच्चरित	उच्चरित प्रक्रिया
संयत	स्अञ्य्अत्	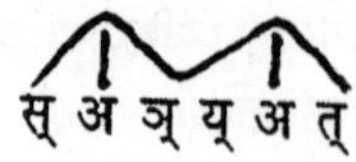
संयम	स्अञ्य्अम्	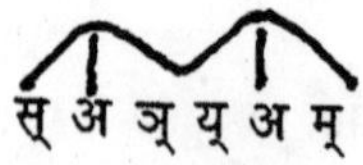
संयोग	स्अञय्ओग्	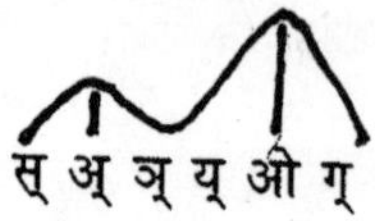

'ञ' के इन तीनों उच्चरित रूपों को ङ् के स्थान प्रयोगात्मक विधि और अभ्यास से शुद्ध रूप अपनाया जा सकता है।

ण उच्चारणः–

'ण' हिंदी की तीसरी नासिक्य व्यंजन ध्वनि है। इस नासिक्य ध्वनि की स्थिति अन्य चारों से बहुत भिन्न है। 'ङ' और 'ञ' तो शब्द के केवल मध्य में वह भी अनुस्वार 'ं' के रूप में प्रयुक्त होते हैं। 'ण' ध्वनि शब्द के आदि में प्रयुक्त नहीं होती है। इसका प्रयोग मध्य और अंत में सीमित रूप में प्रयुक्त होनेवाली ध्वनि है; यथा–

मध्य प्रयोग–गणना, गणित, गुणवाचक

अंत्य प्रयोग–गण, गुणा, रण

'ण' की तुलना में 'न' और 'म' नासिक्य ध्वनियों का विस्तृत प्रयोग होता है। इसका कारण है कि इन दोनों ध्वनियों का शब्द के आदि, मध्य और अंत्य तीनों स्थितियों में प्रयोग होता है। इस पर आगे विचार किया जाएगा।

'ण' ध्वनि के उच्चारण में स्वर तंत्रियाँ सीमित रूप में खुली होने से सीमित वायु निकलने पर भी कंपन होता है। नासिका मार्ग को अलिजिह्वा खुला रखती है। निःश्वास की वायु सर्वप्रथम मुख विवर में पहुँचती है।

'ण' को मूर्द्धन्य वर्ग में रखने से अधिकांश विद्वानों का मत है कि इसके उच्चारण में जीभ मूर्द्धा को छूती है, किंतु अब इस प्रक्रिया से 'ण' का उच्चारण न होकर जीभ का अग्र भाग ऊपर उठते हुए मुड़कर मूर्द्धा और कठोर तालु के संधि स्थल को छूकर झटके से नीचे आती है। इसमें 'ड़' उत्क्षिप्त व्यंजन की तरह ध्वनि का आभास होता है। वायु कंठ तक वापस आती है, इसके साथ ही वायु नासिका मार्ग से बाहर आती है। 'ण्' घोष, अल्पप्राण, नासिक्य मूर्द्धन्य ध्वनि के अर्ध रूप 'ण' का प्रयोग उच्चारण ट, ठ, ड, ढ ध्वनियों के पूर्व में होता है। लेखन में इसका मानक रूप अनुस्वार 'ं' के रूप होता है। यत्र-तत्र इसके मूल अर्ध रूप 'ण' के प्रयोग

मिल जाते हैं; यथा-खण्ड, पाण्डेय। एकरूपता और मानक रूप के लिए अनुस्वार 'ं' का ही प्रयोग करना चाहिए।

वर्तमान हिंदी शब्द के मध्य में ट, ठ, ड, ढ के पूर्व 'ण' अर्ध मूर्द्धन्य नासिक्य व्यंजन का उच्चारण 'न्' दंत्य नासिक्य की तरह हो गया है; यथा–

लेखन	**उच्चारण**	**उच्चारण प्रक्रिया**
कंटक (कण्टक)	कन्टक	
कंठ (कण्ठ)	कन्ठ	
मंडल (मण्डल)	मन्डल	
डंठल (डण्ठल)	डन्ठल	

'न' उच्चारण : 'न' हिंदी की चतुर्थ नासिक्य ध्वनि है।'न' घोष, अल्पप्राण, वर्त्स्य (दंत्य) नासिक्य व्यंजन ध्वनि के उच्चारण के समय स्वर तंत्रियाँ एक दूसरे के पर्याप्त निकट होती हैं। इसलिए 'न' उच्चारण के समय स्वरतंत्रियों में कंपन होता है। स्वरयंत्र से चली सीमित वायु सीधे दंत या वर्त्स्य तक पहुँचती है। इसी समय जीभ का नोक दंत या वर्त्स्य का स्पर्श करता है और वायु कंठ तक वापस होकर नासिका मार्ग से बाहर आती है। उल्लेखनीय है कि अलिजिह्वा नासिका मार्ग को खुला रखती है। इससे वायु नासिका मार्ग से बाहर आती है।

'न्' ध्वनि शब्द की आदि, मध्य और अंत्य तीनों स्थितियों में प्रयोग होता है; यथा–

आदि प्रयोग–नकली, नमक, नाविक, नूतन

मध्य प्रयोग–कनक, मनाली, कानून, मनोनुकूल

अंत्य प्रयोग–चलन, चलाना, अपनी, सपना

'न्' अर्ध नासिक्य व्यंजन के प्रयोगात्मक उच्चारण में तीन स्थितियाँ सामने आती हैं।

1. न् अर्ध नासिक्य जो अब उच्चारण में दंत्य न होकर वर्त्स्य हो गई है। वर्तमान उच्चरित सामान्य 'न' के ही समान वर्त्स्य से स्पर्श आधार पर उच्चरित है।

इसके अर्ध 'न्' लेखन में अनुस्वार 'ं' का प्रयोग होता है। जीभ वर्त्स्य का स्पर्श करती है और वायु नासिका मार्ग से बाहर आती है। इसका प्रयोग त्, थ, द, ध ध्वनियों के पूर्व होता है; यथा–

लेखन	**उच्चारण**	**उच्चारण प्रक्रिया**
कंत (कन्त)	क्अन्त्अ	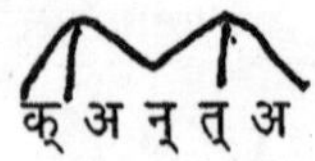
महंत (महन्त)	म्अह्अन्त्अ	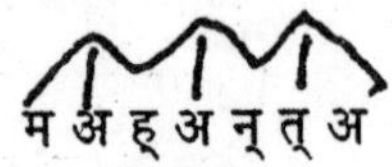
थ पूर्व प्रयोग पंथ (पन्थ)	प्अन्थ्अ	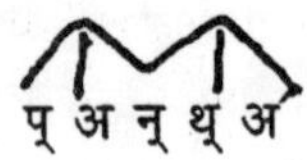
ग्रंथी (ग्रन्थी)	ग्र्अन्थ्ई	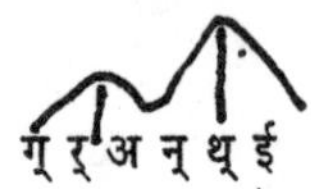
द पूर्व प्रयोग हिंदी (हिन्दी)	ह्इन्द्ई	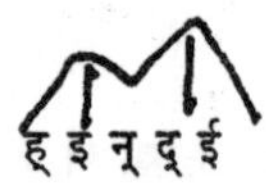
बुलंद (बुलन्द)	ब्उल्अन्द्अ	
ध पूर्व प्रयोग–अंध (अन्ध)	अन्धअ	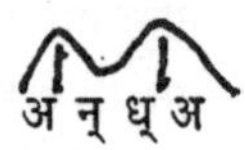
संधान (सन्धान)	स्अन्ध्आन्	

2. 'न्' विशेष अर्ध नासिक्य के उच्चारण में जीभ वर्त्स्य के निकट आ जाती है, किंतु स्पर्श नहीं करती और वायु नासिका मार्ग से बाहर आती है। यह 'न' अर्ध नासिक्य विशेष ध्वनि 'र' और 'ल' के पूर्व प्रयुक्त होती है; यथा–

'र' पूर्व प्रयोग संरचना	स्अन्र्अच्अन्आ	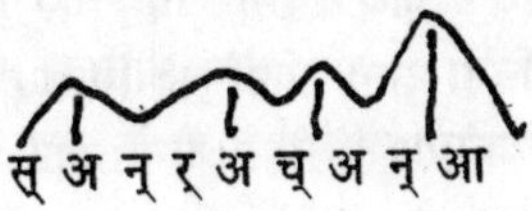
ल पूर्व प्रयोग संलग्न	स्अन्ल्अग्नअ	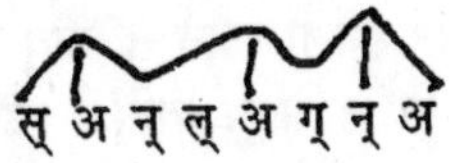
संलग्नक	स्अन्ल्अग्न्अक्	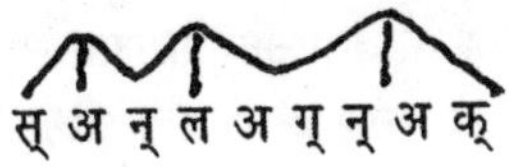

3. 'न्' विशेष अर्ध नासिक्य के उच्चारण में जीभ ऊपर उठकर वर्त्स्य के पर्याप्त निकट आ जाती है, जिससे निःश्वास की वायु के निकलते समय हल्के संघर्ष का आभास होता है। ध्यातव्य है कि ऐसी ध्वनि के उत्पादन के समय जीभ वर्त्स्य का स्पर्श नहीं करती मात्र निकट आती है। निःश्वास की वायु नासिका मार्ग से बाहर आती है। ऐसी 'न्' विशेष नासिक्य ध्वनि का प्रयोग 'स' के पूर्व होता है। उदाहरणार्थ—

लेखन	**उच्चारण**	**उच्चारण प्रक्रिया**
संसद (सन्सद)	स्अन्स्अद्	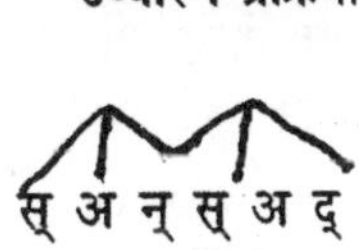
संसार (सन्सार)	सअन्स्आर्	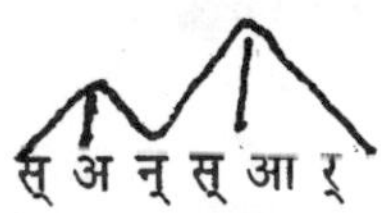
सांसारिक (सान्सारिक)	स्आन्स्आर्इक्	

म उच्चारणः—

'म' घोष अल्पप्राण, नासिक्य ओष्ठ्य व्यंजन हिंदी का पंचम नासिक्य व्यंजन है। 'म' ध्वनि के उत्पादन का मार्ग हिंदी की किसी भी ध्वनि के उत्पादक मार्ग से कहीं लंबा होता है। स्वरयंत्र से चली निःश्वास की अल्पप्राण सीमित वायु मुखगुहा से होती हुई ओठों तक पहुँचती है। ऐसे समय दोनों ओठ आपस में मिलकर मुख-मार्ग बंद कर देते हैं। मस्तिष्क के आदेशानुसार अलिजिह्वा नासिका मार्ग को खोल देती है। ओठों तक पहुँची निःश्वास की वायु वापस कंठ तक आकर नासिका मार्ग से बाहर आती है। इस प्रकार फेफड़े से चली निःश्वास की वायु पहले ओठों तक पहुँचती है, फिर कंठ तक वापस होकर नासिका तक के लंबे मार्ग को तय कर बाहर आती है, तो 'म्' ध्वनि का उच्चारण होता है।

ओष्ठ्य ध्वनि 'प', 'फ', 'ब' और 'भ' के ही समान 'म' ध्वनि का भी उच्चारण बिना दोनों ओठों को मिलाए नहीं हो सकता है। हाँ! प, फ, ब और भ ध्वनि के उच्चारण में पहले दोनों ओठ मिलते हैं और ओठ खुलते ही निःश्वास की वायु मुख मार्ग से बाहर आती है। इसका अनुभव इन ध्वनियों के उच्चारण के समय मुख के सामने हथेली रखने से, वायु प्रवाह से होता है, निकलती ध्वनि से अनुभव कर सकते हैं। 'म' नासिक्य ध्वनि है। इसलिए इसका नासिका मार्ग से निकलना स्वाभाविक है।

'म' ओष्ठ्य नासिक्य ध्वनि का उच्चारण 'न' वर्त्स्य/दंत्य नासिक्य ध्वनि की तरह सहजता और सरलता से किया जा सकता है, क्योंकि शब्दों में इसका भी प्रयोग आदि, मध्य और अंत्य तीनों स्थितियों में होता है; यथा–

'म' का आदि प्रयोग–मगर, मानव, मूर्खता, मेला, मोहक

म का मध्य प्रयोग–समतल, समान, अमूर्त, सुमेर, कुमोदनी

म का अंत्य प्रयोग–तम, अमा, हेमू, जन्मे, आमों

'म्' अर्ध ओष्ठ नासिक्य व्यंजन का हिंदी लेखन में अनुस्वार 'ं' के रूप में प्रयोग होता है। इसके प्रयोग आधार पर उच्चरित रूप को दो वर्गों में विभक्त कर सकते है।

1. 'म्' सामान्य अर्ध द्वयोष्ठ्य नासिक्य व्यंजन में दोनों ओष्ठ आपस में मिलते हैं और निःश्वास की वायु नासिका से बाहर आती है। इसका प्रयोग प, फ, ब और भ व्यंजनों के पूर्व में होता है; यथा–

लेखन	**उच्चारण**	**उच्चारण प्रक्रिया**
कंप (कम्प)	क्अम्पअ	
पंप (पम्प)	प्अम्प्अ	
फ पूर्व प्रयोग	ट्रंफ (ट्रम्फ)	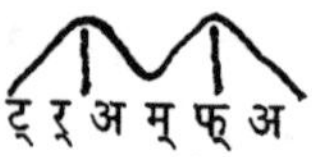
ब पूर्व प्रयोग	बांब (बाम्ब)	
भ पूर्व प्रयोग	खंभा (खम्भा)	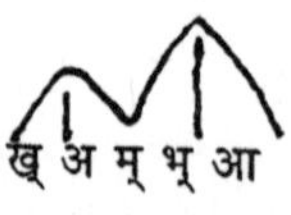
	शंभु (शम्भु)	

2. 'म्' विशेष अर्ध, दंतोष्ठ्य नासिक्य व्यंजन के उच्चारण में दोनों ओष्ठ एक दूसरे के निकट आ जाते हैं और निःश्वास की सीमित वायु हल्का संघर्ष करती हुई नासिका से बाहर आती है। ऐसी 'म्' अर्ध नासिक्य ओष्ठ्य विशेष व्यंजन ध्वनि का प्रयोग शब्द में 'व' ध्वनि के पूर्व होता है; यथा–

संवाद सुअम्व्आद्

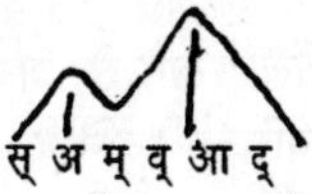

संवेदना स्अम्व्एद्अन्आ

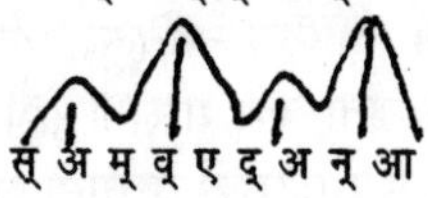

हिंदी नासिक्य अनुस्वार : स्वरूप प्रयोग रेखांकन

हिंदी नासिक्य ध्वनियों और उनके अर्ध रूप अनुस्वार के उच्चारण की विविधता और मानकता को स्पष्ट करने के लिए विवरणिका द्वारा रेखांकित किया जा रहा है–

नासिक्य व्यंजन	अनुस्वार लिखित	अनुस्वार उच्चरित	स्वरूप प्रयोग
ङ	'ं'	ङ्	1. ङ् –क, ख, ग, घ से पूर्व ; अंक>अङ्क
			2. ङ् –ह से पूर्व ; संहार>स्अङ्ह्आर्
ञ	'ं'	ञ्	1. ञ् –च, छ, ज, झ से पूर्व ; पंच>प्अञ्च्अ
			2. ञ् –श से पूर्व ; संशय>स्अञ्श्अय्
			3. ञ् –य से पूर्व ; संयम>स्अञ्य्अम्
ण	'ं'	ण (ण्)>न्	न्–ट, ड से पूर्व ; कंटक>क्अन्ट्अक्
न	'ं'	न (न्)	1. न्–त, थ, द, ध से पूर्व ; पंत>प्अन्त्अ
			2. न्–र और ल से पूर्व ; संरचना>स्अन्र्अच्अन्आ संलग्न>स्अन्ल्अग्न्अ
			3. न्–स से ; पूर्व–संसद>स्अन्स्अद्
म	'ं'	म (म्)	1. म्–प, फ, ब, भ से पूर्व ; कंप>क्अम्प्अ
			2. म्–व से पूर्व ; संवाद>स्अम्व्आद्

अनुस्वार अर्थात नासिक्य व्यंजन के उच्चारण में यह ध्यातव्य है कि यदि अनुस्वार या अर्ध नासिक्य व्यंजन की परवर्ती ध्वनि ह्रस्व व्यंजन और शब्दांत भी हो, तो उसके उच्चारण में स्वर विद्यमान होने से शब्द स्वरांत होता है। सामान्यतः वर्तमान हिंदी में ह्रस्व व्यंजनांत शब्द व्यंजनांत हो जाते हैं; यथा ताप > त्आप्। अर्ध नासिक्य या अनुस्वार प्रयोग में ह्रस्व व्यंजनांत भी स्वरांत होता है; यथा–पंत > प्अन्त्अ।

1.3.2.2.6 द्वित्व व्यंजन : संरचना और उच्चारण

हिंदी भाषा में व्यंजन वर्णों के पूर्ण और अर्ध रूपों के प्रयोग से अभिव्यक्ति को दिशा मिलती है। द्वित्व व्यंजन वर्ण की संरचना को निम्नलिखित आधारों पर स्पष्ट कर सकते हैं–

1. इसमें एक ही व्यंजन का दो बार एक साथ प्रयोग किया जाता है।
2. इन दोनों रूपों में एक पूरा और एक आधा होता है।
3. आधा पूर्व (पहले) और पूरा रूप उत्तर (बाद) में प्रयुक्त होता है।
4. इन अर्ध और पूर्ण दोनों व्यंजन रूपों (द्वित्व) के उच्चारण में मुँह एक बार खुलता है या इसके उच्चारण में निःश्वास की वायु का प्रवाह एक बार होता है।
5. द्वित्व व्यंजन के उच्चारण में दीर्घ मात्रा अर्थात् 'आ' के उच्चारण के लगभग बराबर समय लगता है। हिंदी के विभिन्न व्यंजनों के द्वित्व स्वरूप की विवेचना इस प्रकार की जा सकती है–

क–	क्क–	कक्कड़	क्अक्क्अड़	कक्का	क्अक्क्आ
		टिक्कड़	ट्इक्क्अड़्	धक्का	ध्अक्क्आ
ग–	ग्ग	गुग्गल	ग्उग्ग्अल्		
घ–	घ्घ	घघ्घर	घ्अघ्घ्अर्		
च–	च्च	उच्च	उच्च्अ	उच्चारण	उच्च्आरअण्
ज–	ज्ज	कज्जल	क्अज्ज्अल्	मज्जन	म्अज्ज्अन
		सज्जन	स्अज्ज्अन्	सज्जा	स्अज्ज्आ

ट–	ट्ट	कट्टर	क्अट्ट्अर्	कट्टा	क्अट्ट्आ
		चट्टान	च्अट्ट्आन्	पट्टा	प्अट्ट्आ
ड–	ड्ड	गुड्डा	गउड्डआ	गुड्डी	ग्उड्ड्ई
त–	त्त	कुत्ता	क्उत्त्आ	तत्त्व	त्अत्त्व्अ
		निमित्त	नइमइत्त्अ	बत्ती	ब्अत्त्ई
		महत्त्व	म्अह्अत्त्व्अ		
द–	द्द	कद्दू	क्अद्द्ऊ	गद्दा	ग्अद्द्आ
		चद्दर	च्अद्द्अर्	रद्दी	र्अद्द्ई
न–	न्न	अन्न	अन्न्अ	अधन्नी	अध्अन्नई
		कन्नी	क्अन्न्ई	पन्नी	प्अन्न्ई
प–	प्प	गप्प	ग्अप्पअ	चप्पल	च्अप्प्अल्
		टिप्पणी	ट्इप्प्अणई	थप्पड़	थ्अप्प्अड़्

ब–	ब्ब	गुब्बारा	ग्उब्ब्आर्आ	तिब्बत	त्इब्ब्अत्
		धब्बा	ध्अब्ब्आ	पनडुब्बी	प्अन्अड्उब्ब्ई
म–	म्म	जिम्मा	जइम्म्आ	सम्मान	स्अम्म्आन्
ल–	ल्ल	उल्लास्	उल्ल्आस्	गुल्लक	ग्उल्ल्अक्
		चिल्लाना	चइल्ल्आन्आ	सुन्न	स्उन्न्अ
स–	स्स	किस्सा	क्इस्स्आ	रस्सी	र्अस्स्ई

द्वित्व व्यंजन लेखनः—द्वित्व व्यंजन को सामान्य नियमानुसार पूर्व में व्यंजन का अर्ध रूप और बाद में पूर्ण रूप को लिखना चाहिए; यथा—

मूल रूप	द्वित्व रूप	मूल रूप	द्वित्त्व रूप
क	क्क	च	च्च
ज	ज्ज	ट	ट्ट
ड	ड्ड	न	न्न
ल	ल्ल		

कभी-कभी द्वित्व व्यंजन की संरचना में अर्ध और पूर्ण दोनों रूपों को ऊपर नीचे लिख दिया जाता है; यथा—

मूल रूप	द्वित्व रूप	अशुद्ध प्रयोग	मानक प्रयोग
क	क्क	पक्का	पक्का
		हुक्का	हुक्का
ट	ट्ट	लड्डू	लट्टू
		पट्टी	पट्टी

ड	ड्ड	अड्डा	अड्‌डा
		लड्डु	लड्‌डू

द्वित्त्व व्यंजन के अर्ध और पूर्ण रूप को ऊपर नीचे लिखना उचित नहीं है। इसका मुख्य कारण है कि इन चिह्नों की शिरोरेखा के नीचे दूनी लंबाई होने से अव्यवस्था होगी। टवर्ग के ट, ठ, ड और द के द्वित्व रूप में उ अथवा ऊ की मात्रा 'ु' अथवा 'ू' लग गई, तो उसकी लंबाई तीन गुना होकर नीचे की लाइन के लिखने की समस्या ही नहीं लेखन की सुंदरता और व्यवस्था भंग हो जाएगी। हाँ! जहाँ पर समय, स्थान और शक्ति को बचत के साथ सरल और सुंदर कोई अन्य रूप हो, तो अपना लेना चाहिए; यथा—त्त के लिए त्त— पत्ता > पत्ता, तत्त्व > तत्त्व।

1.3.2.2.7 संयुक्त व्यंजन : संरचना और उच्चारण

हिंदी व्यंजनों की यह प्रमुख विशेषता है कि इनके मूल और स्वतंत्र रूप में उच्चारण और लेखन होता है; यथा—क, च, त, प, आदि। इसके साथ ही अर्ध रूप में लेखन अर्थात स्वर रहित विशेष उच्चारण होता है। संयुक्त का शाब्दिक अर्थ है- जुड़े हुए या मिले हुए। जब दो व्यंजन एक दूसरे से जुड़कर प्रयुक्त होते हैं, तो उन्हें संयुक्त व्यंजन कहते है। संयुक्त व्यंजन में निम्नलिखित तथ्य सामने आते हैं—

1. दो व्यंजन एक साथ जुड़कर प्रयुक्त होते हैं।
2. इनमें एक व्यंजन आधा और दूसरा पूरा होता है।
3. आधा व्यंजन पहले और पूर्ण व्यंजन बाद में प्रयुक्त होते हैं।
4. यदि संयुक्त वर्ण की संरचना ऊपर-नीचे हो : यथा—क्र, ट्र, तो ऊपर का वर्ण आधा नीचे का पूर्ण स्वर सहित होता है।
5. दो व्यंजनों से बना संयुक्त रूप प्रायः अक्षर (उच्चरित) रूप में होता है। इस प्रकार वायु का प्रवाह एक बार होता है; उदारणार्थ

ज्व ज्वाला ज्‌व्‌आल्‌आ

त्मा आत्मा आत्‌म्‌आ

यहाँ यह ध्यातव्य है कि यदि शब्द में संयुक्त व्यंजन अंत में हो, और संयुक्त व्यंजन का अंत्य व्यंजन ह्रस्व होने से उच्चारण में व्यंजनांत हो, तो पूर्व के स्वर या अक्षर के साथ मिलकर अक्षर की संरचना होती है और उच्चारण भी उसी रूप में होता है; यथा—

लिखित	उच्चरित	लिखित	उच्चरित
पत्थर	प्अत्थ्अर्	रत्नेश	र्अत्न्एश्

संयुक्त व्यंजन के निर्माण में व्यंजन के अर्ध रूप की प्रक्रिया को ध्यान में रखा जाता है। अर्ध व्यंजन निर्माण में व्यंजन में प्रमुख पाई को आधार बनाया जाता है। इस आधार पर संयुक्त व्यंजन के मुख्यतः तीन रूप सामने आते हैं।

पूर्ण पाई वाले व्यंजन आधार पूर्ण संयुक्त व्यंजन निर्माण

1. जिन व्यंजन वर्णों की रचना में दाहिनी ओर पाई हो, तो उसे हटाकर दूसरे व्यंजन के साथ संयुक्त कर देते हैं, तो संयुक्त व्यंजन की रचना हो जाती है; यथा—

पूर्ण व्यंजन	अर्ध व्यंजन	संयुक्त व्यंजन	शब्द प्रयोग
ख	ख्	ख्त	बख्तरबंद
		ख्य	ख्याति
ख	ख्	ख्व	ख्वाजा
		ख्य	ख्याति
ग	ग्	गर (ग्र)	ग्रामीण
		ग्व	ग्वाला
घ	घ्	घर (घ्र)	व्याघ्र, शीघ्र
च	च्	च्छ	कच्छा, बिच्छू
		च्य	वाच्य, प्राच्य
ज	ज्	ज्च	ज्चर, ज्वाला
ञ	ञ्	ञ्च	(पञ्च (पंच), पञ्चामृत (पंचामृत)
		ञ्ज	मञ्जु (मंजु), मञ्जुला (मंजुला)
ण	ण्	ण्ट	घण्टा (घंटा), टण्टा (टंटा)
		ण्ठ	डण्ठल (डंठल)
		ण्ड	अण्डा (अंडा), पण्डा (पंडा)
त	त्	त्थ	पत्थर, मत्था
		त्न	प्रयत्न, रत्नाकर
		त्प	उत्पल, उत्पाद
		त्म	आत्मीय, आत्मज
		तर (त्र)	मित्र, सत्र
		त्स	वात्सल्य, वत्स

ध	ध्‍	ध्य	मध्याह्न, उपाध्याय
		ध्र (ध्र)	ध्रुव,
		ध्व	ध्वनि, ध्वजा
न	न्‍	न्त	सन्त (संत), महन्त (महंत)
		न्थ	पन्थ (पंथ)
		न्द	मकरन्द (मकरंद) मन्द (मंद)
		न्ध	अन्ध(अंध), अन्धकार (अंधकार)
		न्य	अन्य, न्यायालय
प	प्‍	प्त	सप्ताह, सुप्त
		प्य	प्यारा, प्यासा
		प्र (प्र)	प्रिय, प्रतिकार
		प्ल	प्लस, प्लेट
ब	ब्‍	ब्ज	कब्जियत, कब्जा
		ब्य	ब्यंजन
		ब्र (ब्र)	ब्रश, ब्रह्मा
भ	भ्‍	भ्य	सभ्य, अभ्यागत
		भ्र (भ्र)	भ्रमरी, भ्रम
म	म्‍	म्प	कम्प (कंप), चम्पा (चंपा)
		म्ब	अम्बार (अंबार), चुम्बन (चुंबन)
		म्भ	गम्भीर (गंभीर), सम्भोग (संभोग)
		म्र (म्र)	नम्रता, सम्राट
ल	ल्‍	ल्द	जल्दी, जिल्द
		ल्प	अल्प, शिल्प
		ल्य	माल्यार्पण, अमूल्य
व	व्‍	व्य	व्यापारी, व्यायाम
		व्र (व्र)	व्रजराज, व्रत
श	श्‍	श्च	पश्च, पश्चिम
		श्य	श्यामल, श्याम
		श्व	विश्वास, निःश्वास
ष	ष्‍	ष्ट	नष्ट, कष्ट
		ष्प	पुष्प, पुष्पा
स	स्‍	स्त	अस्त, स्तंभ, हस्त
		स्थ	स्थान, स्थापित, स्थगित
		स्र(स्र)	स्रोत, स्रुत स्राव
		स्व	स्वयं, स्वगत, स्वागत

2. अर्ध पाईवाले व्यंजन आधार पर संयुक्त व्यंजन निर्माण

हिंदी के कुछ व्यंजनों की संरचना में दाहिनी ओर अर्ध पाई होती है। जब इनका प्रयोग संयुक्त व्यंजन बनाने के लिए अर्ध रूप में करना होता है, तो इस अर्ध पाई को हटा दिया जाता है; यथा–

पूर्ण व्यंजन	अर्ध व्यंजन	संयुक्त व्यंजन	शब्द प्रयोग
क	क्‍	क्त	वक्त, रक्त
		क्य	क्या
		क्‍र (क्र)	क्रोधित, क्रांति
		क्ल	क्लब, क्लोन
		क्व	क्वारी
		क्‍ष (क्ष)	कक्षा, क्षमा
फ	फ्‍	फ्त	रफ्ता, मुफ्त
		फ्‍र (फ्र)	फ्रासवीन, फ्रांस

3. बिना पाईवाले व्यंजन आधार पर संयुक्त व्यंजन निर्माण

हिंदी वर्णमाला में कुछ व्यंजनों की रचना ऐसी है जिनमें पाई का प्रयोग नहीं है अर्थात उनकी रचना गोलाकार, वक्राकार, सर्पाकार आदि विविध रूपों में हैं। संयुक्त व्यंजन निर्माण हेतु इनको अर्ध रूप में प्रयोग करने के लिए इनके नीचे हल् चिह्न का उपयोग किया जाता है या उसके नीचे 'र' वर्ण का प्रयोग करते हैं; यथा–

पूर्ण व्यंजन	अर्ध व्यंजन	संयुक्त व्यंजन	शब्द प्रयोग
छ	छ्	छ्व	उछ्वास
ट	ट्	ट्र (ट्र)	ट्राम, ट्रेन
ठ	ठ्	ठ्य	सुपाठ्य
ड	ड्	ड्य	ड्योढ़ा, ड्योढ़ी
द	द्	द्‌य (द्य)	विद्या, विद्यालय
ह	ह्	ह्‌न (ह्न)	चिह्न, अपराह्न, पूर्वाह्न
		ह्‌र (ह्र)	ह्रास, ह्रस्व

4. 'र' व्यंजन आधार पर संयुक्त व्यंजन निर्माण

हिंदी का प्रकंपित 'र' व्यंजन का अर्धरूप 'ि' शिरोरेखा के ऊपर लगता है। इसके साथ निर्मित संयुक्त व्यंजन के रूप इस प्रकार प्रस्तुत कर सकते हैं–

पूर्ण रूप	**अर्ध रूप**	**संयुक्त रूप**	**शब्द प्रयोग**	**उच्चारण**
र	र्	रज	अर्जन	अर्जन
र्		रत	कर्त्तव्य	कर्त्तव्य
	र्	रद	गर्दन	गर्दन
		र्म	धार्मिक	धार्मिक

संयुक्त व्यंजन उच्चारण प्रक्रिया

लेखन	उच्चारण	उच्चारण प्रक्रिया
ग्रामीण	ग्रामीण्	ग र् आ म् ई ण्
रत्नाकर	रत्नाकर्	र् अ त् न आ क अ र्
आत्मज	आत्मज्	आ त् म् अ ज्
कब्जा	कब्ज़ा	क् अ ब् ज़् आ
माल्यार्पण	माल्यार्पण्	म् आ ल् य् आ र् प् अ ण्
श्यामल	श्यामल्	श् य् आ म् अ ल्
स्थापित	स्थापित्	स् थ् आ प् इ त्
क्रोधित	क्रोधित्	क् र् ओ ध् इ त्
फ्रांस	फ्रांस	फ् र् आं स
ड्योढ़ी	ड्योढ़ी	ड् य् ओ ढ़ ई
सर्जन	सर्जन्	स् अ र् ज् अ न्

संयुक्त व्यंजन के उच्चारण संदर्भ में यदि व्यंजन का अर्ध रूप शब्दांत ह्रस्व व्यंजन के पूर्व आता है, तो शब्द व्यंजनांत न होकर लेखन के समान स्वरांत होता है। अतः उच्चारण में अक्षर संभावित होता है; यथा—

लेखन	**उच्चारण**	**उच्चारण प्रक्रिया**
शीघ्र	**शीघ्र (शीघ्र्)**	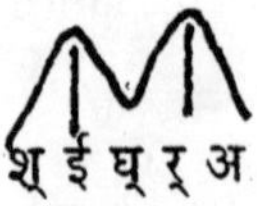
सत्र	**सत्र (सत्र्)**	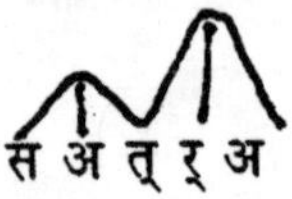
कर्म	कर्म (कर्म्)	

यदि र् आधारित संयुक्त वर्ण के शब्द में ‘ ᷇ ’ चिह्न का प्रयोग हो तो यह चिह्न जिस पर लगाया गया है उसके पूर्व स्वर या स्वर सहित व्यंजन (पूर्ण व्यंजन) के साथ उच्चारित होता है; यथा—

लेखन	**उच्चारण**	**उच्चारण प्रक्रिया**
निर्दिष्ट	निर्दिष्ट	
आशीर्वाद	आशीर्वाद	

हिंदी के अर्ध नासिक्य व्यंजन के साथ निर्मित संयुक्त व्यंजन के उच्चारण को अनुस्वार के संदर्भ में विचार किया जा चुका है। अनुस्वार (अर्ध नासिक्य व्यंजन) साथ निर्मित संयुक्त व्यंजन का उच्चारण विशेष प्रकार से होता है। संयुक्त व्यंजन का अर्धरूप (लिखित में अनुस्वार) का उच्चारण पूर्व में प्रयुक्त स्वर या व्यंजन के स्वर के साथ होता है; यथा—

लिखित	उच्चारित	उच्चारण प्रक्रिया
अंग	अङ्ग	अ ङ् ग् अ
मंजुला	मञ्जुला	म् अ ञ् ज् उ ल् आ
डंठल	डण्ठल्	ड् अ ण्ठ अ ल्
मंद	मन्द	म् अ न् द् अ
अंबार	अम्बार्	अ म् ब् आ र्

यहाँ भी उल्लेखनीय है कि यदि अनुस्वार के बाद अंत में ह्रस्व व्यंजन हो, तो उच्चारण में अनुस्वार में निहित अर्ध नासिक्य व्यंजन के पूर्व के स्वर या व्यंजन के स्वर के साथ उच्चरित होने से यह व्यंजनांत न होकर प्रायः स्वरांत उच्चरित होता है; यथा–

अंग > अङ्ग, मंद > मङ्द, पंप > पम्प आदि।

1.3.2.2.8. हिंदी ध्वनि/वर्ण अनुक्रम संरचना और उच्चारण

हिंदी स्वर और व्यंजन की अपनी भिन्न-भिन्न प्रवृत्तियाँ हैं। इसलिए इसे दो वर्गों में विभक्त कर अध्ययन किया जाता है।

1. स्वर अनुक्रम संरचनाः–

शब्द की संरचना में स्वर का एकल प्रयोग अथवा एक साथ एकाधिक स्वरों का भी प्रयोग मिलता है। इसे 'स्वरगुच्छ' की संज्ञा दी जाती है; यथा–

आइए = आ + इ + ए

स्वर प्रयोग के मूल दो रूप सामने आते हैं। प्रथम में स्वर का स्वतंत्र रूप प्रयुक्त होता है; यथा–

अ – अमन, अपना, अमर

आ – आप, आम, आदमी

इ — इमली, इतना, इधर
ई — ईख, ईश्वर

व्यंजन का प्रयोग स्वर के साथ होता है। इसलिए व्यंजन के अनुक्रम में भी स्वर का प्रयोग होता है; यथा—

अ — तन > त्अन्अ
कमल > क्अम्अल्अ
सरपट > स्अर्अप्अट्अ

हिंदी में प्रायः दो स्वर अनुक्रम में प्रयुक्त होकर शब्द की या अक्षर की संरचना करते हैं; यथा—

स्वर अनुक्रम	–	**प्रयोग**
अ > ई	>	कई (क्अई)
		गई (ग्अई)
अ + ऊ	>	ताऊ (त्आऊ)
आ + ई	>	नाई (न्आई)
		प्याऊ (प्य्आऊ)
आ + ए	>	आए (आए)
आ + ओ	>	आओ (आओ)
उ + ई	>	रुई (र्उई)
ऊ + आ	>	मूआ (मूऊआ)
ओ + ई	>	सोई (स्ओई)
औ + आ	>	कौआ (क्औआ)

हिंदी में त्रिस्वर अनुक्रम से बने स्वरगुच्छ भी अभिव्यक्ति के आधार बनते हैं; यथा—

स्वर अनुक्रम	**प्रयोग**
आ+इ+ए	आइए
आ+इ+ए	खाइए (ख्आइए)
ओ+इ+ए	सोइए (स्ओइए)

2. व्यंजन अनुक्रम संरचना—

इसके लिए व्यंजन गुच्छ शब्द का प्रयोग किया जाता है। हिंदी व्यंजनों को दो रूपों में प्रयोग किया जाता है—प्रथम अर्ध और द्वितीय पूर्ण; यथा—

पूर्ण व्यंजन	अर्ध व्यंजन
क ख ग घ ङ	क् ख् ग् घ् ङ्
त थ द ध न	त् थ् द् ध् न्
प फ ब भ म	प् फ् ब् भ् म्

हिंदी व्यंजन के साथ स्वर का सैद्धांतिक रूप में प्रयोग होता है। इसलिए व्यंजन अनुक्रम संरचना विशेष संदर्भों में होती है। सामान्य स्थिति में व्यंजन के साथ स्वर का क्रमशः प्रयोग होता है; यथा–

तन > त्अन्अ

मन > म्अन्अ

तनय > त्अन्अय्अ

समय > स्अम्अय्अ

समतल > स्अम्अत्अलअ

सरगम > स्अर्अग्अम्अ

व्यंजन अनुक्रम-प्रयोग में एक पूर्ण व्यंजन के साथ एक या अधिक व्यंजन प्रयुक्त होकर ऐसी संरचना बनाते हैं। इसे मुख्यतः दो वर्गों में विभक्त कर सकते हैं।

(क) जब एक पूर्ण व्यंजन के पूर्व एक अर्ध व्यंजन प्रयुक्त होता है। ऐसे में दो प्रकार की संरचनाएँ सामने आती हैं–संयुक्त व्यंजन, द्वित्त व्यंजन।

भिन्न व्यंजन अनुक्रम संरचना–ऐसी संरचना को संयुक्त व्यंजन की संज्ञा दी जाती है। अर्ध व्यंजन पहले या पूर्ण व्यंजन के ऊपर प्रयुक्त होता है; यथा–रक्त, सत्य, अन्य, सभ्य, रहस्य।

हिंदी में 'र' के लिए अर्ध रूप शिरोरेखा के ऊपर ' र्' रूप में लगाया जाता है। इसका उच्चारण जिस वर्ण पर लगाते हैं, उसके पूर्व किया जाता है; यथा–

कर्म > कर्‌म

आशीर्वाद > आशीर्‌वाद

हिंदी में यदा-कदा लड्डू, गद्दा की तरह लिख दिया जाता है। यह लेखन उचित नहीं है। इसमें नीचे की ओर अधिक स्थान घिरने से देखने में विषम तो लगता है, साथ ही गलती होनी की संभावना होती है। इसे मानकीकृत रूप में लट्‌टू, भद्‌दा ही प्रयोग होना चाहिए।

भिन्न व्यंजन अनुक्रम में यदि अर्ध व्यंजन नासिक्य हो और उसके आगे आनेवाला व्यंजन उसी वर्ग से संबंधित हो, मानकीकरण में उच्चारण पूर्ववत किंतु लेखन अनुस्वार के रूप में किया जाता है; यथा–

ङ् > अङ्क > अंक	अङ्ग > अंग
ञ् > पञ्च > पंच	मञ्जुल > मंजुल।
ण् > घण्टी > घंटी	पाण्डेय > पांडेय
न् > पन्त > पंत	सन्तोष > संतोष
म् > पम्प > पंप	सम्पति > संपति

एक व्यंजन की द्वित्त अनुक्रम संरचना–इस संरचना में एक ही व्यंजन के क्रमशः अर्ध और पूर्ण रूप का प्रयोग किया जाता है; यथा–

पक्का, पत्ता (पत्‍ता), सम्मान।

(ख) एक पूर्ण व्यंजन के पूर्व दो अर्ध व्यंजन प्रयुक्त होकर व्यंजन गुच्छ की संरचना करते हैं। इस व्यंजन गुच्छ अर्थात व्यंजन अनुक्रम संरचना में एक ही अक्षर होता है। इसका उच्चारण एक आरोह अर्थात एक झटके में होता है; यथा–

लेखन	संरचना	अक्षरात्मक रूप
वर्क्स	वर्‌क्‌स	व्‌ अ र्‌ क्‌ स
वर्त्स्य	वर्‌त्‌स्‌य	व्‌ अ र्‌ त्‌ स्‌ य
स्वास्थ्य	स्वास्‌थ्‌य	स्‌ व्‌ आ स्‌ थ्‌ य

इस प्रकार हिंदी ध्वनि/वर्ण अनुक्रम अर्थात स्वरगुच्छ और व्यंजनगुच्छ की अपनी विशेषताएँ हैं।

1.3.2.3 हिंदी शब्दगत ध्वनियों का विशिष्ट प्रयोग और उच्चारण

हिंदी की ध्वनियों का स्वतंत्र उच्चारण सामान्य होता है, किंतु शब्द के विशेष संदर्भ में उनका उच्चारण भी विशिष्ट होकर सामने आता है। ध्वनियों के विशेष परिवर्तित उच्चारणों को निम्नलिखित संदर्भों में देख सकते हैं–

1.3.2.3.1 व्यंजनांत प्रयोग–

हिंदी के जिन शब्दों के अंत में मात्राविहीन ह्रस्व व्यंजन होता है उनका लिखित रूप स्वरांत होता है; यथा–

तन > त्‌अन्‌अ   राम > र्‌आम्‌अ

श्यामल > श्‌य्‌आम्‌अल्‌अ   समाचार > स्‌अम्‌आच्‌आर्‌अ

इन शब्दों का जब उच्चारण किया जाता है, तो अंतिम मात्रा विहीन व्यंजन का 'अ' लुप्त हो जाता है और शब्द व्यंजनांत हो जाता है; यथा–

लेखन	उच्चारण	लेखन	उच्चारण
तन	त्‌अन्‌	राम	र्‌आम्‌
श्यामल	श्‌य्‌आम्‌अल्‌	समाचार	स्‌अम्‌आच्‌आर्‌

1.3.2.3.2 महाप्राणीकरण

'प्राण' का अर्थ है–वायु। ध्वनि उत्पादन में फेफड़ से बाहर निकलकर सहयोग करनेवाली निःश्वास की वायु को प्राण कहते हैं। कुछ ध्वनियों के उत्पादन में महाप्राण से अपेक्षाकृत कम वायु निकलती है, उन्हें अल्पप्राण ध्वनि कहते हैं, हिंदी के पाँचों वर्गों की प्रथम, तृतीय और पंचम ध्वनियाँ अल्पप्राण हैं; यथा–

कंठ्य (कवर्ग)	क्‌ ग्‌ ङ्‌
तालव्य (चवर्ग)	च्‌ ज्‌ ञ्‌
मूर्द्धन्य (टवर्ग)	ट्‌ ड्‌ ण्‌
दंत्य (तवर्ग)	त्‌ द्‌ न्‌
ओष्ठ्य (पवर्ग)	प्‌ ब्‌ म्‌

कुछ ध्वनियाँ ऐसी होती हैं, जिनके उच्चारण में अल्पप्राण की अपेक्षा अधिक वायु का प्रयोग होता है, उन्हें महाप्राण ध्वनि कहते हैं। हिंदी व्यंजन के पाँचों वर्गों की दूसरी और चौथी व्यंजन ध्वनियाँ महाप्राण हैं; यथा–

कंठ्य–	कवर्ग :	ख, घ
तालव्य–	चवर्ग :	छ, झ
मूर्द्धन्य–	टवर्ग :	ठ, ढ
दंत्य–	तवर्ग :	थ, ध
ओष्ठ्य–	पवर्ग :	फ, भ

हिंदी में यदि महाप्राण व्यंजन ध्वनि के पूर्व उसी वर्ग की निकटतम अल्पप्राण अर्ध व्यंजन ध्वनि का प्रयोग हो, उच्चारण में अल्पप्राण रूप महाप्राण में बदल जाता है; यथा–

लिखित	उच्चरित	लिखित	उच्चरित
अच्छा	अछ्छा	गड्ढा	गढ्ढा
मच्छर	मछ्छर	अद्धा	अध्धा
मत्था	मथ्था	गप्फार	गफ्फार

यह हिंदी की सहज स्वाभाविक परिवर्तन प्रक्रिया है।

1.3.2.3.3 नासिक्य ध्वनि प्रभाव

हिंदी की नासिक्य ङ्, ञ्, ण, न् और म् के पूर्व आनेवाली ध्वनि उच्चारण में इससे प्रभावित होकर अनुनासिक हो जाती है। यह मनुष्य की स्वाभाविक विशेषता है–"जैसी संगति बैठिए, तैसे ही गुण होत।" इस ध्वन्यात्मक प्रभाव को ध्वनि उत्पादन प्रक्रिया के आधार पर स्पष्ट किया जा सकता है। नासिक्य ध्वनि के उत्पादन में मस्तिष्क के आदेशानुसार संबंधित मुखांगों को त्वरा के साथ सक्रिय होना पड़ता है; यथा–यदि 'म्' नासिक्य ध्वनि का उच्चारण करना हो, तो मस्तिष्क आदेशानुसार फेफड़े दबते हैं। निःश्वास की वायु स्वरयंत्र को पार कर मुख विवर से होती हुई होंठों तक पहुँचती है। होंठ मस्तिष्क के निर्देशानुसार बंद रहते हैं, क्योंकि वायु मुख मार्ग से नहीं, नासिका मार्ग से बाहर जाना है। अब मस्तिष्क के पुनः आदेशानुसार फेफड़े पर डायाफार्म का दबाब कम किया जाता है। फेफड़े फैलने लगते हैं। वायु मुख-विवर में पीछे लौटती है। जब वायु श्वास नलिका और भोजन नलिका के चौराहे पर पहुँच जाती है, तो फेफड़े को स्थिर करके वायु प्रवाह वहीं रोक दिया जाता है। अब मस्तिष्क के आदेशानुसार अलिजिह्वा नीचे की ओर बढ़ कर मुख मार्ग बंद कर देती है। इसके पश्चात पुनः डायाफार्म के दबाव से फेफड़े से वायु निकलती है और श्वास नलिका और आहार नलिका के चौराहे पर रुकी वायु नासिका मार्ग से बाहर आ जाती है। इसमें 'म्' ध्वनि का उच्चारण होता है।

भाषा प्रयोक्ता की भाषायी चेतना से मस्तिष्क यह समझ जाता है कि शब्द की परवर्ती ध्वनि नासिक्य है। वह लंबी कठिन प्रक्रिया को सफलता से पूरी करने के लिए पहले तैयार हो जाता है। जिसके कारण पूर्व ध्वनि पर उसका प्रभाव आ जाता है और वह स्वर ध्वनि हो अथवा व्यंजन अनुनासिक हो जाती है; यथा–

लेखन	उच्चारण	लेखन	उच्चारण
आम	आँम्	मरण	मरँण्
आन	आँन्	झन-झन	झँन-झँन्
उमर	उँमर्	रण	रँण्
ऊन	ऊँन्	तन	तँन्
काम	काँम्	चमक	चँमक्

यहाँ यह उल्लेखनीय है कि नासिक्य व्यंजन के कारण पूर्व ध्वनि का अनुनासीकरण उन्हीं भाषा प्रयोक्ताओं में होती है जिनमें संबंधित भाषा की भाषायी चेतना या प्रवीणता हो या उसकी मातृभाषा होने के कारण सहज प्रयोग करता हो। हिंदीतर भाषा भाषी इस प्रभाव से अपरिचित होते हैं। उनके उच्चारण में नासिक्य के पूर्व ध्वनि अपने मूल रूप में निर्‌अनुनासिक होती है। यह उनके हिंदीतर भाषी होने का प्रमाण बन जाता है। उनमें हिंदी की भाषायी चेतना होने पर यह प्रभाव स्वतः उभर आता है।

1.3.2.3.4 अकारण अनुनासिकता

प्रत्येक व्यक्ति किसी न किसी अंचल या क्षेत्र से जुड़ा होता है। प्रत्येक क्षेत्र की अपनी भाषा होती है और उसके स्वरूप की अपनी विशेषताएँ होती हैं। मनुष्य में अपने मूल स्थान की संस्कृति और भाषा के प्रारंभ से सहजता और व्यावहारिकता के आधार पर सरलता से मन-मस्तिष्क में स्थान पा लेती है। सहजता के पलों में भाषा में अनुनासिकता का रंग उभर आता है। ऐसे में मौखिक ध्वनियाँ जिनका उच्चारण वायु के मुख मार्ग से निकलने से होता है, उनके उच्चारण में वायु मुख और नासिका मार्ग से साथ-साथ निकलती है। विभिन्न ग्रामीण परिवेश में यत्र-तत्र परिवर्तित रूप अर्थात अकारण अनुनासिकता का प्रभाव सामने आता है; यथा–

गाय घास खाती है > गाँय घाँस खाती है।

पूर्वी उत्तर प्रदेश और बिहार क्षेत्र को हिंदी भाषा के क्रिया पदों की अनुनासिकता विशेष उल्लेखनीय है; यथा–

उनसे पूछ लो > उनसे पूँछ लो।

सब कुछ भूमि पर पड़ा है। > सब कुछ भुइयाँ पै परा अहै।

सोच लो क्या करना है > सोंच लो क्या करना है।

कापी > काँपी

हाथ > हाँथ

दुनिया > दुनियाँ

माना प्रत्येक व्यक्ति के व्यक्तित्व के ही समान प्रत्येक भाषा का अपना रंग और महत्त्व होता है, किंतु शिक्षित समाज और उत्तम अनुप्रेरक परिवेश में अकारण अनुनासिकता के प्रभाव से भाषा को मुक्त रखना होगा।

1.3.2.3.5 अनुनासिकता

अनुनासिक शब्द 'अनु+नासिक' दो शब्दों से बना है। 'अनु' का अर्थ है–पीछे या थोड़ा, 'नासिक' का अर्थ है नाक। इस प्रकार जब नाक के साथ कुछ वायु मुख से निकले, तो अनुनासिक ध्वनि होती है। जिन ध्वनियों के उच्चारण में फेफड़े से चली वायु स्वरयंत्र को पार कर श्वास नलिका और मुख मार्ग (भोजन नलिका) के चौराहे पर पहुँचकर मस्तिष्क के आदेशानुसार अलिजिह्वा द्वारा नासिका और मुख मार्ग को सामान्य रूप से खुला रखने पर वायु दोनों मार्ग से बाहर आती है, उन्हें अनुनासिक ध्वनि कहते हैं। लेखन में इसके लिए ' ँ ' चिह्न निर्धारित किया गया है। कुछ लोग इसके स्थान पर ' ं ' का प्रयोग करते है। यह उचित नहीं है। यह 'ं' चिह्न अनुस्वार है, जो अर्ध नासिक्य के लिए प्रयुक्त होता है; यथा–अंक, पंच, घंटी, पंत, पंप। इससे अर्थ बोध में अस्पष्टता संभावित होगी; यथा–हंस (पंक्षी), हंस (हँसना) अनुनासिक चिह्न का प्रयोग स्वर के साथ ही होता है। जहाँ स्वर विहीन व्यंजन ध्वनि होगी वहाँ अनुनासिकता संभव नहीं है। दूसरे शब्दों में कह सकते हैं कि अक्षर की अनुनासिकता संभावित होती है, क्योंकि अक्षर के स्वरूप में स्वर की अनिवार्यता होती है। हिंदी अक्षर की अनुनासिकता द्रष्टव्य है–

अस्पष्ट रूप	**शुद्ध रूप**	**अस्पष्ट रूप**	**शुद्ध रूप**
गांधी	गाँधी	चांद	चाँद
चांदनी	चाँदनी	मांग	माँग
सांप	साँप	हंस (हंसना)	हँस (हँसना)

जब किसी शब्द की रचना में शिरोरेखा के ऊपर मात्रा लगी हो, अर्थात ि, े, ै, ो, ौ मात्राएँ प्रयुक्त हों, तो अनुनासिक चिह्न अनुस्वार के समान रूप में ही रहती है; यथा–

उच्चरित रूप	**लिखित रूप**	**उच्चरित रूप**	**लिखित रूप**
कयोँ	क्यों	लिखेँगे	लिखेंग
नहीँ	नहीं	चलेँगे	चलेंगे
मेँ	में	मिलेँ	मिलें
मैँ	मैं	रुकेँ	रुकें
हैँ	हैं	कहेँ	कहें

1.3.2.3.6 अनुस्वार

हिंदी में अनुस्वार के लिए 'ं' चिह्न का प्रयोग किया जाता है। हिंदी व्यंजन ध्वनियों के पाँचों वर्गों कंठ्य, तालव्य, मूर्द्धन्य, दंत्य और ओष्ठ्य की पाँचवी ध्वनि नासिक्य व्यंजन हैं। इन ङ्, ञ्, ण्, न् और म् नासिक्य व्यंजन ध्वनि के अर्ध रूप में लिए अनुस्वार चिह्न का प्रयोग किया जाता है। लेखन में त्वरा लाने के लिए इस रूप को अपनाया गया है। शब्द में अनुस्वार चिह्न के पाँचों उच्चरित रूप को उसके शब्द में आनेवाली ध्वनि के कवर्ग, चवर्ग, टवर्ग, तवर्ग और पवर्ग के आधार पर सहजता से निर्णय कर लिया जाता है; यथा–

कवर्ग कंठ्य ङ्	:	अंक (अङ्क) पंकज (पङ्कज), पंख (पङ्ख)
चवर्ग तालव्य ञ्	:	अंजन (अञ्जन), चंचल (चञ्चल), पंछी (पञ्छी)
टवर्ग मूर्द्धन्य ण्	:	कंटक (कण्टक), कंठी (कण्ठी), डंडा (डण्डा)
तवर्ग दंत्य न्	:	पंत (पन्त), पंथ (पन्थ), संधान (सन्धान)
पवर्ग ओष्ठ्य म्	:	कंप (कम्प), गुंफित (गुम्फित), पंप (पम्प)

इस प्रकार पाँच अंर्ध नासिक्य व्यंजनों के स्थान पर अनुस्वार 'ं' चिह्न के प्रयोग से हिंदी में त्वरा और सरलीकृत रूप के साथ व्यवस्था का मानकीकृत रूप सामने आता है।

अनुस्वार का उच्चारण उसके पूर्व प्रयुक्त अक्षर/स्वर के साथ होता है; यथा–

लिखित **उच्चारित** **उच्चारण प्रक्रिया**

पंकज पङ्ज्

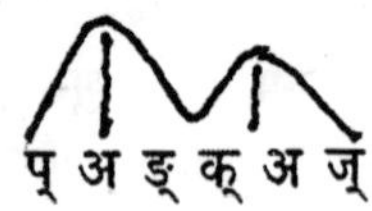

चंचल चञ्चल्

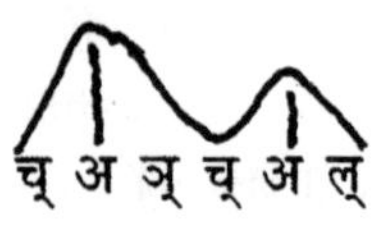

डंडा डण्डा

संधान सन्धान्

गुंफित गुम्फित

कुछ लोगों का कहना है कि पाँच ध्वनियों के लिए चिहन 'ं' अनुस्वार प्रयोग करना न वैज्ञानिकता है, न उचित है। इससे अस्पष्टता और जटिलता होगी। यह विचार तर्क संगत नहीं है, क्योंकि अर्ध नासिक्य व्यंजन के बाद आनेवाली ध्वनि के वर्ग के आधार पर उसकी पहचान स्पष्ट हो जाती है; यथा—'अंग' शब्द में 'ं' अनुस्वार के बाद 'ग' व्यंजन आने से कंठ्य वर्ग के नासिक्य व्यंजन का स्पष्ट बोध होता है और उच्चारण होता है—अङ्ग। इसी प्रकार 'संत' शब्द में अनुस्वार 'ं' का निश्चयन और उच्चारण करना हो, तो अनुस्वार के बाद तालव्य वर्ग के 'त' ध्वनि के आधार पर उस वर्ग के नासिक्य ध्वनि का अर्ध रूप 'न्' मानकर शुद्ध उच्चारण होगा—'सन्त'।

विशेषः—अनुस्वार प्रयोग संदर्भ में विशेष ध्यातव्य तथ्य है कि यदि शब्द में प्रयुक्त अर्ध व्यंजन के पूर्व अर्ध नासिक्य व्यंजन का प्रयोग हो, तो उसके स्थान पर निश्चित रूप से अनुस्वार का प्रयोग होगा; यथा—

अशुद्ध	**शुद्ध**
अन्त्य	अंत्य
अन्त्याक्षरी	अंत्याक्षरी
कम्प्यूटर	कंप्यूटर
मन्त्र	मंत्र
स्वतन्त्र	स्वतंत्र
स्वातन्त्रोत्तर	स्वातंत्र्योत्तर

अर्ध नासिक्य व्यंजन का प्रयोग यदि अंतस्थ य, र, ल, व और ऊष्म श, ष, स, ह व्यंजन ध्वनियों के पूर्व हो, तो भी उनके स्थान पर अनुस्वार 'ं' का प्रयोग किया जाता है; यथा—

संयत, संयोग, संवत, अंश, वंश, हंस, संहार।

यदि किसी पूर्ण नासिक्य व्यंजन वर्ण के पूर्व वही नासिक्य व्यंजन प्रयुक्त हो, तो उसे अनुस्वार 'ं' के रूप में न लिखकर उसके अर्ध रूप में ही लिखा जाएगा; यथा—

अशुद्ध	**शुद्ध**
अंन	अन्न
संन	सन्न
संमान	सम्मान
संमेलन	सम्मेलन

1.3.2.3.7 अनुस्वार और अनुनासिकता

अनुस्वार और अनुनासिक के चिह्न अलग-अलग निर्धारित किए गए। इन दोनों चिह्नों में उन ध्वनियों की प्रवृत्ति भी स्पष्ट होती है। अनुस्वार के चिह्न 'ं' में

स्पष्ट होता है कि वायु 'ं' मात्र नाक से निकलती है और अनुनासिक चिह्न 'ँ' से स्पष्ट होता है कि वायु ओंठ 'ँ' और नाक 'ं' दोनों से साथ-साथ निकलती है।

सरलीकरण प्रक्रिया में अनुस्वार और अनुनासिक दोनों ध्वनियों के लिए 'ं' का प्रयोग किया जाने लगा है। इसके कारण जहाँ लेखन और उच्चारण में अस्पष्टता होती है, वहीं गलत प्रयोग की संभावना बढ़ जाती है; यथा–'हंस' लिखित सरलीकृत रूप में हंस (पक्षी) और हंस (हँसना) का भ्रम होना स्वाभाविक है।

सरलीकृत रूप	**मानक स्पष्ट रूप**	**अशुद्ध**
अंधकार	अंधकार (अन्धकार)	
आंधी	आँधी	आन्धी
दिनांक	दिनांक (दिनाङ्क)	
गांधी	गाँधी	गान्धी
चंद्र	चंद्र (चन्द्र)	
चांद	चाँद	चान्द
संत	संत (सन्त)	
सांच	साँच	साञ्च
चंपू	चंपू (चम्पू)	
चांम	चाँम	चाम्म
पंप	पंप (पम्प)	

अनुस्वार और अनुनासिक के सरलीकृत प्रयोग को शुद्ध और मानक रूप देना चाहें, तो दोनों को अनुस्वार के आधार पर उच्चारण करें, तो अनुनासिक शब्दों के गलत प्रयोग का ज्ञान हो जाएगा; जैसा आन्धी, गान्धी, चान्द, साञ्च और चाम्म से स्पष्ट है।

1.3.2.3.8 'र' के विविध रूप और उच्चारण

नागरी वर्णमाला में रकार के लिए मात्र 'र' चिह्न निर्धारित किया गया है, किंतु व्यावहारिक रूप में अर्थात् लेखन में चार रूपों का प्रयोग होता है; यथा–

1. र–रमा, राम, रामायण, रामेश्वर
2. ्र –क्रम, ग्रामीण, द्रुम, नम्रता, ह्रस्व
3. ‸–ट्रक, ट्राम, ड्रम, ड्राप
4. र् –कर्म, गर्व, चर्म, धर्म, मर्म

कुछ विद्वानों का कहना है कि एक ध्वनि 'रकार' के लिए र, ्र, ‸, र् चार चिह्नों का प्रयोग अवैज्ञानिक और भ्रामक है। यह कथन उचित नहीं है, क्योंकि 'रकार' के चारों रूप व्यंजन के साथ संयुक्त रूप में व्यवस्थित प्रयोग के लिए निर्धारित किए गए हैं।

'र' चिह्न मूल है। इसका प्रयोग स्वतंत्र रूप में प्रयोग किया जाता है; यथा—रत्न, रात्रि, रोकना आदि

'्र' चिह्न का प्रयोग उन व्यंजनों के साथ संयुक्त व्यंजन रचना के लिए किया जाता है, जिनके मध्य में या अंत में पाई या अर्ध पाई हो; यथा—

मध्य पाई—क > क्र, फ > फ्र

अंत पाई—ग > ग्र, म > म्र

अर्ध पाई—ह > ह्र

'‸' चिह्न का प्रयोग उन व्यंजनों के साथ संयुक्त वर्ण रचना के लिए प्रयुक्त होता है, जिनकी रचना बिना पाई की अर्ध वक्राकार, सर्पाकार या टेढ़ी मेढ़ी हो। अन्य रूप प्रयुक्त होना संभव नहीं होता। इसलिए इसका प्रयोग होता है; यथा—

ट > ट्र, ड > ड्र ढ > ढ्र

यहाँ यह भी उल्लेखनीय है कि ये तीनों चिह्न रकार के पूर्ण रूप है; यथा—

र > रक्षक, भ्रम (भ्रम), ट्र (ट्रक)

रकार के चारों चिह्नों में 'र्' अर्ध रूप है; यथा—

कर्म (कर्म), शर्म (शर्म)

इन चिह्नों के उच्चारण के लिए सर्वप्रथम इनके पूर्ण अथवा अर्ध रूप होने का निश्चय करना होगा। मनुष्य द्वारा निर्मित भाषा की प्रवृत्ति उसके ही समान होती है। इस आधार पर 'र' वर्ण के पूर्ण या अर्ध होने का निर्णय कर शुद्ध उच्चारण कर सकते हैं। इसे निम्नलिखित आधारों पर निर्णय कर सकते हैं—

1. यदि शब्द में 'र' वर्ण अपने मूल या स्वतंत्र रूप से प्रयुक्त है, तो वह दृश्य रूप में भी पूर्ण है; यथा—रमेश, रमा में प्रयुक्त 'र'।

2. जब संयुक्त वर्ण में 'र' का प्रयोग किसी व्यंजन के साथ नीचे किया गया हो, तो वह पूरा होगा। जिस प्रकार एक व्यक्ति किसी व्यक्ति को कंधे पर बैठा या उठाकर ले जा रहा हो, तो नीचे वाला अर्थात ले जाने वाला पैरों वाला (पूरा) माना जाएगा और जो कंधे पर (ऊपर) है, उसे लगड़ा माना जाएगा। ठीक इसी प्रकार संयुक्त वर्ण की रचना में 'र' की स्थिति है। यदि संयुक्त वर्ण में 'र' के विशेष स्वरूप का योग नीचे है, तो वह पूर्ण अर्थात स्वर सहित है। उसका उच्चारण भी इसी रूप में होगा और ऊपर वाला व्यंजन अर्ध अर्थात् स्वररहित होगा।

ऐसे संयुक्त वर्ण दृश्य रूप में देखें, तो प्रायः शिरोरेखा से शुरु होनेवाले व्यंजन ऊपर और अर्ध होते हैं और नीचे प्रयुक्त रकार पूर्ण या स्वरसहित होता है; यथा—

क्रम > क्‌रम	ग्राम > ग्‌राम
द्रुम > द्‌रुम	नम्र > नम्‌र
ह्रस्व > ह्‌रस्व	भ्रम > भ्‌रम
ट्रक > ट्‌रक	ट्राम > ट्‌राम
ड्रम > ड्‌रम	ड्राप > ड्‌राप

3. 'रकार' आधार पर निर्मित संयुक्त वर्ण की रचना शिरोरेखा के नीचे होती है। इसके साथ ही रकार का एक विशेष प्रयोग शिरोरेखा के ऊपर भी होता है; यथा–कर्म, आशीर्वाद आदि।

इसके स्वरूप का विवेचन बहुत सरल और स्पष्ट है। जब शिरोरेखा के नीचे लिखित संयुक्त वर्ण में जो व्यंजन ऊपर होता है, वह अर्ध या स्वर विहीन होता है, तो यहाँ तो शिरोरेखा के ऊपर प्रयुक्त है। यदि कंधे पर बैठा या उठाया गया व्यक्ति लगड़ा संभावित है, तो सिर पर रखा गया या लादा गया व्यक्ति अशक्त तो होगा ही। इसी प्रकार शिरोरेखा के ऊपर प्रयुक्त रकार 'ˊ' सुनिश्चित है कि अर्ध है; यथा–लिप्यंकन में देख सकते हैं–

कर्म > कर्‌म गर्व > गर्‌व
चर्म > चर्‌म धर्म > धर्‌म
मर्म > मर्‌म

उच्चारण को व्यस्थित करने के लिए उसकी संरचना और अक्षरात्मक स्वरूप को ध्यान में रखना आवश्यक है। ध्यातव्य है कि अर्ध व्यंजन को सदा आगे आनेवाले पूर्ण व्यंजन के साथ साँस-सीमा में अर्थात एक ही निःश्वास में उच्चारण करना चाहिए; यथा–

शुद्ध उच्चारण **अशुद्ध उच्चारण**

ग्रामीण –
नम्रता –
कर्म –
ह्रस्व –
ट्रक –

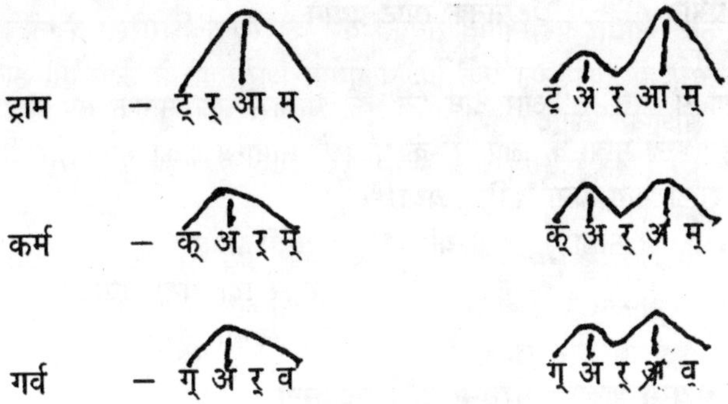

र (पूर्ण रूप) और ` (अर्ध रूप) के प्रयोग संदर्भ में यत्र-तत्र अशुद्ध रूप सामने आते हैं; यथा 'अन्तरजातीय' के स्थान पर अंतर्जातीय और अंतरराष्ट्रीय के स्थान पर अंतरराष्ट्रीय प्रयोग हो जाता है। अंतर्जातीय का अर्थ एक जाति में, तो अन्तरजातीय का अर्थ है दो या दो से अधिक जातियों में। इसी प्रकार अंतर्राष्ट्रीय का अर्थ है—एक राष्ट्र में तो अंतरराष्ट्रीय का अर्थ है, दो या दो से अधिक राष्ट्र में।

1.3.2.3.9 'र' में 'उ' और 'ऊ' की मात्रा 'ु', 'ू' का प्रयोग का उच्चारण

हिंदी के व्यंजन वर्णों में 'उ' और 'ऊ' की 'ु', 'ू' मात्राएँ नीचे की ओर लगाई जाती है; यथा— 'ु' क > कु, त > तु, म > मु
'ू' क > कू, त > तू, म > मू

यह मात्रा प्रयोग पूर्ण वैज्ञानिक है, क्योंकि 'ह्रस्व 'उ' के नीचे का भाग लेकर चिह्न बनाया गया है। इसलिए व्यंजनों में नीचे लगाया जाता है। इसका रूप बाईं ओर झुका या घूमा होता है, इसलिए समान रूप से स्पष्ट पहचान के लिए बाईं ओर झुकाया जाता है।

दीर्घ 'ऊ' की मात्रा नीचे के दाहिनी ओर के अंश को लेकर बनाया गया है। इसलिए दाहिनी ओर झुकाया गया है। यहाँ भारतीय संस्कार भी संरचना का आधार बनता दिखाई दे रहा है। भारतीय आदर्श और संस्कार है कि बड़े को दाहिने बैठाया जाए और छोटा बाईं ओर रहे। इस प्रकार छोटा (ह्रस्व) बाईं ओर और बड़ा (दीर्घ) मात्रा-चिह्न दाहिनी ओर व्यवस्थित किया गया है।

'र' वर्ण के साथ यह स्थिति न होने से कुछ विद्वानों का मत है कि अन्य वर्णों के ही समान 'र' में भी ह्रस्व और दीर्घ 'उ' ऊ की मात्राएँ नीचे ही लगनी चाहिए। गंभीरता से विचार करने पर स्पष्ट होता है कि 'र' वर्ण के नीचे का छोर दाहिनी ओर इस प्रकार झुकाव सहित होता है कि उसमें ऐसी मात्रा लगाना उपयुक्त नहीं होगा। इसके साथ ही इस वर्ण के मध्य में दाहिनी ओर मात्रा लगाने के लिए पर्याप्त स्थान होता है। इससे सीमित स्थान में स्पष्ट रूप से मात्रा का प्रयोग किया जाता है; यथा—

गलत प्रयोग	**मानक स्पष्ट प्रयोग**
र > रु रू	र > रु, रू

'र' वर्ण में ह्रस्व 'उ' और दीर्घ 'ऊ' की मात्राओं का मानक रूप में प्रयोग आवश्यक है। ह्रस्व मात्रा के लिए 'र' के मध्य में सामान्य झुका भाग और दीर्घ में घुंडी सहित झुका भाग होना चाहिए; यथा–

स्वर	मात्रा	र में योग	शब्द में प्रयोग
उ	ु	रु	गुरु, रुपया, परुष (कठोर)
ऊ	ू	रू	रूप, स्वरूप, कुरूप

1.3.2.3.10 युग्म शब्द : संरचना और उच्चारण

भाषा में किसी कार्य या भाव के सातत्य रूप दर्शाने या उसे गंभीरता प्रदान करने के लिए एक ही शब्द को दो बार प्रयोग किया जाता है। इसे समान शब्द युग्म की संज्ञा दी जाती। इसे लिखते हुए उच्चारण के समान ही दो बार लिखना चाहिए। 'कभी-कभी' इसके स्थान पर 'कभी-2' लिख दिया जाता है। यह अवैज्ञानिक पद्धति है। इसे कभी-दो भी पढ़ा जा सकता है। युग्म शब्दों के विचारणीय रूप हैं।

अशुद्ध प्रयोग	**शुद्ध प्रयोग**
आते-2	आते-आते
चलते-2	चलते-चलते
बार-2	बार-बार
रोते-2	रोते-रोते
हँसते-2	हँसते-हँसते

1.3.2.3.11 य-श्रुति

भारत की मातृ प्रधान संस्कृति से विकसित हिंदी भाषा में स्वर प्रधानता है। स्वर को सर्वप्रथम व्यवस्थित रूप में स्थान दिया गया है, तो व्यंजनों को बाद में स्थान दिया गया है, स्वर तो स्वर हैं ही, व्यंजन भी स्वर के सहयोग से उच्चरित होते हैं। हिंदी के 'य' और 'व' अर्ध स्वर है। इनका प्रयोग कभी स्वरवत होता है, तो कभी व्यंजन के रूप में होता है। जब शब्द में 'य' और 'व' का उच्चारण व्यंजन के रूप में न करके स्वर के रूप किया जाता है, तो उसे स्वर रूप में लिखा जाना चाहिए। यही हिंदी का मानक रूप है; यथा–

अशुद्ध	**शुद्ध**
नयी	नई
नये	नए
मिठायी	मिठाई
लिये	लिए

आदरसूचक शब्द

अशुद्ध	शुद्ध
आयिये/आइये	आइए
खायिये/खाइये	खाइए
जायिये/जाइये	जाइए
चाहिये	चाहिए

बहुवचन निर्माण-योजना

हिंदी के संज्ञा शब्दों के एकवचन से बहुवचन बनाने के संदर्भ में यश्रुति के क्षीण होने के आधार पर इसे स्वर रूप प्रयोग करना चाहिए; यथा–

शब्द (एकवचन)	शब्द (बहुवचन)	
	अशुद्ध	शुद्ध
बाधा	बाधायें	बाधाएँ
लता	लतायें	लताएँ
समस्या	समस्यायें	समस्याएँ
सीमा	सीमायें	सीमाएँ

1.3.2.3.12 व-श्रुति उच्चारण

हिंदी में 'य' और 'व' अर्धस्वर हैं, अर्थात् इनके दो रूपों के प्रयोग पर विचार करना आवश्यक है। 'व' का भी प्रयोग 'य' के ही समान कभी स्वर कभी व्यंजन के रूपों में किया जाता है। जब 'व' का उच्चरित रूप व्यंजन के रूप में न होकर स्वर के रूप उच्चारित हो, तो स्वर रूप में लिखना वैज्ञानिकता होगी; यथा–

शब्द	बहुवचन	
एकवचन	अशुद्ध	शुद्ध
लता	लतावों	लताओं
समस्या	समस्यावों	समस्याओं
साधु	साधुवों	साधुओं
सीमा	सीमावों	सीमाओं

1.3.2.3.13 अंतस्थ वर्ण के पूर्व अर्ध व्यंजन प्रयोग उच्चारण

हिंदी भाषा में व्यंजनों को कई वर्गों में विभक्त कर उनकी प्रवृत्तियों का अध्ययन किया जाता है। इनमें अंतस्थ एक विशेष वर्ग है, जिसमें य, र, ल, व व्यंजनों को स्थान दिया गया है। उच्चारण के नियमानुसार यदि अंतस्थ व्यंजनों के पूर्व अर्ध व्यंजन लिखा हो, तो दो अर्ध व्यंजन के रूप में उच्चारण होगा। इस प्रकार लेखन और लेखन से भिन्न उच्चारण का रूप सामने आता है। इस तरह दोनों भिन्न उच्चारण लेखन रूप नियमानुसार शुद्ध हैं; यथा–

उच्चारण अशुद्ध	उच्चारण शुद्ध	लेखन शुद्ध	लेखन अशुद्ध
अन्य	अन्न्य	अन्य	अन्न्य
अन्वय	अन्न्वय	अन्वय	अन्न्वय
अन्वित	अन्न्वित	अन्विति	अन्न्विति
समन्वय	समन्न्वय	समन्वय	समन्न्वय
उपन्यास	उपन्न्यास	उपन्यास	उपन्न्यास

1.3.2.3.12 संधि संरचना आधार

हिंदी की शब्द संरचना में जब दो पद संधि आधार पर मिल कर सामासिक रूप में प्रयुक्त होते हैं, तो उनकी शुद्धता का विश्लेषण संधि आधार पर किया जाना चाहिए; यथा–

अशुद्ध	**शुद्ध**
उज्जवल	उज्ज्वल (उत्+ज्वल)
सन्यासी	संन्यासी (सम्+न्यासी)

'उज्जवल' ऐसे शब्दों में एक ही वर्ण के लिए दो अर्ध रूपों पर यह प्रश्न उठाया जाता है कि (½ + ½ = 1) आधा और आधा मिलकर एक होने का नियम है। फिर अर्ध ज् (ज)+अर्ध ज् (ज) मिलकर एक हो जाना चाहिए। विचारणीय है कि दो पद विहीन (लगड़े) को एक साथ कर दौड़ाया नहीं जा सकता। इसी प्रकार दो अर्ध व्यंजन एक साथ होकर एक पूर्ण व्यंजन बनकर प्रयुक्त नहीं हो सकते हैं। एक साथ दो अर्ध स्वर आवश्यक हैं।

1.3.2.3.14 ध्वनि लोप

हिंदी में त्वरा के साथ उच्चारण करते हुए जब किसी शब्द के मध्य में ह्रस्व व्यंजन हो और उसके बाद दीर्घ व्यंजन हो, तो उसके पूर्व का ह्रस्व व्यंजन अर्ध हो जाता है। यह मानवी प्रवृत्ति है, यदि कुछ लोग साथ-साथ जा रहे हों। उनके मध्य कोई कमजोर व्यक्ति हो और उसके आगे दबंग व्यक्ति हो, तो वह अपने को लगभग अशक्त मान कर डरा रहता है। इसी प्रकार शब्द में प्रयुक्त दीर्घ व्यंजन के पूर्व के ह्रस्व व्यंजन का अर्ध रूप में उच्चारण वैज्ञानिक है। इसका उच्चारण इसी रूप में करना चाहिए। यह स्पष्ट है कि ऐसे शब्दों को त्वरा के साथ उच्चारण में यही रूप होगा; यथा–

लिखित	**उच्चरित**
कमला	कम्ला
गमला	गम्ला
तबला	तब्ला
चलता	चल्ता
मिलता	मिल्ता

'र' ध्वनि लोप :–हिंदी के त्वरित संवाद-संदर्भ में या त्वरा (तेज) उच्चारण के समय विविध ध्वनियों का लोप हो जाता है। इनमें सर्वाधिक उल्लेखनीय है 'र' ध्वनि का लोप। इसका कारण है कि यह प्रकंपित ध्वनि कमजोर ध्वनि है। त्वरित उच्चरित वाक्य के मध्य शब्द में इसका सहज लोप स्वाभाविक है; यथा–

लिखित वाक्य	:	देखो, मेज पर चिड़िया बैठी है।
त्वरित उच्चरित वाक्य	:	देखो, मेज प चिड़िया बैठी है।
लिखित वाक्य	:	अच्छा, उसने तुम पर आरोप लगाया!
त्वरित उच्चरित वाक्य	:	अच्छा, उसने तुम प अरोप लगाया!

'र' ध्वनि का उच्चरित रूप लुप्त होना हिंदी में ही नहीं अंग्रेजी के त्वरित उच्चारण में भी देख सकते हैं; यथा–

लिखित रूप	:	you are going. यू आर गोइंग।
त्वरित उच्चरित रूप	:	you (a) going. यू आ गोइंग।

1.3.2.3.15 आगम

हिंदी का प्रयोग भारतवर्ष के विस्तृत भू-भाग पर बहुसंख्यक लोगों द्वारा किया जाता है। इस प्रकार उसके विविध क्षेत्रों में आंचलिक रूप होना स्वाभाविक है। आंचलिकता के प्रभाव से शब्दों के उच्चारण में ध्वनि आगम होता है। उच्चारण में प्रायः आदि और मध्य ध्वनि आगम के रूप सामने आते हैं; यथा–

आदि ध्वनि आगम	–	स्टेशन > इस्टेशन, अस्टेशन, सटेशन
		स्टूल > इस्टूल, अस्टूल, सटूल
मध्य ध्वनि आगम	–	कर्म > करम, धर्म > धरम
		सुरेंद्र > सुरेंदर, सुरिंदर

1.3.2.3.16 विदेशी भाषा ध्वन्यात्मक प्रभाव

वर्तमान वैश्वीकरण के युग में विश्व एक गाँव की तरह निकटस्थ हो गया है। विभिन्न देश एक दूसरे से जुड़ गए है। विभिन्न भाषा भाषियों में सुखद और प्रेरक संवाद चलता रहता है। भारत देश पर एक लंबे समय तक मुस्लिम शासन रहा, उसके बाद अंग्रेजी शासन रहा है। इस प्रकार मुस्लिम शासन में यहाँ के शासन की भाषा उर्दू (फारसी) और अंग्रेजी शासन काल में अंग्रेजी बन गई। देश 15 अगस्त, 1947 को स्वतंत्र हुआ। 14 सितंबर, 1949 को भारतीय संविधान में हिंदी को राजभाषा का प्रतिष्ठित पद मिला। यह तो है कि हिंदी और अन्य भाषाओं के प्रशासन में संवैधानिक पद मिल गया। भारतवर्ष में हिंदी का प्रयोग ग्यारहवीं शताब्दी से होता रहा है। विभिन्न भाषाओं के साथ हिंदी के प्रयोग या कहें, हिंदी के साथ विभिन्न भाषाओं के प्रयोग से हिंदी में अन्य भाषाओं के शब्दों के साथ उनकी ध्वनियों का आगम होता रहा है। हिंदी में विदेशी भाषा के बहुत से शब्दों में उच्चारणोपयोगी

अनुकूलन अर्थात परिवर्तन किया गया है। यह हिंदी भाषा की अपनी शक्ति है; यथा–ट्रेजेडी > त्रासदी, टावेल > तौलिया आदि।

ऐसे नवीकरण में मूल भाषा के उच्चरित रूप की झलक विद्यमान रहती है और हिंदी की प्रवृत्ति के अनुसार सरलीकरण भी हो जाता है।

हिंदी में अंग्रेजी के अनेक शब्दों को स्थान मिल गया है। ये शब्द हिंदी में विविध भावों की अभिव्यक्ति के आधार बन गए है। इनमें से कुछ शब्द तत्सम या मूल रूप में प्रयुक्त होते हैं; यथा–कंप्यूटर, मोटर, रेल आदि, तो कुछ तद्भव (परिवर्तित) रूप में प्रयुक्त होते हैं; यथा–कैप्टन (Captain) > कप्तान, गार्ड (Guard) > गारद, टावेल (Towel) > तौलिया, ग्लास (Glass) > गिलास आदि।

मानक भाषा की यह सबसे बड़ी विशेषता है कि उसमें पूर्व की परंपरागत भाषा की प्रमुख उपयोगी ध्वनियों को उनके साथ प्रयोग करते रहे हैं; यथा–कुछ वर्षों पूर्व हिंदी में संस्कृत ऋ स्वर ध्वनि को अनावश्यक कह दिया गया था, किंतु हिंदी में मानकीकरण प्रक्रिया चली तो ऋषि, ऋतु आदि शब्दों के शुद्ध रूप में प्रयोग के लिए ऋ को अपना लिया गया।

इसी प्रकार हिंदी में अंग्रेजी की ध्वनि 'ऑ' प्रयोग आवश्यक हो गया है। इसके अभाव में मानकता ही नहीं स्पष्टता पर प्रश्न चिह्न खड़ा हो गया; यथा–'बाल' और 'बाल' हिंदी और अंग्रेजी के दो शब्द हैं। हिंदी (नागरी लिपि) में लिपिबद्ध होने से दोनों का अर्थ ज्ञान असंभव हो रहा है। एक ही शब्द दो बार लिखे लग रहे हैं। यदि दोनों का उच्चारण करें, तो भी ऐसा ही बोध होता है। इन शब्दों के श्रवण और लेखन दोनों स्थितियों में यह समझ पाना असंभव हो जाता है कि कौन-सा शब्द हिंदी का है और कौन-सा अंग्रेजी का।

हिंदी की मानकीकरण प्रक्रिया में इस समस्या के समाधान के लिए 'ऑ' ध्वनि और इस चिह्न को व्यावहारिक रूप से अपना लिया गया है। इसके प्रयोग से अंग्रेजी शब्द के मानक उच्चारण और लेखन आधार पर हिंदी में स्पष्टता और मानकता आ गई; यथा–

बाल और बॉल

इस प्रकार 'ऑ' ध्वनि और चिह्न से स्पष्ट अभिव्यक्ति हो गई–बाल (Hair) और बॉल (Ball)

हिंदी में आगत अंग्रेजी के जिन मूल शब्दों में 'ऑ' ध्वनि का प्रयोग हो, उन्हें उच्चारण और लेखन में उसी प्रकार रखना चाहिए; यथा–

Ball > बॉल, College > कॉलेज, Doctor > डॉक्टर आदि।

अंग्रेजी के लेखन में ह्रस्व और दीर्घ की व्यवस्था नहीं है। इसलिए हिंदी शब्दों के ह्रस्व का दीर्घ और दीर्घ ध्वनि का ह्रस्व हो जाना संभावित है; यथा–SAMAN का उच्चारण करना हो, और पहले से शब्द रूप का पता न हो, तो सामान या समान दोनों संभावित हैं। जहाँ पर अंग्रेजी का प्रभाव हिंदी पर उभर आता है, उससे बचकर

मानक रूप ही अपनाना चाहिए; यथा—अंग्रेजी के प्रभाव से मिश्र से मिश्रा और गुप्त से गुप्ता ही गए हैं। इसका कारण है कि अंग्रेजी में Lord Rama, Lord Krishna अर्थात् रामा और कृष्णा हो गए हैं। हिंदी के मानक रूप का चयन करना होगा—

अशुद्ध	शुद्ध (मानक)
रामा	राम
कृष्णा	कृष्ण
गोपला	गोपल
गुप्ता	गुप्त

हिंदी के कुछ पद नामों के स्त्रीलिंग पर भी ह्रस्व से दीर्घ करने का विपरीत प्रभाव दिखाई देता है। ऐसे अशुद्ध प्रयोग से बचना चाहिए; यथा—पदनाम, लिंग से प्रभावित नहीं होते हैं; यथा—

अंग्रेजी पदनाम	हिंदी पद नाम		
	पुल्लिंग	अशुद्ध	स्त्रीलिंग शुद्ध
Principal	प्राचार्य	प्राचार्या	प्राचार्य
Director	निदेशक	निदेशिका	निदेशक
Guide	निर्देशक	निर्देशिका	निर्देशक
Teacher	शिक्षक	शिक्षिका,	शिक्षक

ध्यातव्य है यदि राष्ट्रपति, प्रधानमंत्री, मुख्यमंत्री, राजदूत पदनाम लिंग से अप्रभावित रहते हैं, या दोनों लिंगों में समान रूप में प्रयुक्त होते हैं, तो वही नियम पद संदर्भ में सर्वत्र समान होगा।

यहाँ यह ध्यातव्य है कि बोल-चाल के व्यावहारिक भाषा-संदर्भ में कालेज, डाक्टर आदि शब्दों का प्रयोग भाव-संप्रेषण के लिए सरल लग सकता है, किंतु मानक हिंदी के प्रयोग में 'ऑ' का ही उपयोग करना चाहिए।

हिंदी पर उर्दू का गहरा प्रभाव दिखाई पड़ता है। इसका कारण है कि एक लंबे समय तक भारतवर्ष पर मुस्लिम शासन रहा है। उस समय शासन की भाषा फारसी थी। धीरे-धीरे हिंदी में अरबी, फारसी और तुर्की के शब्द प्रयुक्त होने लगे। इस प्रकार उनकी ध्वनियों को हिंदी में स्थान बनाने का अवसर मिल गया। इनके कुछ शब्द यदि तत्सम (मूल) रूप में प्रयुक्त होते हैं, तो कुछ तद्भव (परिवर्तित) रूप में; यथा—

फारसी-तत्सम शब्द : अगर, कबूतर, तबाह, दर्द, बुखार, शादी, हजार आदि।

फारसी-तद्भव शब्द : अंदाजा (अंदाजः), तराना (तरानः), परदा (पर्दः), रास्ता (रास्तः) आदि।

अरबी-तत्सम शब्द : आदमी, कमाल, तमाम, निकाह, मकान, शहद, हराम आदि।

अरबी-तद्भव शब्द : इंतजार (इंतिजार), कदर (कद्र), जनाजा (जनाजः), बिल्कुल (बिलकुल) आदि।

1.3.3 हिंदी स्वनिम (Hindi Phoneme)

मन में आए भावों या विचारों की अभिव्यक्ति के लिए मुख्यतः उच्चरित और लिखित दो आधारों को अपनाया जाता है। स्वन या ध्वनि में पर्याप्त विविधता होती है। अर्थात किन्हीं दो व्यक्तियों के द्वारा किसी भी ध्वनि के उच्चारण में पूर्ण समानता नहीं होती है। उनमें सूक्ष्म या सूक्ष्मतम अंतर होना स्वाभाविक है, क्योंकि प्रत्येक व्यक्ति के ध्वनि उत्पादक अवयवों–जीभ, दाँत, ओष्ठ और अलिजिह्वा आदि की संरचना अलग होती है।

व्यक्ति विशेष की ध्वनियों के अध्ययन हेतु विशेष रेखांकन पद्धति को अपनाया जाता है; यथा–वरुण, प्रभात और विनय के द्वारा 'क' ध्वनि और 'कमल' शब्द का उच्चारण हो, तो इस प्रकार अंकित किया जाएगा–

'क' ध्वनि उच्चारण–

वरुण द्वारा > क^1
प्रभात द्वारा > क^2
विनय द्वारा > क^3

कमल शब्द का उच्चारण–

वरुण द्वारा > क^{1}म^{1}ल^1
प्रभात द्वारा > क^{2}म^{2}ल^2
विनय द्वारा > क^{3}म^{3}ल^3

इनमें सभी लगभग समान ध्वनियों–'क', 'म', 'ल' को क्रमशः क^1, क^2, क^3, म^1, म^2, म^3 और ल^1, ल^2, ल^3 के मूलभूत इकाई के रूप में व्यवस्थित करते हैं। इस प्रकार एक स्वनिम में प्रयोक्ता के अनुसार तीन, दस, पचास ही नहीं सैकड़ों स्वन या ध्वनि हो सकती हैं। इसे संस्वन या संध्वनि कहते हैं।

स्वनिम की सर्व प्रमुख विशेषता यह है कि ये आपस में अर्थ भेदक होते हैं अर्थात स्वनिम अर्थ की दृष्टि आपस में व्यतिरेकी होते हैं। संस्वन के एक ही स्थान पर बदलने से अर्थ में परिवर्तन नहीं होता है; ऊपर लिखित तीन व्यक्तियों के उच्चरित शब्द के संस्वन बदलने से अर्थ नहीं बदलता; यथा–

क^{1}म^{1}ल^1 > क^{1}म^{2}ल^3 > क^{2}म^{1}ल^1 > क^{3}म^{2}ल^1

संस्वन यदि व्यक्ति के समान हैं, तो स्वनिम जाति के समान हैं। एक जाति में कई या अनेक व्यक्ति संभावित होते हैं, ऐसे ही एक स्वनिम में कई या अनेक संस्वन संभावित होते हैं।

इसी तथ्य को रेखांकित करते हुए डॉ. भोलानाथ तिवारी ने स्वनिम के स्थान पर 'ध्वनिग्राम' शब्द का प्रयोग कर इस प्रकार परिभाषित किया है, "ध्वनिग्राम किसी भाषा की वह अर्थभेदक ध्वन्यात्मक इकाई है, जो भौतिक यथार्थ न होकर मानसिक यथार्थ होती है तथा जिसकी एकाधिक ऐसी संध्वनियाँ होती हैं, जो ध्वन्यात्मक दृष्टि

से मिलती-जुलती, अर्थभेदकता में असमर्थ तथा आपस में या तो परिपूरक या मुक्त वितरण में होती हैं।"

स्वनिम और संस्वन के विषय में कहा जा सकता है कि एक भाषा के स्वनिम ध्वन्यात्मक दृष्टि से आपस में वितरण की दृष्टि से व्यतिरेकी (contrastive) होते हैं, तो एक ही स्वनिम के संस्वन ध्वनियाँ आपस में ध्वन्यात्मक दृष्टि से परिपूरक वितरण (complementary destribution) या मुक्त वितरण (Free variation) में होते हैं। ये ध्वन्यात्मक दृष्टि से लगभग समान होते हैं।

सामान्य भाषा प्रयोग और अध्ययन में 'स्वनिम' का विशेष महत्त्व है। संस्वन का महत्त्व व्यक्ति विशेष के पर्दे के पीछे होकर बोलने, दूरभाष आदि पर बोलने पर पहचान के लिए होता है।

इस प्रकार कह सकते हैं कि किसी भाषा की ध्वन्यात्मक इकाई, जो अर्थ की दृष्टि से आपस में व्यतिरेकी (Contrastive) या विपरीत हों, उन्हें 'स्वनिम' या ध्वनिग्राम कहते हैं।

स्वनिम के आधार पर भाषा के स्वन या ध्वनि का निर्धारण किया जाता और इसी आधार पर भाषा की वृहत्तर और वृहत्तम इकाइयों की व्यवस्था की जाती है।

स्वनिम का वर्गीकरण (Classification of Phoneme):–

स्वनिम भाषा की आधारभूत एवं महत्त्वपूर्ण इकाई है। इसलिए इसका व्यवस्थित वर्गीकरण किया गया है। स्वनिम को मुख्यतः दो वर्गों में विभक्त करते हैं–

1. खंड्य स्वनिम (Segmental Phoneme):–

ऐसे स्वनिम का उच्चारण स्वतंत्र रूप में किया जाता है। इसलिए भाषा की वृहत्तर इकाइयों में स्वनिम को अलग कर रेखांकित किया जा सकता है; यथा–'अब' शब्द में से 'अ' और 'ब' का स्वतंत्र रूप में उच्चारण किया जा सकता है। इस प्रकार भाषा व्यवस्था की महत्त्वपूर्ण आधारभूत इकाई स्वनिम है।

2. खंडेयतर स्वनिम (Suprasegmental Phoneme):–

ऐसे स्वनिम स्वतंत्र रूप में प्रयुक्त न होकर खंड्य स्वनिम के विशेष रूप में उच्चारण पर आधारित है। खंड्येतर स्वनिम का प्रयोग विशेष या परिवर्तित मन चाहे अर्थ के लिए किया जाता है। इसे बलाघात, सुराघात, अनुतान और संगम रूप में देख सकते हैं।

स्वनिम पहचान :–

ध्वनि संदर्भ में स्वनिम पहचान के लिए लघुतम स्वनिम युग्म अर्थात दो स्वनिम लेकर विश्लेषण करते हैं; यथा–

'तन'-'मन' दोनों शब्दों के अंत में 'न' ध्वनि प्रयुक्त है। आदि रूप में 'त' और 'म' ध्वनियों का प्रयोग हुआ है। इन्हीं दो ध्वनियों के आधार पर दोनों के अर्थ भिन्न हो गए। इस प्रकार 'तन' और 'मन' दोनों शब्दों में 'त', 'म', और 'न' तीन स्वनियों की पहचान होती है।

इसी प्रकार 'काम' और 'धाम' में 'क' के स्थान पर 'ध' के प्रयोग होने से अर्थ-भेद हो गया। इससे 'क' 'ध' और 'म' स्वनिम हैं। संपुष्टि है; इसके साथ ही शब्द के आदि मध्य, अंत्य तीनों स्थितियों में प्रयोग स्वनिम होने की संपुष्टि हैं; यथा—रमन, तरल, इतर में 'र' का प्रयोग तीनों स्थितियों में है।

हिंदी स्वनिम व्यवस्थाः—

हिंदी स्वनिम की चर्चा हिंदी 'स्वर' और व्यंजन संदर्भ में की जा चुकी है। यहाँ हिंदी स्वनिम को समग्रता से प्रस्तुत किया जा रहा है।

(अ) स्वर स्वनिम

हिंदी में निम्नलिखित स्वर स्वनिम हैं—

अ, आ, इ, ई, उ, ऊ, ऋ, ए, ऐ, ओ, औ

इन स्वर स्वनिमों की पहचान के लिए लघुतम व्यतिरेकी युग्म को प्रस्तुत कर विवेचन किया जा सकता है; यथा—

अ : अब-कब, अद्य-पद्य, अथ-मथ, अंत-पंत
आ : आप-माप, आना-जाना, आश-नाश, आया-गाया
इ : इस-उस, तिल-तेल, मिल-मैल, खिल-खील, खिल-खोल
ई : मील-मिल, मील-मेल, मिल-मैल, मिल-मल, मिल-माल
उ : उन-इन, उस-इस, चुना-चूना, कुल-काल, गुल-गाल
ऊ : जून-जैन, जूट-जाट, खून-खान, भूप-भाप, कूप-कोप
ऋ : ऋषि-रिपु, कृत-कुछ, गिर-गृहीत, मृग-मूल
ए : एक-आक, एक-ओक, मेल-माल, मेल-मोल, मेल-मूल
ऐ : मैल-माल, मैल-मोल, मैल-मूल, मैल-मल, पैर-पार
ओ : भोला-भाला, भोला-भूला, ओर-और, गोल-गाल, मोल-माल
औ : और-ओर, मौर-मोर, मौर-मार, लौटा-लोटा, लौटा-लुटा

हिंदी स्वर स्वनिम को शब्द में इनके प्रयोग और साथ ही इन्हें हटाकर रखने से इनके अर्थ संदर्भ व्यतिरेक को देखा जा सकता है; यथा—

अ : असत्य-सत्य, अपवित्र-पवित्र, अहिंसा-हिंसा
आ : आगमन-गमन, आपात-पात, आबाद-बाद
इ : इतना-तना, इनाम-नाम, तिल-तल
ई : ईमान-मान, ईशान-शान, मीन-मन
उ : उमर-मर, उधर-धर, उभय-भय
ऊ : ऊपर-पर, ऊसर-सर, ऊखल-खल
ए : एकल-कल, एकसी-कसी, एकांत-कांत
ऐ : ऐनक-नक, कैसा-कसा, मैना-मना

ओ : ओखल-खल, ओमान-मान, ओखली-खली

औ : औरत-रत, मौन-मन, तौल-तल

शब्द में प्रयुक्त स्वर या स्वर की मात्रा को विपर्यय रूप में अर्थात एक दूसरे के स्थान पर रखकर स्वनिम का अर्थ संबंधी व्यतिरेक देखा जा सकता है; यथा–

अ > आ–मरा-मार

अ > ई–परी-पीर

आ > ई–गाली-गीला, पाती-पीता, पापी-पीपा

आ > अ–ताप-तपा, पात-पता, राम-रमा

ई > आ–कीला-काली, नीमा-नामी, पीला-पाली, मीना-मानी

उ > आ–सुधा–साधु

ऊ > आ–भूला–भालू

ए > ओ–लेटो–लोटे

ओ > आ–डोला–डालो

ओ > ई–चोरी–चीरो

हिंदी में प्रयुक्त अंग्रेजी का 'ऑ' स्वनिम (ध्वनि) इससे संबंधित शब्द के उच्चारण और लेखन में प्रयोग करना आवश्यक है। इसके प्रयोग से ही भाव संप्रेषण में स्पष्टता तथा शुद्धता संभव है; यथा–

आ > बाल (hair) ऑ > बॉल (Ball) काफी (Sufficient) कॉफी (Coffee)

हिंदी व्यंजन स्वनिम

मानक हिंदी में व्यंजन स्वनिमों की अनुकूल व्यवस्था की गई है। इनमें अर्थ की दृष्टि से व्यतिरेक होता है। ये भावाभिव्यक्ति के लिए आधार इकाई है।

क	ख	ग	घ	ङ		
च	छ	ज	झ	ञ		
ट	ठ	ड	ढ	ण	ड़	ढ़
त	थ	द	ध	न		
प	फ	ब	भ	म		
य	र	ल	व			
श	ष	स	ह			

व्यंजन स्वनिमों की पहचान के लिए लघुतम व्यतिरेकी युग्म को प्रस्तुत कर विवेचन किया जा सकता है; यथा–

क	:	कब-जब, तब,	काम–धाम, राम, शाम
ख	:	खत-मत, शत,	खाता–माता, पाता, हाता
ग	:	गण-रण, कण;	गाना–दाना, माना, पाना
घ	:	घन-मन, तन;	घोड़ा–थोड़ा, मोड़ा फोड़ा

च : चना-घना, मना; चोट—मोट, रोट, खोट

छ : छत-नत, मत; छोटा—खोटा, मोटा, लोटा

ज : जब-कब, तब; जाग—भाग, राग, साग

झ : झाग-राग, भाग; झोका—रोका, टोका, कोका

ट : टन-तन, मन; टोना—कोना, खोना, धोना

ठ : ठना—तना, मना; ठेला-मेला, खेला, चेला

ड : डर-मर, घर; डेरा—तेरा, मेरा, हेरा

ढ : ढंग-तंग, झंग; ढंका—एका, पका, थका

ड़ : पड़-पर, खर; मोड़—मोर, मोद, मोल

ढ़ : पढ़-पट, पथ; चढ़—चर, चट, चख

ण : रण-रख, रम; गुण—गुर, गुम, गुल

त : तन-धन, मन; तेरा-मेरा, फेरा हेरा

थ : थान-मान, धान; थार—मार, तार, धार

द : दम-थम, हम; दाम—काम, धाम, राम

ध : धन-तन, मन; धोना—खोना, सोना, होना

न : नम-तम, हम; नाती—पाती, छाती, खाती

प : पान-मान, धान; पट—तट, लट, घट

फ : फल-तल, हल; फूल—कूल, तूल, मूल

ब : बल-फल, पल; बात—पात, सात, रात

भ : भान-तान, मान; भोग—रोग, योग, लोग

म : मन-तन, धन; मान—भान, खान, शान

य : यह-वह, सह; योग—भोग, रोग, लोग

र : राम-काम, धाम; रोना—धोना, खोना, सोना

ल : लाग-फाग, राग; लोग—भोग, रोग, योग

व : वन-धन, मन; वात—पात, मात, रात

श : शर-घर, तर; शाम—काम, धाम, राम

ष : षट-पट, तट; षंड (नपुंसक)—चंड (तेज), खंड

स : सर-पर, खर; सारा—कारा, मारा, हारा

ह : हर-घर, चर; हम—तम, सम, बम

हिंदी के व्यंजनों को एक दूसरे के स्थान पर रखकर स्वनिम के अर्थ भेदक रूप को देख सकते हैं; यथा—

क > थ—कथ-थक   क > न—कान-नाक

क > श—कोश-शोक   क > ह—कह-हक

ख > ल—खील-लीख   ख > स—खीस-सीख

ख > द—खाद-दाख   ख > प—खाप-पाख

ग > ज—गज-जग
ग > न—गाना-नागा
ग > ल—गोल-लोग
घ > म—घाम-माघ
र > च—चार-रचा
च > म—चाम-मचा
छ > क—छक-कछ
ज > ग—जग-गज
ज > ल—जाल-लाज
झ > म—झमा-मझा
ट > न—टन-नट
ट > ल—टाली-लाटी
ठ > ग—ठगा-गठा
ठ > स—ठेस-सेठ
ड > र—डार (डाल)-राड
त > न—तन-नत
त > ल—तल-लत
थ > क—थका-कथा
थ > म—थम-मथ
द > ग—दगा-गदा
द > न—दान-नाद
ध > स—धासू, साधू
ध > न—धानी, नाधी
न > द—नीद, दीन
न > त—नत-तन
प > क—पक-कप
ग > त—पात-ताप
फ > र—फेर-रेफ
फ > ट—फट-टफ
ब > च—बचा-चबा
ब > द—बाद-दाब
भ > ल—भाल-लाभ
भ > ग—भोगी-गोभी
म > ग—मग-गम
म > र—मार-राम

ग > त—गाता-तागा
ग > द—गदा-दगा
ग > म—गम-मग
घ > स—घूस-सूँघ
च > न—चना-नाच
च > क—चक-कच
छ > प—छापा-पाछा
ज > ब—जब-बज
ज > र—जारी-राजी
झ > र—झरी-रीझ
ट > र—टर-रट
ट > प—टोपी-पीटो
ठ > ग—ठगी-गठी
ठ > क—ठोक-कोठ
ड > र—डोर-रोड
त > म—तम-मत
त > तीस-सीत
थ > न—थन-नथ
थ > ह—थाह-हाथ
द > म—दम-मद
द > ल—देले-लेदे
ध > न—धन-नध
ध—र—धारा-राधा
न > र—नारी-रानी
न > म—नमी-नीम
प > न—पान-नाप
प > त—पोत-तोप
फ > क—फक—कफ
फ > स—फूसी-सूफी
ब > स—बस-सब
ब > क—बक-कब
भ > स—भास-सभा
भ > न—भान-नाभ
म > न—मन-नम
म > स—मास-साम

य > र—यार-राय		य > ह—यह-हय
य > म—यम-मय		य > न—यान-नया
र > म—मोर-रोम		र > ख—रखा-खरा
र > त—रात-तार		र > ह—रही-हरी
ल > ख—लख-खल		ल > त—लाती-ताली
ल > न—लाना-नाला		ल > स—लासा-साला
व > त—वात-तवा		व > न—वन-नव
श > व—शव-वश		श > क—शक-कश
श > प—शाप-पाश		श > र—शेर-रेश (रेशा)
स > र—सर-रस		स > ख—साख-खास
स > म—साम-मास		स > ह—सिंह-हिंस
ह > क—हक-कह		ह > थ—हाथ-थाह
ह > य—हय-यह		ह > म—होम-मोह

व्यंजन रूपिम की अर्थ-भेदकता (व्यतिरेकी) रूप उनकी प्रयुक्ति के साथ अनुपस्थिति में देख सकते हैं; यथा—

क	:	काम (क्आम) > आम	कमान > मान
		कमाल > माल	खाकी > खाई
ख	:	खाना (ख्आन्आ) > आना	लिखे > लिए
		चखना > चना	परख > पर
ग	:	गाता > आता	भागता > भाता
		गमन > मन	पगला > पला
घ	:	घाम > आम	माघ > मा
		घिसाई > इसाई	घोर > ओर
च	:	चोर > ओर	चाला > आला
		चीख > ईख	चोला > ओला
छ	:	छपकना > पकना	छदाम > दाम
		छोर > ओर	छोला > ओला
ज	:	जलचर > लचर	जलजात > लजात
		जमना > मना	जोट > ओट
झ	:	झटका > टका	झगड़ा > गड़ा
		झाखर > आखर	झारी > आरी
ट	:	टपका > पका	टहल > हल
		टाला > आला	टोक > ओक
ठ	:	ठंडा > अंडा	ठहरा > हरा

	ठोर > ओर	ठोस > ओस
ड :	डपटना > पटना	डबल > बल
	डोर > ओर	ड्रेस (ड्रेस) > रेस
ढ :	ढलाई > लाई	ढालू > आलू
	ढंग > अंग	ढोर > ओर
त :	तंग > अंग	तकली > कली
	तनाई > नाई	ताई > आई
थ :	थकान > कान	थान > आन
	थलचर > लचर	थाह > आह
द :	दखल > खल	दमन > मन
	दाम > आम	खोदना > खोना
ध :	धमार > मार	धाक > आक
	धोम > ओम	ध्यान > यान
न :	नकटा > कटा	नकली > कली
	नहर > हर	नाते > आते
प :	पचना > चना	पतला > तला
	तपना > तना	पोट > ओट
फ :	फकीर > कीर	फहराना > हराना
	फौरन > औरन	फौलाद > औलाद
ब :	बंडा > अंडा	बकसना > कसना
	बचना > चना	बोर > ओर
भ :	भगाना > गाना	भोज > ओज
	भालू > आलू	भोर > ओर
म :	मगर > गर	मचलना > चलना
	मलाई > लाई	मौर > और
य :	यजन > जन	यवन > वन
	याम > आम	यमल > मल
र :	रंग > अंग	रखाना > खाना
	रचना > चना	राम > आम
ल :	लकड़ी > कड़ी	लजाना > जाना
	लपेट > पेट	पटल > पट
व :	वजन > जन	मानव > मान
	पावन > पान	वरण > रण
श :	शंक > अंक	शजरा > जरा

	शमन > मन	शोहदा > ओहदा
ष :	षडग > डग	षंड > अंड
स :	संग > अंग	सघन > घन
	सपोला > पोला	सारी > आरी
ह :	हजार > जार	हताश > ताश
	हवन > वन	हेठा > ऐठा

1.3.4. अक्षर

अक्षर शब्द की संरचना 'क्षर' धातु के साथ 'अ' उपसर्ग प्रयोग से हुई है। 'क्षर' का शाब्दिक अर्थ है–क्षीण होना या नष्ट होना। भारतवर्ष में प्राचीन काल के ग्रंथों में 'अक्षर' शब्द का प्रयोग मिलता है। प्रारंभ में भाषा अखंड्य मानी जाती थी। इसलिए भाषा के अर्थ में अक्षर का प्रयोग होता था। परवर्ती काल में भाषा-अध्ययन में वाक्य और शब्द इकाइयों को स्पष्ट किया गया, तो शब्द को अक्षर के रूप में मान्यता मिली। ऐसे में शब्द को भाषा की अखंड्य इकाई में स्थान मिला। इसके बाद शब्द-अध्ययन में वर्ण और ध्वनि आधार पर विभाजन किया गया। अंग्रेजी में अक्षर के लिए सिलेबल (Syllable) का प्रयोग किया जाता है।

डॉ. भोलानाथ तिवारी ने अक्षर को परिभाषित करते हुए लिखा है–

"अक्षर एक ध्वनि या एकाधिक ध्वनियों की वह इकाई है, जिसका उच्चारण एक झटके (एक चेस्टपल्स या हृत्स्पंद) में होता है। इसमें एक स्वर अवश्य होता है। इसके पहले या बाद में एक या अधिक व्यंजन भी आ सकते हैं और नहीं भी।"

डॉ. कैलाशचंद्र भाटिया ने 'हिंदी भाषा में अक्षर तथा शब्द की सीमा' में अक्षर पर अपना विचार इस प्रकार व्यक्त किया है–

"अक्षर का अर्थ जो तोड़ा या खंडित न किया जा सके, प्रचलित होने के कारण पहले भाषा या वाक् के लिए अक्षर का प्रयोग किया जाता था, तत्पश्चात शब्दांश के लिए स्थिर हुआ।"

अक्षर के संदर्भ में सर्वाधिक ध्यातव्य तथ्य यह है कि यह लेखन की इकाई न होकर उच्चारणात्मक प्रक्रिया की विशेष इकाई है। इसे सरल रूप में इस प्रकार परिभाषित किया जा सकता है–

'अक्षर भाषा की वह मुखर इकाई है, जो निःश्वास की वायु के एक प्रवाह या झटके में उच्चरित हो तथा उसमें एक स्वर या एकाधिक स्वर एक साथ या स्वरवत व्यंजन हो।'

इस प्रकार स्पष्ट है अक्षर की संरचना में स्वर का विशेष महत्त्व है। हिंदी शब्दों में आक्षरिक संरचना का विवेचन किया जा सकता है।

एकाक्षरी शब्दः–

जब शब्द में एक स्वर हो और उसके साथ व्यंजन हो या न हो, तो वह एकाक्षरी शब्द होगा। व्यंजन का प्रयोग संख्या में एक अथवा एक से अधिक हो सकती है; यथा–

1. स्वर (v)–आ

2. स्वर+व्यंजन (vc)–अब्, आप्, आज्

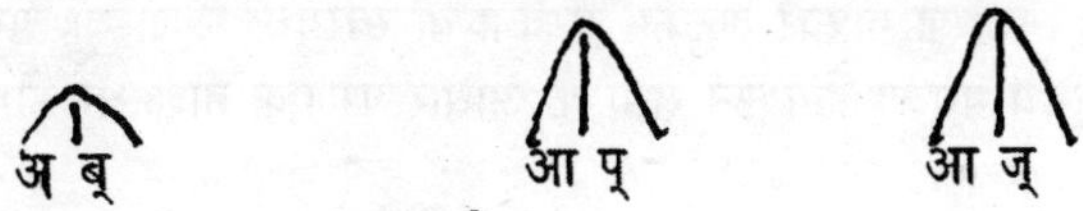

3. व्यंजन+स्वर (cv)–खा, जा, सो।

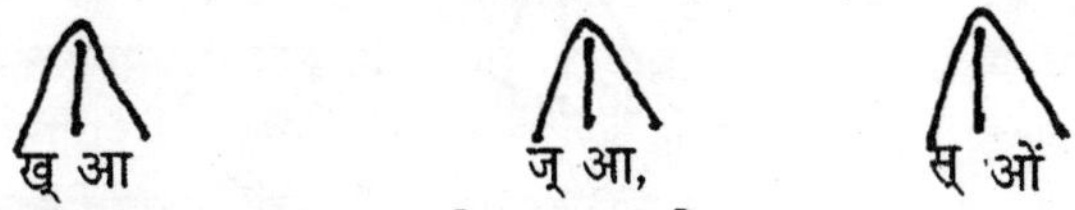

4. व्यंजन+स्वर+व्यंजन (cvc)–तिल्, चल्, दिल्।

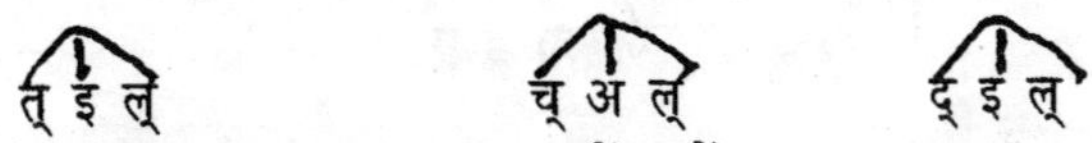

5. व्यंजन+व्यंजन+स्वर (ccv)–क्या, क्यों, ज्यों।

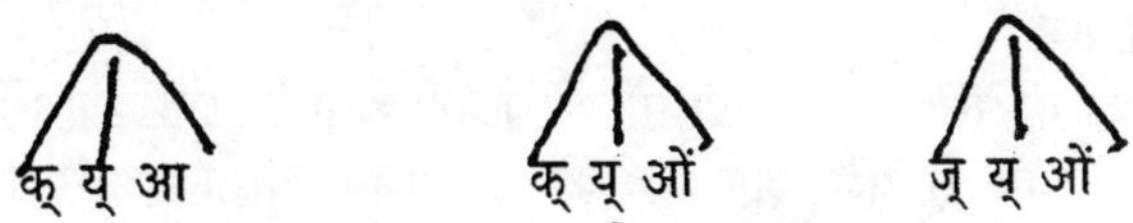

6. व्यंजन+व्यंजन+स्वर+व्यंजन (ccvc)–प्रिय, प्यार, त्याग।

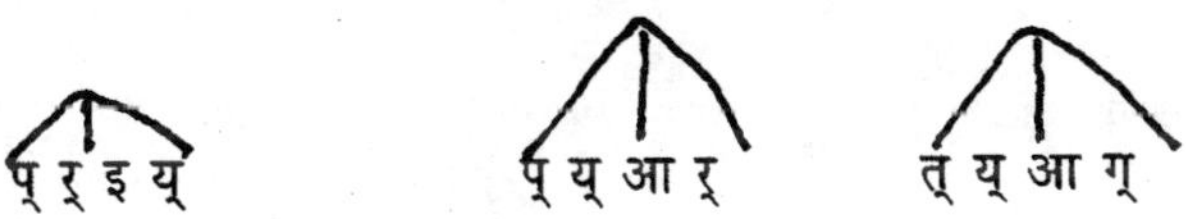

7.यंजन+स्वर+व्यंजन+व्यंजन+व्यंजन+व्यंजन (cvcccc)–वर्त्स्य

8. व्यंजन+व्यंजन+स्वर+व्यंजन+व्यंजन+व्यंजन (ccvccc)–स्वास्थ्य।

हिंदी शब्दों के उच्चारण संदर्भ में ध्यातव्य है कि यदि शब्द का अंतिम व्यंजन अपने मूल ह्रस्व रूप में मात्रा रहित है, तो उसका शब्द का उच्चारण व्यंजनांत होगा। इसी सिद्धांत आधार पर अक्षर के स्वरूप सामने आते हैं।

अक्षर निर्धारण में स्वर अनुक्रम संरचना या स्वरगुच्छ में दो या तीन जितने भी स्वर एक साथ प्रयुक्त होंगे उन सभी के आधार पर एक ही अक्षर होगा; यथा–

आइए > आ इ ए

जाइए > ज्आइए

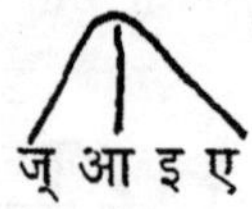

द्वयाक्षरी शब्द

कुछ शब्दों की संरचना में दो अक्षरों की योजना होती है, उन्हें द्वयाक्षरी शब्द कहते हैं। इस संरचना से अक्षर और शब्द की अतःयोजना के साथ अक्षर का स्वरूप भी सामने आता है; यथा–

चला +च्अलआ

पाया > प्आय्आ

कमान > क्अमआन्

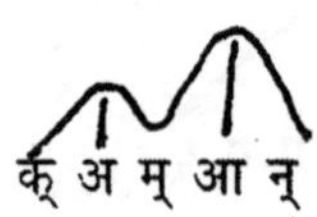

त्र्याक्षरी शब्द

जिन शब्दों की संरचना में तीन अक्षरों की योजना होती है, उन्हें त्र्याक्षरी शब्द कहते हैं; यथा–

यमुना > य्अम्उन्आ

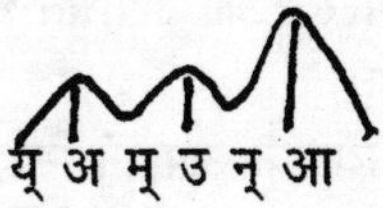

मनोहर > म्अन्ओह्अर्

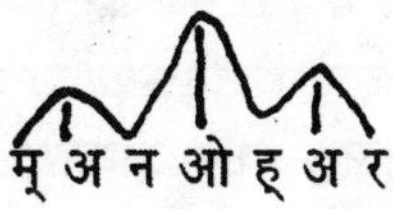

अत्याचार > अत्य्आच्आर्

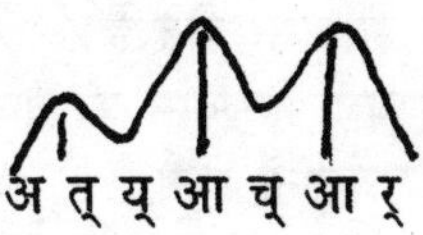

बहुअक्षरी शब्द

जब शब्द की संरचना में तीन से अधिक अक्षरों की योजना हो, तो उसे बहु अक्षरी शब्द कहते हैं। इसे ध्वन्यात्मक स्वरूप में स्पष्ट रूप से अनुभव कर सकते हैं; यथा–

मनोहारी >

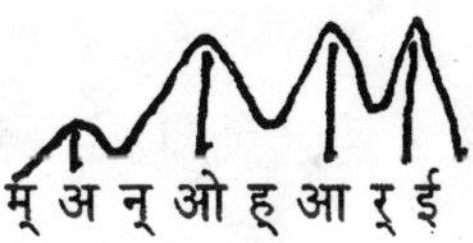

अनुमानित >

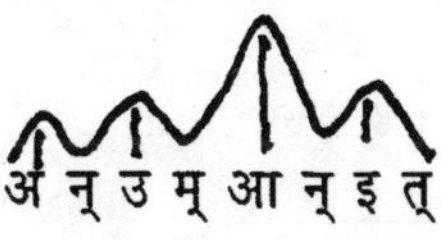

शुभाशीर्वाद >

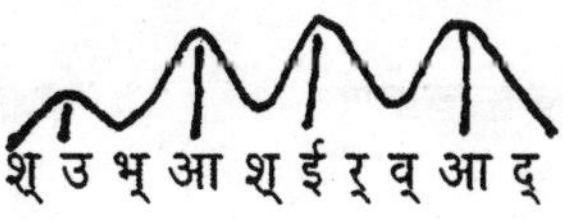

अंतरराष्ट्रीय >

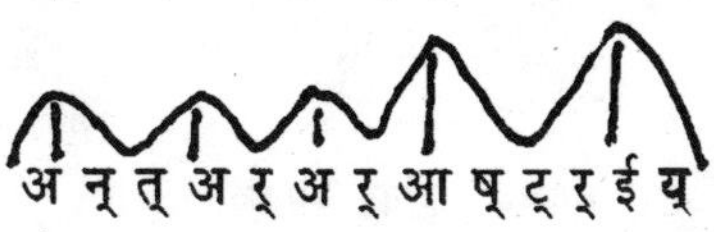

इस प्रकार शब्द में प्रयुक्त अक्षर के विविध रूपों में स्वर की अनिवार्यता स्पष्ट होती है। अक्षर के संदर्भ में उच्चारण श्रवण सिद्धांत प्रभावी होता है। उच्चारण में वायु-प्रवाह के साथ मुखर ध्वनि से अक्षर का रूप सामने आता है। यह भी सुस्पष्ट है कि मुखर ध्वनि में स्वर की अपेक्षित भूमिका होती है।

अक्षर उत्पादन-सिद्धांत

ध्वन्यात्मक इकाई अक्षर के उत्पादन सिद्धांत के आधार पर उसके व्यावहारिक पक्ष का स्पष्ट ज्ञान होता है। इसके निम्नलिखित संदर्भ सामने आते हैं।

1. लिखित रूप में स्वर वर्ण की प्रयोग स्थिति के आधार पर अक्षर का निर्णय किया जाता है। शब्द में जितने स्वर या स्वरगुच्छ होते हैं, इतने अक्षर होते हैं।

2. अक्षर गत्यात्मक ध्वनि आधारित इकाई है। फेफड़े के संकुचन से वायु का प्रवाह ध्वनि उत्पादन में सहयोगी होता है। अतः फेफड़े का जितनी बार संकुचन का आभास हो, उतने ही अक्षर होते हैं।

3. फेफड़े से चली निःश्वास की वायु का आरोही प्रवाह जितनी बार होता है, उतने ही अक्षर की योजना होती है।

अक्षर-परिवर्तन

भाषा के मानक और त्वरित उच्चारण में अक्षर-परिवर्तन के स्पष्ट रूप सामने आते हैं; यथा—

मानक लेखन		**उच्चारण**	**अक्षरात्मक रूप**
चलता	च् अ ल् अ त् आ	> चल्ता	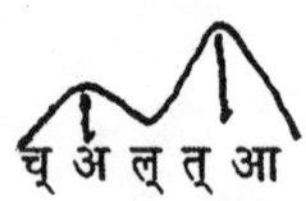
सिलता	> स् इ ल् अ त् आ	> सिल्ता	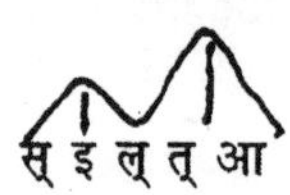

मानक लेखन-उच्चारण त्वरित उच्चारण

डॉक्टर साहब > डाक्ट साहब

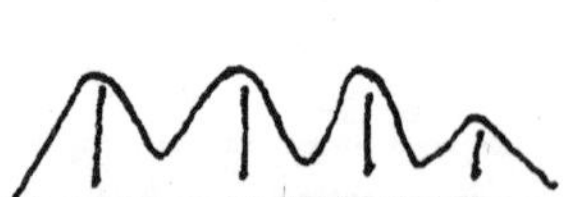

> डाक्साब

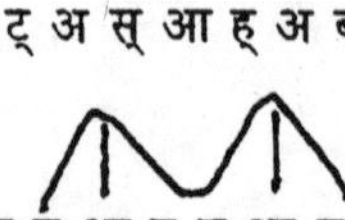

यहाँ मानक शब्दों डॉक्टर साहब के उच्चारण में चार अक्षर हैं। जब त्वरित उच्चारण में प्रबलता हो, तो डाक्साब् दो अक्षर ही रह जाते हैं।

अक्षर : संरचनात्मक स्वरूप

अक्षर के आधार स्वर हैं। स्वर की उपस्थित में वायु का आरोही प्रवाह और मुखरता से अक्षर का रूप सामने आता है। अक्षर की अंतिम ध्वनि के स्वरात्मक या व्यंजनात्मक रूप के आधार पर संरचना का निर्धारण किया जाता है।

1. बद्धाक्षर (Close)–जब अक्षर की अंतिम ध्वनि व्यंजन हो, तो उसे बद्धाक्षर या व्यंजनांत अक्षर कहते हैं; यथा–

तन् > त अ न्　　　　तीन् > त् ई न्

राम > र् आ म्　　　　कौन > क् औ न्

2. मुक्ताक्षर (Open)–जिस अक्षर की संरचना में अंतिम ध्वनि स्वर हो, उसे मुक्ताक्षर कहते हैं। इसे स्वरांत अक्षर भी कहते हैं यथा–

आ > आ　　　　जा > ज्आ

अक्षर भाषा की उच्चारणात्मक प्रक्रिया की लघुतम और महत्त्वपूर्ण इकाई है। इस प्रकार स्पष्ट रूप से कह सकते हैं कि अक्षर भाषा के शुद्ध उच्चारण का आधार है। अक्षर ज्ञान के आधार पर मानक उच्चारण सुनिश्चित हो जाता है।

अक्षर विभाजन : शुद्ध उच्चारण का आधार :–

एकाक्षरी शब्द के उच्चारण में एक ही आरोही शीर्ष होता है। वह ही मुखर ध्वनि होती है अर्थात् उसी पर ही बलाघात होता है; यथा–

राम > र् आ म्　　　　श्याम > श् य् आ म्　　　　त्याग > त् य् आ ग्

द्वयाक्षरी शब्द लिखित उच्चरित

मिलता >　　　　मइल्-तआ, मइ-ल्त्आ,　　　　मइल्त्-आ

मक्का > मक्-का, म्अ-क्क्आ, म्अक्क्-आ

मानक > म्आ-न्अक्, म्-आन्अक्, म्आन्-अक

इनमें प्रथम विभाजन शुद्ध है, शेष अशुद्ध माने जाते हैं।

यहाँ 'मिलता' ऐसे 'चलता', 'खिलता' आदि शब्दों को त्वरित उच्चारण में ह्रस्व 'ल' स्वर-विहीन हो जाता है। इसका कारण है जब शब्द के मध्य में ह्रस्व व्यंजन के बाद दीर्घ व्यंजन आए, तो उसकी दीर्घ बलाघाती रूप ह्रस्व के आक्षरिक रूप को समाप्त कर स्वरविहीन कर देता है। हिंदी के शब्दांत दीर्घ व्यंजन के पूर्व ह्रस्व मूल व्यंजन अर्थात मात्रा रहित व्यंजन का उच्चारण में स्वरविहीन होने की सामान्य प्रवृत्ति है; यथा–

लेखन स्वरूप		**उच्चारण स्वरूप**
खुलता (ख् उ ल् अ त् आ)	>	ख् उ ल् त् आ (खुल्ता)
सुनता (स् उ न् अ त् आ)	>	स् उ न् त् आ (सुन्ता)
रमता (र् अ म् अ त् आ)	>	र् अ म् त् आ (रम्ता)

त्रयाक्षरी शब्दः–

अक्षर विभाजन में अनुकूल स्थान पर अल्पकालिक संगम होता है। उच्चारण में इसके अभाव या प्रतिकूल स्थान पर अल्पकालिक संगम होने से सहजता गायब हो जाती है, साथ अर्थबोध जटिल हो जाता है। उपयोगी आक्षरिक विभाजन और बलाघात भाषा की सहज और शुद्ध अभिव्यक्ति का आधार बनता है; यथा–

धरोहर > ध् अ र् ओ ह् अ र्

धूअ-र्ओ-ह्अर्

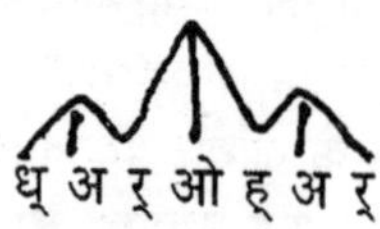

समाचार > स् अ म् आ च् आ र्

स्अ-म्आ-च्आर्

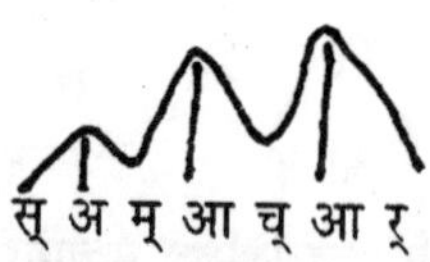

एक से अधिक अक्षर वाले अर्थात बहु अक्षरी शब्दों में बलाघात का शीर्ष किसी एक अक्षर पर होता है। जिसे रेखांकन से अनुभव कर सकते हैं।

अक्षर विभाजन की कुछ प्रवृत्तियाँ हैं, जिसे इस प्रकार रेखांकित कर सकते हैं–

1. हिंदी शब्द के आदि में एक या अधिक जितने भी व्यंजन होते हैं वे साथ

आनेवाले आगे के स्वर से मिलकर अक्षर बनाकर उच्चारण के आधार सिद्ध होते हैं; यथा–

मान > म् आ न्

क्या > क् य् आ

रतन > र् अ त् अ न्

2. हिंदी शब्द के अंत में जितने भी व्यंजन होते हैं, उनका उच्चारण या अक्षर स्वरूप उनसे पूर्व के प्रयुक्त स्वर के साथ होता है; यथा–

तन > त् अ न्

तान् > त् आ न्

सुमन् > स् उ म् अ न्

सामान > स् आ म् आ न्

अत्याचार > अ त् य् आ च् आ र्

सुस्वास्थ्य > स् उ स् व् आ स् थ् य

3. हिंदी शब्द के मध्य व्यंजन बाद में प्रयुक्त आगामी स्वर के साथ मिलकर अक्षर का सृजन करते हैं। इससे उच्चारण का शुद्ध रूप सामने आता है; यथा–

समाचार > स अ मा आ च् आ र्

हिमालय > ह् इ म् आ ल अ य

4. हिंदी शब्द के मध्य यदि अनुक्रम में अर्ध और पूर्ण व्यंजन आएँ या संयुक्त व्यंजन आए, तो अक्षर-विभाजन या उच्चारण में अर्ध व्यंजन पूर्ववर्ती स्वर के साथ हो पूर्ण व्यंजन परवर्ती या आगमी स्वर के उच्चरित होगा; यथा–

चंपा (चम्पा) > च् अ म् प् आ

तुम्हारी > त् उ म् ह् आ र् ई

5. यदि शब्द के मध्य अंतस्थ व्यंजन य, र, ल, व के पूर्व अर्ध व्यंजन प्रयुक्त हो, तो उच्चारण अर्थात अक्षर संरचना में निम्नलिखित स्वरूप सामने आते हैं–

जब अंतस्थ व्यंजन वर्ण के पूर्व अर्ध महाप्राण व्यंजन हो, तो उच्चारण में उसी वर्ग का अल्पप्राण ध्वनि भी उभर आती है; यथा–

अभ्यास > अ ब् भ् य् आ स् (अब्भ्यास्)

अध्ययन > अ द् - ध य य न - अ द् ध य् अ य् अ न्

विख्यात > व इ क - ख य आ त

यदि अंतस्त व्यंजन वर्ण के पूर्व अल्पप्राण अर्ध व्यंजन का प्रयोग हो, तो उच्चारण या अक्षर में उसका द्वित्त या दीर्घ रूप हो जाता है; यथा–

अन्य > अ न् न् य्

अन्वय > अ न् न् व् अ य्

विक्रम (विक्रम) > > व् इ क् र् अ म्

विद्वान (विद्वान) > > व इ द् - द् व् आ न्

6. दो शब्दों के सामासिक स्वरूप होने पर अक्षर की संख्या में भिन्नता आ जाती है; यथा–

घोड़ा दौड़ >घुड़दौड़ घ ओ ड़् आ द् औ ड़ >घ् उ ड़् द् औ ड़्

7. त्वरा में बोलने पर अक्षरों की संख्या सिमट जाती है; यथा–
डॉक्टर साहब > डाक्टसाहब > डाक्साब

ड् ऑ क् ट् अ र् स् आ ह् अ ब् > ड् आ क् स् ओ ब्

यह मानक हिंदी की आक्षरिक संरचना और उच्चारण प्रक्रिया पर विचार किया गया, आंचलिकता के प्रभाव से अक्षर संरचना में परिवर्तन होना स्वाभाविक है; यथा–

भ्राता (भ्राता) > भ्र्आ-त्आ– भ् र् आ त् आ

भाई > भ्आ-ई– भ् आ ई

भइया > भ्अइय्आ– भ् अ - इ - य आ

भैय्या > भ्ऐय-य्आ– भ् ऐ य् य् आ

1.3.5 संगम और सेतु (Juncture and Bridge)

उच्चरित भाषा में ध्वनियों के व्यवस्थानुसार क्रमिक उच्चारण से अक्षर शब्द पद और वाक्य की संरचना होती है। ध्वनियों के अनुकूल उच्चारण से ही शुद्ध अर्थ की अभिव्यक्ति होती है। इसे सेतु कहते हैं। भाव-संप्रेषण के लिए भाषा में प्रयुक्त क्रमिक ध्वनियों की निकटता या अंतराल में विविधता होती है। कभी दो क्रमिक ध्वनियों को एक सहज उच्चार में प्रयोग किया जाता है, तो कभी दोनों के मध्य अंतराल, विराम, अनुच्चरित-पल, व्यवधान या रुकावट होती है। इस विराम काल को Pause कहते हैं। एक ध्वनि से दूसरी ध्वनि पहुँचने और उच्चार के संक्रमण काल को Transition और उच्चार की विभिन्न स्थितियों के संगम juncutre और अर्थ बोध आधार को सेतु (Bridge) कहते हैं। उच्चारण को इस विविधता को मुख्य चार वर्गों में विभक्त कर उनके स्वरूप को स्पष्ट किया जा सकता है।

(अ) जब वक्ता उच्चारण प्रक्रिया में दो क्रमिक ध्वनियों को बिना विराम, अंतराल या अवरोध के एक सहज उच्चार में प्रयोग करता है। ऐसे उच्चार में दोनों ध्वनियों की पूर्ण निकटता स्पष्ट है; यथा–

अंक (अङ्क) > अ ङ् क अ ङ् क्

पंच (पञ्च) > प् अ ञ् च प् अ ञ् च्

अंक के 'ङ' और क् ध्वनियों के उच्चार संदर्भ में इनके मध्य कोई अंतराल नहीं है।

(आ) शब्द की ध्वनियों के क्रमिक उच्चारण में कभी-कभी निकट की दो ध्वनियों के मध्य अल्प अंतराल या विराम आ जाता है। यह अंतराल दोनों ध्वनियों की उच्चारण स्वरूप भिन्नता के कारण है। पूर्व ध्वनि के उच्चारण के बाद दूसरी ध्वनि के उच्चारण प्रक्रिया तक तैयार होने के लिए समय लग जाता है। यही अंतराल शून्य या शांत काल लगता है; यथा–

लेखन	उच्चारण	संगम
चलता	चल्ता (च्अल्त्आ)	च् अ ल् त् आ
सुनता	सुन्ता (स्उन्तआ)	स् उ न् त् आ

यहाँ 'ल्' ध्वनि के उच्चार के बाद पल भर के संक्रमण काल में किसी ध्वनि का आभास नहीं होता है और फिर 'त्' के उच्चार से ध्वनि का आभास होता है। इसी प्रकार 'सुनता' के उच्चार में 'न्' और 'त्' की यही स्थिति के साथ अर्थबोध होता है।

(इ) उच्चारण प्रक्रिया में कभी-कभी अर्थ बोध के लिए दो ध्वनियों के मध्य अंतराल रखा जाता है अर्थ एक ध्वनि के उच्चारण के बाद पल भर अनुच्चार की स्थिति में रहकर दूसरी ध्वनि का उच्चारण किया जाता है; यथा—

'सम बल' के समान बल अर्थ में बोलने पर 'सम्' 'बल' अर्थात 'म्' और 'ब' के मध्य उच्चार में अंतराल रखना होगा—

लेखन	**उच्चारण**	**संगम-सेतु**
सम बल	स्अम् ब्अल्	स् अ म् · ब् अ ल्

यदि दोनों के मध्य उच्चार में अंतराल न होगा, तो अर्थ बदल जाएगा—

उच्चारण	**संगम-सेतु**
सम्बल (संबल)	स् अ म् ब् अ ल्

इसी प्रकार 'कम बल' और कंबल (कम्बल) के 'म' और 'ब' के मध्य उच्चार अंतराल और उच्चार निकटता में अर्थ भेद का अनुभव कर सकते हैं—

'कम बल' > क् अ म् ' ब् अ ल

कंबल (कम्बल) > क् अ म् ब् अ ल्

(ई) हिंदी वाक्यों में कभी-कभी किसी पद पर बलाघात करते हुए विशेष अर्थ अभिव्यक्ति के लिए श्वास के साथ उच्चार को रोक दिया जाता है। भाषा में विशेष अर्थ अभिव्यक्ति की विशेष पद्धति है; यथा—

रोको मत जाने दो।	रोको मत **जाने दो**।
रुको मत जाओ।	रुको मत **जाओ**।
हँसो मत लिखो।	हँसो मत **लिखो**।

यहाँ प्रथम वाक्य 'रोको मत जाने दो' के पूर्व रूप में 'रोको' क्रिया पर बलाघात देने के बाद उच्चार में अंतराल आने से 'रोकने' का अर्थ प्रकट हो रहा है। उत्तर

रूप में 'जाने दो' के पूर्व उच्चार में अंतराल देकर बलाघात होने से 'जाने देने' का विपरीत अर्थ प्रकट हुआ है।

इसी प्रकार द्वितीय वाक्य में 'रुको' और 'जाओ' के उच्चार अंतराल और बलाघात से 'रुकने' और 'जाने' का विपरीत अर्थ-बोध हो रहा है, तो तृतीय वाक्य में 'हँसो' और 'लिखो' के उच्चार अंतराल और बलाघात से 'हँसने' और 'लिखने' का विपरीत अर्थ बोध हो रहा है।

इस प्रकार उच्चारण प्रक्रिया में संगम की स्थिति आने के मुख्य दो कारण हैं। प्रथम क्रमशः उच्चरित दो निकटस्थ ध्वनियों के ध्वनि उत्पादन प्रक्रिया में भिन्नता, जिससे एक ध्वनि के उच्चार के बाद दूसरी भिन्न प्रकृति के उच्चारण में प्रयुक्त ध्वनि अवयवों के तैयारी में लगने वाला समय द्वितीय विशेष अर्थ अभिव्यक्ति या अर्थ भिन्नता का आधार; यथा–मिलता > मिल्ता में 'ल्' और 'त्' ध्वनि 'नल की' और 'नलकी' के उच्चारण की भिन्नता या संक्रमित रूप से अर्थ भेद है–

नल की > न् अ ल् क् ई–'नल' संज्ञा के साथ संबंध कारक 'की' चिह्न प्रयोग।

नलकी > न् अ ल् क् ई–नल की टोंटी

संगम दो ध्वनियों के मध्य होता है। ध्वनियाँ स्वर+स्वर, स्वर+व्यंजन, व्यंजन+व्यंजन अथवा व्यंजन+स्वर सभी प्रकार से संभावित होती हैं। संगम के स्वरूप को इन्हीं वर्गों के आधार पर विवेचन कर सकते हैं।

1. स्वर+स्वर संगम : जब दो स्वर क्रमशः एक साथ प्रयुक्त हों, तो उच्चारण की ऐसी संगम स्थिति होती है; यथा–

सु+अवसर-सुअवसर > स् उ अ व् अ स् अ र्

आओ+अब–आओ अब > आ ओ अ ब्

बापू+आओ–बापू आओ > ब् आ प् ऊ आ ओ

2. स्वर+व्यंजन संगम : जब दो निकटवर्ती ध्वनियों में पूर्ववर्ती ध्वनि स्वर और परवर्ती ध्वनि व्यंजन हो, तो ऐसी संगम स्थिति होती है; यथा–

पी लिया > पृई लइयृआ–पृ ई लृ इ यृ आ

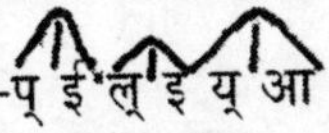

पीलिया > पृईलइयृआ–पृ ई लृ इ यृ आ

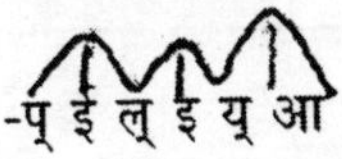

यहाँ 'पीलिया' में 'ई' और 'लृ' स्वर व्यंजन के मध्य अंतराल विशेष अर्थ 'पान कर चुका' का बोध होता है, तो 'पीलिया' में 'ई' और 'लृ' स्वर व्यंजन का अल्प अंतराल विशेष 'पीत' रोग का अर्थ बोध कराता है।

आ जाओ > आ जृआओ

यहाँ 'आ' और 'जृ' एक ही क्रिया पद में प्रयुक्त स्वर व्यंजन ध्वनियों के मध्य उच्चारण में सीमित अंतराल देख सकते हैं।

3. **व्यंजन+व्यंजन :** जब दो क्रमिक निकटवर्ती दो ध्वनियाँ व्यंजन होती हैं, तो उनके उच्चरित रूप में संगम स्वरूप का विश्लेषण कर सकते हैं; यथा–

चलता > चल्ता > चृअलृतृआ (लृ+तृ)

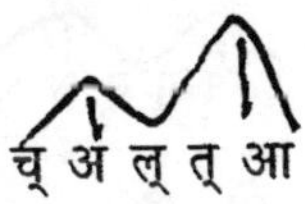

इनकार > इन्कार > इनृकृआर (नृ+कृ)

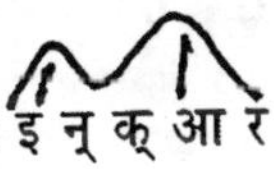

भाग लो > भाग लो > भृआगृ लृओ (गृ+लृ)

चल पड़ो > चलृ पड़ो > चअलृ पअड़ओ (लृ+पृ)

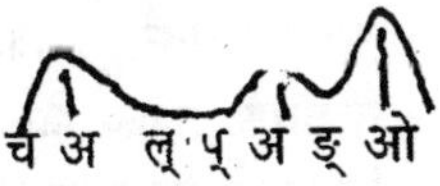

यहाँ 'चल्ता' और 'इन्कार' उच्चारण में अत्यंत अल्प अंतराल या विराम है, तो 'भागृ लो' में एक पदानुरूप अल्प अंतराल या विराम है।

4. **व्यंजन+स्वर :** हिंदी उच्चारण में कभी-कभी व्यंजन और स्वर का क्रमिक एवं निकटवर्ती रूप में प्रयोग होता है। इस स्थिति में संगम के स्वरूप सामने आते है; यथा–

मिल आओ > मिल् आओ > मइल् आओ (ल्+आ) म इ ल् आ ओ

लिख आया > लिख् आया > लइख् आयूआ (ख्+आ) ल इ ख् आ यू आ

इस प्रकार हिंदी संगम को अंतराल या विराम के आधार पर तीन वर्गों में विभाजित किया जा सकता है–

1. अति लघु अंतराल संगम

जब दो क्रमिक प्रयुक्त निकटस्थ ध्वनि के उच्चारण स्थान या उच्चारण प्रक्रिया में भिन्नता होती है, तो अति लघु अंतराल संगम होता है। ऐसे में शब्द के मध्य स्वर-स्वर, स्वर-व्यंजन, व्यंजन-व्यंजन, व्यंजन-स्वर आ सकते हैं; यथा–

मिलता > मिल्ता > मूइलूतूआ (ल्+त्)

चिमटा > चिम्टा > चूइमूटूआ (म्+ट्)

कभी-कभी अर्थ बोध के लिए क्रमिक प्रयुक्त निकटतम दो ध्वनियों के मध्य अति लघु अंतराल संगम होता है; यथा–

कम बल > क् अ म् ब् अ ल् कंबल (कम्बल) > क् अ म् ब अ ल्

पी ली > प् ई ल् ई पीली > प् ई ल् ई

2. लघु अंतराल संगम

उच्चारण में भाषा की इकाई पद आधार पर संगम की योजना होती है। सामान्य उच्चारण में प्रत्येक पद का एक साथ प्रयोग अनिवार्य होता है; यथा–

विजयने+मयंक से+कहा था। वेदको+घर+जाना है।

यदि यह अंतराल व्यवस्था-संगम इससे भिन्न होगी, तो अर्थ–अभिव्यक्ति बाधित और उच्चारण अशुद्ध होगा; यथा–

विजय+ने मयंक+से कहा था। वेद+को घर+जाना+है।

हिंदी भाषी यदि 'विजय+ने मयंक+से कहा था।' उच्चारण करें, तो उसे सहज रूप में अपनी गलती का आभास हो जाएगा।

भाषा प्रयोक्ता के उच्चारण में जब कुछ त्वरा होती है, तो अर्थ अभिव्यक्ति की स्पष्टता की दृष्टि से अंतराल व्यवस्था संगम, उद्देश्य, विधेय, पदबंध और उपवाक्य-आधार पर होती है; यथा–

दशरथ के पुत्र राम+वन+गए। उसने कहा+मैं जा रहा हूँ।

भाषा प्रयोक्ता उच्चारण के समय सहज रहने के लिए बीच-बीच में साँस लेना चाहता है। अर्थ अभिव्यक्ति स्पष्ट और अनुकूल रहे, इस हेतु अल्प विराम (,) और अर्ध विराम (;) पर अंतराल व्यवस्था संगम होता है; यथा–

मैंने कहा था, - किंतु रुकूँगा नहीं।

औरत खड़ी है, उसकी गोदी में बच्चा है, वह रो रहा है।

दीर्घ अंतराल संगम :–

भाषा की लघुतम, स्वतंत्र पूर्ण सार्थक इकाई वाक्य है। पूर्ण अर्थ की अभिव्यक्ति के पश्चात अपेक्षित विराम या अंतराल होना चाहिए। इसीलिए विराम चिह्नों में 'पूर्ण विराम' का प्रयोग किया जाता है। इसके साथ प्रश्नवाचक और विस्मयादिबोधक चिह्नों के बाद दीर्घ अंतराल के साथ संगम की स्थिति होती है; यथा–

अधिकार से अधिक कर्त्तव्य का महत्त्व है।

आप कल बहुत देर तक क्या लिख रहे थे?

मैं लगातार आपको देखता रहा, किंतु आपने सिर ही नहीं उठाया।

वसंत आ गया। देखो चारों ओर फूल खिले हैं।

वह घनी अँधेरी रात में जंगल जा रहा है! मैं तो सुनकर ही घबड़ा गया हूँ।

इस प्रकार स्पष्ट, शुद्ध और मनोनुकूल भावाभिव्यक्ति के लिए ध्वनियों के मध्य अनुकूल अंतराल या विराम के आधार पर संगम की योजना की जाती है। संगम में परिवर्तन कर समान ध्वनियों से भिन्न अर्थ की अभिव्यक्ति की उल्लेखनीय शक्ति है; यथा–

पीली > पृ ई लृ ई–'पीली' विशेष रंग (विशेषण)

गी ली > पृ ई लृ ई–पी लिया (क्रिया)

निश्चय ही संगम भाषा के उच्चरित स्वरूप को शुद्ध, स्पष्ट और प्रभावी बनाने की महत्त्वपूर्ण व्यवस्था है। इससे भाषा में अपेक्षित संप्रेषणीयता और अभिव्यक्ति का दिशा मिलती है।

1.3.6 बलाघात

उच्चारण प्रक्रिया में बलाघात का विशेष महत्त्व है। 'बलाघात' 'बल' और आघात दो शब्दों के योग से बना है। शब्द की विभिन्न ध्वनियों पर उच्चारण का समान

बल नहीं पड़ता है। उनमें अल्पाधिक भिन्नता अवश्य होती है। भाषा की जिस इकाई—ध्वनि, अक्षर, शब्द, पद या वाक्य पर उच्चारण में अन्य को अपेक्षा अधिक बल पड़ता है, उसे बलाघात कहते हैं। शुद्ध और स्पष्ट उच्चारण से ही अनुकूल उपयोगी अभिव्यक्ति होती है। इसमें बलाघात का अनुकूल रूप होना अनिवार्य होता है। अर्थ अभिव्यक्ति संदर्भ में अक्षर, शब्द और पद की प्रभावी भूमिका होती है।

बलाघात के संदर्भ में निम्नलिखित तथ्य सामने आते हैं—

भाषा की लघुतम स्वतंत्र और सार्थक इकाई शब्द है। शब्द में जितने अक्षर की योजना होगी, उच्चारण में बलाघात के उतने ही रूप होंगे; यथा—

श् य् आ म्   स् आ म् आ न्   स् अ म् आ च् आ र्

श्याम   सामान   समाचार

एक शब्द के उच्चारण में विभिन्न अक्षरों पर बलाघात तुलनात्मक दृष्टि से कम या अधिक होगा।

एक शब्द के उच्चारण में कम से कम एक बलाघात का होना अनिवार्य है।

शब्द के उच्चारण में जिस अक्षर पर बलाघात होता है, लेखन में स्पष्ट करने के लिए उस अक्षर के पूर्व (') चिह्न का प्रयोग किया जाता है।

शब्द के उच्चारण में अक्षर विशेष पर सामान्य रूप से बलाघात आने से अर्थ में किसी प्रकार का परिवर्तन हुए बिना उच्चारण की शुद्धता के साथ अर्थ की स्पष्ट अभिव्यक्ति होती है।

बलाघात के संदर्भ में कुछ उल्लेखनीय तथ्य इस प्रकार हैं—

1. शब्द के उच्चारण में बलाघात केवल एक अक्षर पर होता है; यथा—

च् अ ल् अ न् आ   क् अ म् आ न्

चलना   कमान

2. पद के उच्चारण में एक पद पर बलाघात होता है; यथा—

वह' घर गया।

यहाँ उच्चारण में 'वह' पर बलाघात होने से 'वह' के जाने का बोध होता है अर्थात वह घर गया, कोई और नहीं। इस प्रकार के उच्चारण से विशेष अर्थ बोध होता है।

3. उच्चारण में बलाघात मुख्यतः अक्षर शीर्ष पर होता है; यथा—

राम

स्वास्थ्य

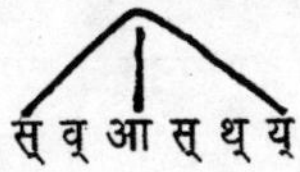

4. भाषा की एकाधिक अक्षर वाली संरचना (शब्द) पर बलाघात शिखर ध्वनि पर होता है; यथा–

ईश्वर

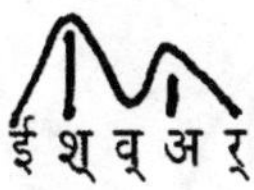

परमेश्वर

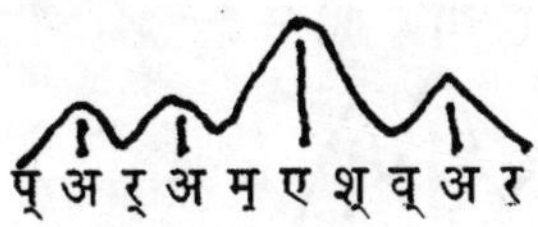

5. यदि शब्द की संरचना में एक ही दीर्घाक्षर हो, तो उच्चारण में बलाघात उसी अक्षर पर होगा; यथा–

सफलता

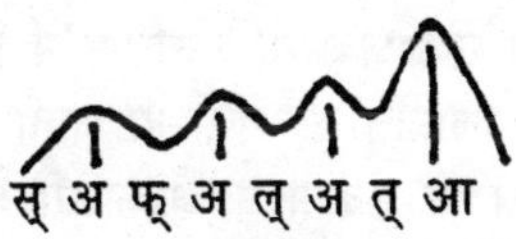

मिलना

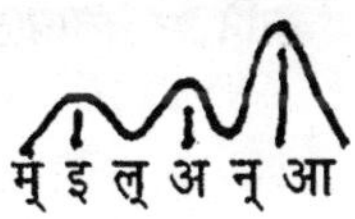

6. यदि शब्द की संरचना में सभी ह्रस्व ध्वनियों से ह्रस्व अक्षर हों, तो उच्चारण में बलाघात उपांत ह्रस्वाक्षर पर होगा; यथा–

जलज्

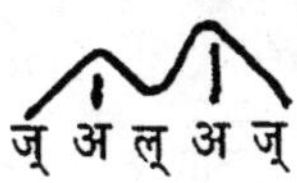

सफल

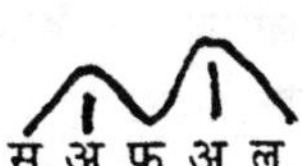

7. यदि शब्द की संरचना में दोनों अक्षर दीर्घ हो, तो उपांत अक्षर पर बलाघात होगा; यथा–

तूफान

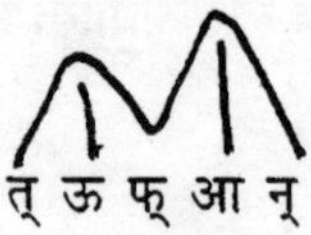

सामान

8. यदि शब्द की संरचना में एकाधिक दीर्घाक्षर हों, तो उच्चारण में उपांत दीर्घाक्षर पर बलाघात होगा; यथा–

महारानी

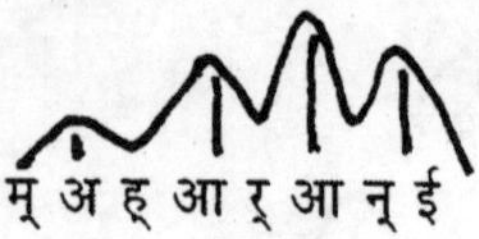

तूफानी

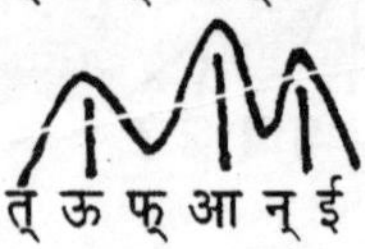

उच्चारण प्रक्रिया को व्यवस्थित करने के लिए बलाघात को निम्नलिखित चार भागों में विभक्त करते हैं।

(क) ध्वनि बलाघात : जब एक शब्द के उच्चारण में किसी ध्वनि विशेष पर बल दिया जाए, तो उसे ध्वनि बलाघात की संज्ञा दी जाती है। बलाघात शब्द को स्वर या व्यंजन किसी ध्वनि पर हो सकता है। एकाक्षरी शब्द में जब एकाधिक ध्वनियों की योजना होती है, तो किसी एक ध्वनि पर बलाघात होता है, शेष ध्वनियाँ गह्वर होती है; यथा–

तन

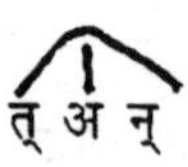

तान

क्या

स्वास्थ्य

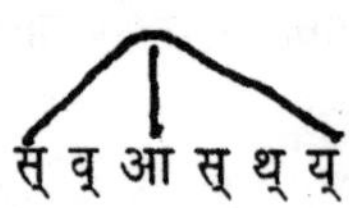

(ख) अक्षर बलाघात : जिन शब्दों में एकाधिक अक्षर की योजना होती है, उच्चारण के समय उनमें से एक अक्षर पर बलाघात होता है और शेष अक्षर बलाघात विहीन होते हैं। यहाँ बलाघात विहीन का अर्थ है कि बलाघात वाले अक्षर से कम बलाघात होता है। सच तो यह है कि उच्चारण प्रक्रिया में सभी अक्षरों पर अल्पाधिक बलाघात होना निश्चित है।

दो या दो से अधिक अक्षर वाले शब्दों के उच्चारण में बलाघात का स्वरूप इस प्रकार होता है–

यदि शब्द संरचना में सभी अक्षर ह्रस्व स्वर आधारित हैं, तो उच्चारण में बलाघात उपांत अक्षर पर होता है; यथा–

सुमन 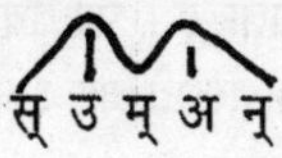

चलन 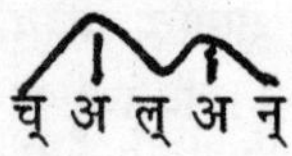

सरलतम 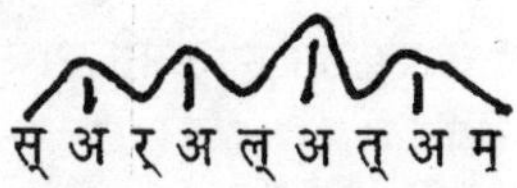

यदि शब्द संरचना में एक अक्षर दीर्घ स्वराधारित हो और शेष अक्षर ह्रस्व स्वराधारित हों, तो उच्चारण में बलाघात दीर्घ स्वराधारित अक्षर पर होगा; यथा–

कमान 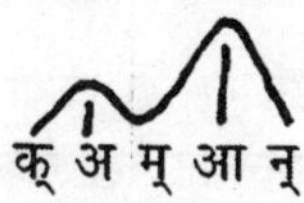

सुनहला 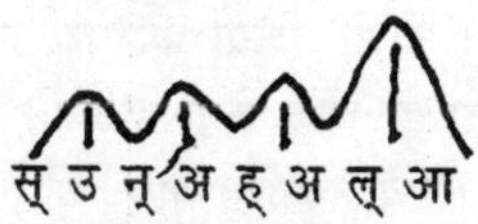

पलायन 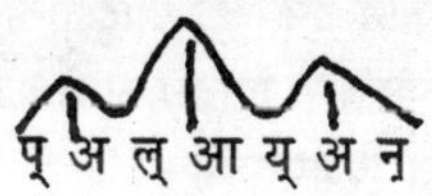

यदि शब्द संरचना में एकाधिक दीर्घाक्षर हों, तो उच्चारण में बलाघात उपांत दीर्घाक्षर पर होगा; यथा–

बलाघात 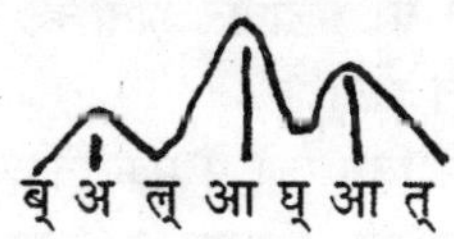

खरीदी 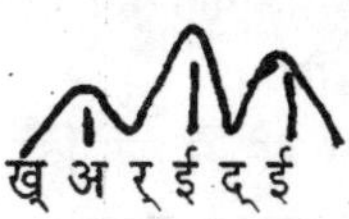

महामारी 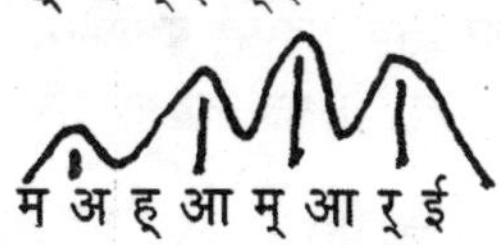

(ग) पद बलाघातः–एकाधिक पदवाले वाक्य में जब उच्चारण के समय किसी एक पद विशेष बल दिया जाता है, तो पद बलाघात होता है। सामान्य वाक्य के सभी पदों पर बराबर बल दिया जाता है। पद विशेष पर बलाघात होने से एक विशेष अर्थ प्रकट होता है। वाक्य के किसी अन्य पद पर बलाघात होने से अर्थ में परिवर्तन हो जाता है; यथा–

विजय गुरु जी से पढ़ रहा है। सामान्य वाक्य, सामान्य बलाघात।

1. विजय' गुरु जी से पढ़ रहा है। 'विजय' पर बलाघात होने से स्पष्ट 'विजय' पढ़ रहा है, कोई अन्य नहीं।

2. विजय गुरु जी' से पढ़ रहा है। इससे स्पष्ट है कि विजय 'गुरु जी' से पढ़ रहा है किसी अन्य से नहीं।

3. विजय गुरु जी से पढ़ रहा है'।

'पढ़ रहा है', पर बलाघात होने से पढ़ रहा है। विजय कुछ और नहीं कर रहा है।

बहुचर्चित उच्चारण में अर्थ अभिव्यक्ति का बलाघाती वाक्य है–'रोको मत जाने दो।'

इस वाक्य में 'रोको' और 'जाने दो' दो क्रिया पद हैं। इन दोनों क्रियाओं पर क्रमशः उच्चरित बलाघात से अर्थ भिन्नता देख सकते हैं–

रोको' मत जाने दो। 'रोको' क्रिया पद पर उच्चरित बलाघात से आदेशात्मक वाक्य का अर्थ प्रकट होता है, 'रोक लेना है, जाने नहीं देना है।'

'रोको मत **जाने दो'**। जब उच्चरित वाक्य के 'जाने दो' क्रिया पद पर बलाघात होता है तो 'न रोकने और जाने देने' की आदेशात्मक अर्थाभिव्यक्ति होती है।

विस्तृत वाक्य में भी बलाघात से विविध अर्थों का आभास होता है। पद बलाघात की यह विशेष भावाभिव्यक्ति विशेषता है–

सुमित्रा ने तुम्हारे लिए मेले में एक विदेशी कलम खरीदी। (सामान्य वाक्य)

इस वाक्य के सामान्य उच्चारण में सामान्य अर्थ की अभिव्यक्ति होती है। जब वाक्य के भिन्न-भिन्न पदों पर बलाघात होता है, तो प्रत्येक संदर्भ में भिन्न और विशेष अर्थ की अभिव्यक्ति होती है–

(क) **सुमित्रा ने** तुम्हारे लिए मेले में एक विदेशी कलम खरीदी।

इसमें 'सुमित्रा ने' पद पर बलाघात है। इसका विशेष है–कलम सुमित्रा ने खरीदी है और किसी ने नहीं खरीदी।

(ख) सुमित्रा ने **तुम्हारे लिए** मेले में एक विदेशी कलम खरीदी।

इस वाक्य में 'तुम्हारे लिए' पद पर बलाघात है। इससे विशेष अर्थ प्रकट होता है–'सुमित्रा द्वारा मेले में खरीदी गई विदेशी कलम केवल तुम्हारे लिए थी, किसी अन्य के लिए नहीं।

(ग) सुमित्रा ने तुम्हारे लिए **मेले में** एक विदेशी कलम खरीदी।

इस वाक्य में 'मेले में' पद पर बलाघात है। इससे विशेष अर्थ प्रकट करने का प्रयास किया गया है–'सुमित्रा द्वारा तुम्हें दी जाने वाली विदेशी कलम मेले में खरीदी गई, अन्यत्र बाजार से या ऑन लाइन नहीं खरीदी गई।

(घ) सुमित्रा ने तुम्हारे लिए मेले में **एक** विदेशी कलम खरीदी।

इस वाक्य के उच्चारण में 'एक' पर बलाघात होने से 'सुमित्रा द्वारा तुम्हारे लिए खरीदी गई विदेशी कलम की संख्या मात्र एक है, अधिक नहीं, का अर्थ प्रकट होता है।

(ङ) सुमित्रा ने तुम्हारे लिए मेले में एक **विदेशी** कलम खरीदी!

इस वाक्य में 'विदेशी' शब्द पर बलाघात देकर यह अर्थ प्रकट करने का प्रभास है–'सुमित्रा द्वारा तुम्हारे लिए खरीदी गई कलम 'विदेशी' थी, वह स्थानीय या भारतीय नहीं थी।

(च) सुमित्रा ने तुम्हारे लिए मेले से एक विदेशी **कलम** खरीदी।

इस वाक्य के उच्चारण में 'कलम' पद पर बलाघात देकर यह अर्थ प्रकट करने का प्रयास किया गया है कि सुमित्रा ने तुम्हारे लिए मेले से और कुछ न खरीद कर कलम ही खरीदी है। मेले में अनेक विदेशी चीजें खरीदी जा सकती थी।

(छ) सुमित्रा ने तुम्हारे लिए मेले से एक विदेशी कलम **खरीदी**!

इस वाक्य के उच्चारण में 'खरीदी' पद पर बलाघात कर आश्चर्यजनक भाव प्रकट करने का प्रयास लगता है–'सुमित्रा पैसे खर्च करने से बचती है। उसने तुम्हारे लिए कलम भी विदेशी 'खरीद ली'। यहाँ यह भी अर्थ प्रकट हो सकता है कि विदेशी कलम देखा या परखा नहीं, वरन खरीद लिया।

इस प्रकार एक सामान्य अर्थ प्रकट करने वाला वाक्य उच्चारण में प्रयोक्ता द्वारा विभिन्न पदों पर बलाघात करके आवश्यकतानुसार सात अर्थों की अभिव्यक्ति की गई है।

4. वाक्य बलाघात

जब कुछ देर संवाद चल रहा हो और उसमें गंभीर भावावेश उभरने लगे, तो कुछ वाक्यों के बाद, प्रायः उच्चरित अंतिम वाक्य पर बलाघात का रंग उभर आता है। वाक्य बलाघात प्रेम, क्रोध, भय, घृणा, वात्सल्य आदि के भावों के त्वरित उत्कर्ष में संभावित होता हैः यथा–

शिक्षक : दिनेश तुम हँस क्यों रहे थे?
दिनेश : नहीं सर, मैं हँस नहीं रहा था।
शिक्षक : झूठ बोल रहे हो।
दिनेश : नहीं सर, बिलकुल नहीं!
शिक्षक : क्या कहा, बिलकुल नहीं!
दिनेश : जी, सर!
शिक्षक : **गेट आउट**!!

यहाँ उदंड विद्यार्थी दिनेश की वार्ता अशिष्टता प्रकट कर रही थी। इसलिए शिक्षक का क्रोध बढ़ जाता है और 'गेट आउट!!' वाक्य पर बलाघात उभर आया है।

1.3.7 सुराघात

स्वरतंत्रियों के खींची अथवा ढ़ीली होने की स्थिति से उसके कंपन की तीव्रता या मंदता का आभास होता है। जिस प्रकार वीणा के तारों के खींचे होने पर कंपन की आवृत्ति अपेक्षाकृत अधिक होती है और तारों के ढीले होने पर कंपन की आवृत्ति अपेक्षाकृत कम होती है। जब स्वरतंत्रियों में कंपन की तीव्रता होती है, तो सुराघात तीक्ष्ण होता है; सुर की उच्चता होती है। ऐसे में आवाज पतली होती है। बच्चों और महिलाओं में प्रायः ऐसा ही सुराघात होता है। जब स्वरतंत्री में मंद गति से कंपन होता है, तो सुराघात में भिन्नता होती है। इससे आवाज मोटी होती है।

उच्चारण प्रक्रिया में अर्थाभिव्यक्ति को विशेष दिशा देनेवाले सुराघात को मुख्यतः तीन वर्गों में विभक्त किया जाता है–उच्च सुराघात, मध्य सुराघात और निम्न सुराघात।

सुराघातों को इस प्रकार चिह्नित किया जाता है–

उच्च सुराघात–जब उच्चारण या आवाज आरोही हो।

निम्न सुराघात–जब उच्चारण या आवाज अवरोही हो।

मध्य सुराघात–जब उच्चारण या आवाज समान रूप में हो।

भजन, गजल, गीत की प्रथम पंक्ति में खींच कर गाने की आरोही स्थिति में उच्च स्वराघात का प्रभावी रूप सामने आता है; यथा–

"मैया मैं नहिं माखन खायो .... !!"

1. उच्च सुराघात

जब उच्चारण की सामान्य स्थिति से स्वरतंत्रियों में क्रमशः त्वरा आती जाती है या कंपन में तीव्रता आती है, तो उच्च सुराघात का आभास होता है। क्रोध या भय में एकाएक निकली आवाज में उच्च स्वराघात का रूप सामने आता है। इसे हम एक पदीय और एकाधिक पदीय वाक्यों में स्पष्ट रूप से देख सकते हैं–

भागो ....!

भाग जा ....!

बचाओ ....!

मर गया ...!

आश्चर्यबोधक प्रश्नवाचक वाक्यों में प्रायः उच्च स्वराघात का आभास होता है; यथा–

वह घटाटोप अँधेरी रात में कहा जा रहा है? (↑)

वह अंगारों पर दौड़ेगा! (↑)

क्या वह फेल हो गया? (↑)

2. निम्न सुराघात (↓)

जब उच्चारण में स्वतंत्रियों के कंपन में क्रमिक शिथिलता या अवरोही रूप होता है, तो निम्न सुराघात का आभास होता है। दुःख या विषाद की स्थिति में कहा गया वाक्य निम्न सुराघात पर आधारित होता है। दुख में डूबा व्यक्ति सामने खड़े व्यक्ति को बैठने के लिए कह रहा है–

बैठ जा ....! (↓)

बैठ जाओ ....! (↓)

वह अब नहीं रहा ....! (↓)

वह नहीं माना, चला गया ....! (↓)

3. मध्य सुराघात

जब वाक्य के उच्चारण में स्वर तंत्रियाँ लगभग सामान्य रूप से कंपन करती है अर्थात उनके कंपन की तीव्रता में आरोही या अवरोही रूप न होकर सामान्य रूप रहता है; यथा–

वह उपन्यास पढ़ रहा है। (→)

वह रमेश के साथ गया। (→)

वह अँधेरी रात में गया। (→)

यहाँ यह ध्यातव्य है कि सामान्य अर्थात मध्य सुराघात आधारित वाक्य के उच्चारण में उच्च या निम्न सुराघात आ जाए अर्थ में विशेष परिवर्तन आ जाता है; यथा–

वह अँधेरी रात में गया। (→) सामान्य वाक्य

वह अँधेरी रात में गया? (↑) आश्चर्य बोधक प्रश्नवाचक वाक्य

वह अँधेरी रात में गया! (↓) विषाद, निराशा भरा, वाक्य

इस प्रकार स्पष्ट है कि उच्चारण में सुराघात के परिवर्तित प्रभाव से विविध भावों की प्रभावी भंगिमा सामने आती है। यह भावाभिव्यक्ति की विशेष भाषायी शक्ति है।

1.3.8. दीर्घता

उच्चरित भाषा में प्रत्येक ध्वनि का अपना स्वरूप होता है। हिंदी स्वर और व्यंजनों के सामान्य उच्चारण को भिन्नता भी उनकी पहचान है। हिंदी स्वरों को उच्चारण में लगनेवाले समय को मात्रा कहते हैं। इस आधार पर हिंदी स्वरों को ह्रस्व (अ, इ, उ, ऋ), दीर्घ (आ, ई, ऊ) और प्लुत (ओ३) तीन वर्गों में विभक्त करते हैं।

भाषा की प्रत्येक ध्वनि के प्रयोग आधार पर उच्चारण में कुछ न कुछ समय लगता है। जिस ध्वनि के उच्चारण में समय की जितनी मात्रा लगती है, वही उस विशेष स्थिति में प्रयुक्त ध्वनि की दीर्घता होती है। किसी भाषा में दीर्घता का कोई निश्चित स्वरूप नहीं होता है। यदि किसी ध्वनि के उच्चारण में सेकेंड का चौथा

भाग लगे, तो इसे ही उस ध्वनि की दीर्घता कहते हैं। इस प्रकार ध्वनि के अल्प अथवा अल्पाधिक समय लगने या प्रयोग के ह्रस्व-दीर्घ रूप के आधार पर दीर्घता का विचार किया जाता है। भाषा की ध्वनियों के प्रयुक्त स्वरूप के विश्लेषण आधार पर दीर्घता का निश्चयन होता है।

भाषाविदों की मान्यता और प्रयोगात्मक विश्लेषण के आधार पर सुनिश्चित है कि सामान्य बोल-चाल या संवाद में एक सेकेंड में लगभग पाँच अक्षरों का उच्चारण संभव होता है। ध्वनियों की दीर्घता उसकी स्वतंत्र स्थिति के उच्चारण के साथ प्रयोग स्थिति के आधार पर होती है।

हिंदी की ध्वनियों की दीर्घता पर विचार करें, तो सर्वप्रथम तथ्य यह है कि सर्वाधिक दीर्घता स्वरों की होती है। स्वरों के उच्चारण की प्रमुख प्रवृत्ति है–स्वर को साँस सीमा में जितनी देर चाहें उच्चारण करते रह सकते हैं; यथा–यदि 'ई' का लंबा उच्चारण करें, तो साँस सीमा में यही ध्वनि रहेगी–ई-ई-ई ..... ।

हिंदी व्यंजनों की दीर्घता पर विचार करें, तो 'म' सर्वाधिक दीर्घता वाला व्यंजन है। इसके उच्चारण में लंबा या पर्याप्त समय लगता है, क्योंकि इसके उच्चारण में फेफड़े से चली निःश्वास की वायु सबसे लंबा मार्ग तय कर बाहर आती है। वायु स्वरयंत्र को पार कर मुख-गुहा से होती हुई सीधे दोनों होठों तक पहुँचती है। 'म' ओष्ठ्य ध्वनि है। इसलिए होठों का स्पर्श अनिवार्य है। यह नासिक्य ध्वनि है। इसलिए इसे नासिका मार्ग से बाहर आना होता है। जब निःश्वास की वायु होठों तक पहुँचती है, तो दोनों होंठ आपस में मिलकर मुख मार्ग बंद रखते हैं। मस्तिष्क के आदेश और ध्वनि उत्पादक अंगों के सहयोग से वायु होठों से कंठ की ओर वापस आकर नासिका मार्ग अपनाकर नाक से बाहर आती है। उच्चारण की इस दीर्घ अवधि तक दोनों होंठ आपस में मिलकर मुख मार्ग बंद रखते हैं। इससे 'म' की दीर्घता का अनुभव सरल है। इसके पश्चात संघर्षी (ख़, ग़, ज़ और फ़ आदि) ध्वनियों की दीर्घता का स्थान है। संघर्षी व्यंजन ध्वनियों से कम और सामान्य व्यंजन ध्वनियों से अधिक दीर्घता अनुनासिक, पार्श्विक, और प्रकंपित ध्वनियों में होती है।

भाषा-प्रयोग अर्थात उच्चारण की मंद और तीव्र गति के आधार पर ध्वनियों की दीर्घता में भिन्नता होना स्वाभाविक है। प्रत्येक भाषा प्रयोक्ता के बोलने की अपनी गति होती है। कुछ लोग इतनी तीव्रता से बोलते हैं कि कई बार अर्थ बोध कठिन हो जाता है। कुछ लोग कभी-कभी इतनी मंद गति से बोलते हैं कि सुननेवाला ऊब जाता है। मंद गति से बोलने वाले की ध्वनियों में अपेक्षाकृत अधिक दीर्घता होती है।

यहाँ यह ध्यातव्य है कि ध्वनियों की ह्रस्वता और दीर्घता सदा समान नहीं रहती है। इसमें प्रयोक्ता की प्रयोग विधि और उसकी मानसिकता के साथ निकटस्थ ध्वनियों की विशेष भूमिका होती है। एक ही ध्वनि विभिन्न स्थितियों में ह्रस्व, दीर्घ, दीर्घतर और दीर्घतम संभावित होती है। शब्द की निकटस्थ ध्वनि, बलाघात, सुराघात

के आधार पर ध्वनि ह्रस्व से ह्रस्वतर या दीर्घ से दीर्घतर रूप में बदल सकती है। इस प्रकार ध्वनि की ह्रस्वता और दीर्घता निर्धारण के लिए उसकी निकटस्थ ध्वनियों और प्रयोग प्रक्रिया पर विचार करना आवश्यक है।

दीर्घता निर्णय के लिए उपयुक्त श्रवण शक्ति सहयोगी सिद्ध होती है। उच्चारण की समय सीमा का विश्लेषण इस प्रकार कर सकते हैं—

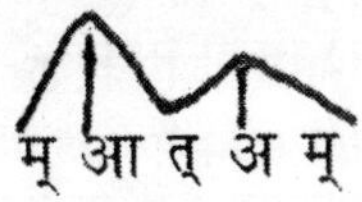

मातम म् आ त् अ म्

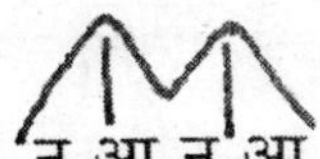

नाना न् आ न् आ

'नाना' शब्द में दो 'न' ध्वनियों का प्रयोग हुआ। इनमें दोनों दीर्घ हैं, किंतु प्रथम के उच्चारण में दीर्घतर रूप है। यह दीर्घता स्वराघात के आधार पर अनुभव किया जा सकता है। 'मातम' में दो 'म' ध्वनियों का प्रयोग हुआ है। प्रथम 'मा' ध्वनि का दीर्घ स्वरात्मक रूप उस पर बलाघात होने का बोध कराता है। इससे इसकी दीर्घता स्पष्ट है। शब्द में प्रयुक्त दूसरी 'म' ध्वनि शब्दांत और उच्चारण में व्यंजनांत होने से ह्रस्वतर रूप में सामने आती है। इस प्रकार ध्वनि की दीर्घता विश्लेषण में निकटस्थ ध्वनि और प्रयोग स्थिति की भूमिका स्पष्ट होती है।

हिंदी में अर्ध व्यंजन की भी योजना है। इसी आधार पर द्वित्त्व व्यंजनों का लेखन और उच्चारण होता है। जब व्यंजन का द्वित रूप उच्चरित होता है, तो वहाँ दीर्घता होती है; इसके साथ ही यहाँ अर्थ भेद भी संभावित होता है; यथा—

कला (चातुर्य) क् अ ल् आ

कल्ला (कोमल) क् अ ल् ल् आ

पता (स्थान या ठिकाना) प् अ त् आ

पत्ता (वृक्ष या लता पत्र) प् अ त् त् आ

इनमें 'ला' और 'ता' दीर्घ ध्वनियाँ हैं, तो 'ल्ला' और 'त्ता' ध्वनियाँ दीर्घतर ध्वनियाँ हैं।

हिंदी वाक्य के उच्चारण में उच्च सुराघात में वाक्य के अंतिम अक्षर (ध्वनि) में दीर्घता होती है। आदेशात्मक और प्रश्नवाचक वाक्यों में दीर्घता का रूप होता है; यथा—

वह सीमा पर जा रहा है। > वह सीमा पर जा रहा है। (→)

वह सीमा पर जा रहा है? > वह सीमा पर जा रहा है। (↑)

इस प्रकार ह्रस्वता और दीर्घता की भाव संप्रेषणीयता और अभिव्यक्ति में विशेष भूमिका होती है।

1.3.9 हिंदी वाक्य : उच्चारणात्मक स्वरूप

वाक्य भाषा की स्वतंत्र, पूर्ण सार्थक और महत्त्वपूर्ण इकाई है। इसकी संरचना में ध्वनि, वर्ण, अक्षर, शब्द और पद या पदों की योजना होती है। भाषा के उच्चरित स्वरूप में ध्वनि और अक्षर की प्रारंभिक और महत्त्वपूर्ण भूमिका होती है। इसके साथ भाषा के संरचनात्मक स्वरूप पर वाक्य का उच्चारण आधारित होता है। संवाद में एकपदीय वाक्यों का भी प्रयोग किया जाता है; यथा—

1. विकास, "कल बनारस कौन जा रहा है?
   मनोज, "अशोक।"
2. वेद प्रकाश, "आपका क्या आदेश है?
   रमेश, "जाओ।"

यहाँ पर 'अशोक' और 'जाओ' एक पदीय वाक्य हैं। इनके उच्चारण में अक्षरात्मक स्वरूप की भूमिका है। इसे इस प्रकार रेखांकित कर सकते हैं—

एकपदीय वाक्य	उच्चारण (एकपदीय वाक्य)	
अशोक।	अ श् ओ क्	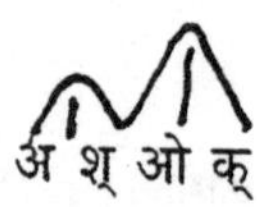
जाओ।	ज् आ ओ	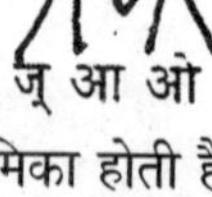

वाक्य के उच्चारण में विराम चिह्नों की विशेष भूमिका होती है। विस्तृत वाक्य में एकाधिक विराम चिह्न संभावित होते हैं। एकपदीय वाक्य में भी कम से कम एक विराम चिह्न अवश्य होता है। इसी विराम चिह्न और एकपद की अक्षरात्मक संरचना उच्चारण का आधार बनती है। अक्षरात्मक संरचना से सामान्य उच्चारण

स्वरूप सामने आता है और विराम चिह्न से उच्चारण सामान्य, अवरोही या आरोही भी संभावित होता है। इसे स्वराघात की संज्ञा दी जाती है; यथा–

1. विनोद, "वह कहाँ है?"
   रमेश, "गया।" (सामान्य भाव)
2. सुशीला, "वह कहाँ है?
   संतोष, "गई!" (उदासीनता)
   सुशीला, "गई!" (आश्चर्य भाव)

यहाँ तीन वाक्यों में 'गया', 'गई' और 'गई' तीन भूतकालिक क्रिया का प्रयोग किया गया है। इन एकपदीय वाक्यों के विशेष भाव आधार और विराम चिह्नों के प्रयोग से उच्चारण भिन्नता की मानक अभिव्यक्ति को सुस्पष्ट करती है। इसके उच्चारणात्मक रूपों को इस प्रकार स्पष्ट कर सकते हैं–

1. रमेश, "गया।"
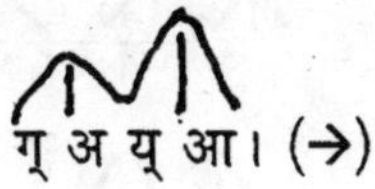

2. रमेश, "गया।"

3. रमेश, "गया!"
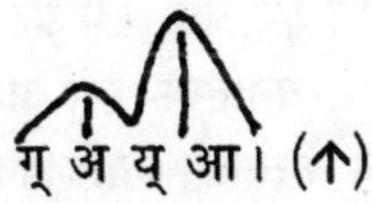

दोपदीय या अधिक पदीय वाक्यों में विभिन्न पदों की संरचना, उनकी अक्षरात्मक संरचना के साथ विभिन्न पदों के मध्य के अंतराल को व्यवस्थित रखना होता है; यथा–

लिखित वाक्य — **उच्चरित वाक्य**

तुम जाओ।
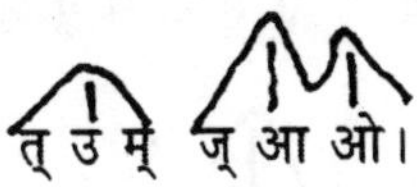

आप आइए।
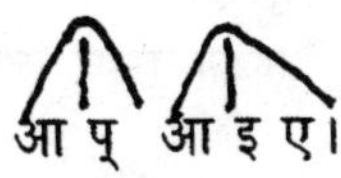

भाषा की प्रत्येक इकाई का अपना महत्त्व है। जिस प्रकार मनुष्य की विभिन्न

वह गाती है।	व् अ ह् ग् आ त् ई ह् ऐ।
वे जा रहे हैं।	व् ऐ ज् आ र् अ ह् ए ह् ऐं
आह! वह चला गया।	आ ह् व् अ ह् च् अ ल् आ ग् अ य् आ
आप आइए, किंतु मैं चला।	आ प् आ इ ए क् इ न् त् उ म् ऐं च् अ ल् आ।
सुबह टहलना अच्छा है।	स् उ ब् अ ह् ट् अ ह् अ ल् अ न् आ अ च् छ् आ ह् ऐ।

इंद्रियों और अंगों का अपना महत्त्व है। उसी प्रकार भाषा की विभिन्न इकाइयों का मानक प्रयोग और उच्चारण भाषा को श्रेष्ठ रूप प्रदान करता है और अभिव्यक्ति में सुस्पष्टता आती है। भाषा का संरचनात्मक रूप अक्षरात्मक स्वरूप के साथ रहकर मानक उच्चारण को दिशा प्रदान करता है। यदि पद रचना में दो या दो से अधिक स्वतंत्र लिपिबद्ध रूप हैं, तो उसी अंतराल के साथ उच्चरित होगा; यथा—

लिखित वाक्य	उसने श्याम से कहा है।
उच्चारणात्मक वाक्य	उ स् अ न् ए श् य् आ म् स् ए क् अ ह आ ह् ऐ।
लिखित वाक्य—	राजेश तुम्हारे लिए कलम भेजा है।
उच्चरित वाक्य	र् आ ज् ए श् त् उ म् ह् आ र् ए ल् इ ए

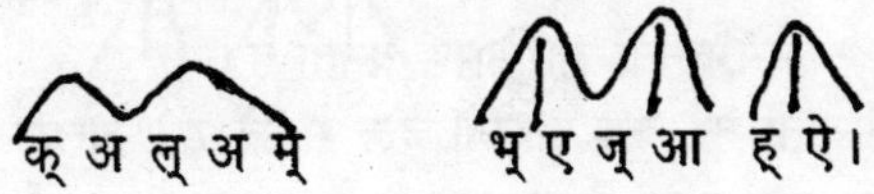

इस प्रकार स्पष्ट रूप से कहा जा सकता है कि हिंदी भाषा की अपनी मानक संरचना है। हिंदी के मानक उच्चारण के लिए भाषायी संरचना के साथ ध्वनियों और अक्षरों का मानक उच्चारण अपेक्षित होता है। भाषा की वृहत्तर इकाइयों को ध्वनि और अक्षर के साथ शब्द, पद और वाक्य का व्यवस्थित मानक उच्चारण भाषा प्रयोग की श्रेष्ठता और अभिव्यक्ति को दिशा प्रदान करता है। भाषा के उच्चारण पर आंचलिकता, अन्य भाषा, त्वरित गति से प्रयोग, एकाग्रता का अभाव और परिवेश-परिस्थिति का प्रभाव संभावित होता है। ये भाषा मानकीकरण के बाधक तत्त्व है। इसलिए उच्चरित भाषा के मानकीकरण के लिए एकाग्रता और अभ्यास अपेक्षित होता है।

1.3.10 ध्वनि परिवर्तन के कारण

सृष्टि सतत परिवर्तनशील है। मनुष्य सृष्टि का सर्वाधिक चितनशील प्राणी है। भाषा मनुष्य की परम उपलब्धि है। इस प्रकार मानवीय भाषा में परिवर्तन होना स्वाभाविक है। निकट के व्यवित, वस्तु और परिवेश के परिवर्तन से भी परिवर्तन को नई दिशा मिल जाती है।

मानवीय भाषा के परिवर्तनों को मुख्यतः दो वर्गों में विभक्त कर सकते हैं–

1. बाह्य कारण

मनुष्य सामाजिक प्राणी है। साथ-साथ रहना उसका स्वभाव है। भाषा को प्रभावित करनेवाले दृश्य या स्थूल आधारों को ध्वनि परिबर्तन का बाह्य कारण कहते हैं। इसे निम्नलिखित प्रमुख रूपों में देख सकते हैं–

2. व्यक्तिगत भिन्नता

प्रत्येक मनुष्य के अंग और उपांगों की रचना की अपनी विशेषता होती है। इसी आधार पर स्पष्ट रूप में कह सकते हैं कि विश्व के किन्हीं दो व्यक्तियों की संरचना में पूर्ण समानता नहीं हो सकती है, अर्थात उनमें सूक्ष्माति सूक्ष्म भिन्नता निश्चित है। मनुष्य के ध्वनि उत्पादक और ध्वनि ग्रहण अंगों की भिन्नता को स्पष्ट रूप में देख और अनुभव कर सकते हैं। किसी के दाँत छोटे-छोटे होते हैं, तो किसी के

बड़े-बड़े। किसी के ओष्ठ पतले होते हैं, तो किसी के मोटे। इसी प्रकार विभिन्न अंगों की भिन्नता ध्वनि-भिन्नता का कारण बनती है।

व्यक्तिगत भिन्नता को कई दृष्टियों देख सकते हैं। बालक जब तक उसके ध्वनि उत्पादक अंग और बुद्धि विकसित नहीं है, तब तक वह 'हाथी' को 'आती' और 'रोटी' को 'लोती' कहता है। इससे पूर्व की स्थिति में किसी को बुलाने के लिए 'पा' ध्वनि का प्रयोग करता है। हम समझते हैं कि वह 'पापा' का संक्षिप्त रूप 'पा' प्रयोग कर रहा है। सच तो यह है कि हिंदी की सबसे सरल, सहज ध्वनि 'प' है। इसमें दाँत आदि किसी अंग की आवश्यकता नहीं होती है। दोनों ओष्ठ बंद करके पुनः खोलते हुए हवा निकालें, तो 'प' ध्वनि का उत्पादन हो जाता है।

2. भौगोलिक भिन्नता

विभिन्न क्षेत्र की भौगोलिक स्थिति में भिन्नता होती है। कहीं शीत, कहीं ऊष्ण, तो कहीं समशीतोष्ण वातावरण होता है। विभिन्न भौगोलिक क्षेत्र के मनुष्य की शारीरिक संरचना और वर्ण में भिन्नता होती है, उसी प्रकार भाषा के प्रयोग में भी भिन्नता सामने आती है। शीत-प्रधान वातावरण का व्यक्ति वार्ता के समय शीत से बचने के लिए सीमित मुँह खोलता है। ऐसे भौगोलिक क्षेत्र में आवागमन के साधन भी सीमित होते हैं। इसलिए भी भाषा में भिन्नता होना स्वाभाविक है। समशीतोष्ण, समतल और आवागमन के सुलभ साधन वाले क्षेत्र की भाषा में गतिशील परिवर्तन दिखाई देता है।

3. सामाजिक भिन्नता

सामाजिक उन्नति और अवनति का भाषा पर गहरा प्रभाव पड़ता है। दूसरे शब्दों में कह सकते हैं कि भाषा के स्वरूप के आधार पर समाज की स्थिति और परिस्थिति का आभास होता है। यह सुनिश्चित तथ्य है कि सभ्य समाज में सहज, स्वाभाविक और स्तरीय भाषा का प्रयोग किया जाता है; यथा—किसी बड़े या वरिष्ठ का नाम लेंगे तो पूर्व में 'श्री' अथवा बाद में 'जी' लगाकर संबोधित किया जाता है—श्री रमेश चंद्र या रमेश चंद्र जी। भाषा का स्वरूप समाज के ही अनुकूल होना स्वाभाविक है। निम्न समाज की भाषा के शब्दों की ध्वनियों में पर्याप्त परिवर्तन हो जाता है; यथा—ट्रेन-टरेन, डॉक्टर-डाग्डर, पुरोहित-उपरेहित आदि। दोनों ही प्रकार की भाषा का उद्‌देश्य संप्रेषण होता है, किंतु एक समाज की सालीनता में सुव्यवस्थित भाषा का प्रयोग होता है, तो दूसरे समाज में अभिव्यक्ति को महत्त्व दिया जाता है। अतः भाषा का स्वरूप शिथिल संभावित होता है।

4. संस्कृति भिन्नता

संस्कृति मनुष्य के व्यक्तित्व के साथ उसकी भाषा को सहज रूप में प्रभावित करती है। भारत की प्राचीन भाषा संस्कृत है। संस्कृत से हिंदी का उद्‌भव हुआ है। हिंदी साहित्य के इतिहास के मध्य युग में मुस्लिम संस्कृति और आधुनिक युग में पाश्चात्य

संस्कृति का प्रभाव उभरा है। इससे हिंदी भाषा में अनेक ध्वनियों और शब्दों का आगमन हुआ है।

5. अन्य भाषाओं का प्रभाव

सामाजिक विकास संदर्भ में विभिन्न भाषा-भाषी एक दूसरे से मिलते हैं। यह प्रक्रिया प्राचीन समय से चली आ रही है। वर्तमान वैश्वीकरण के युग में इस प्रक्रिया को प्रभावी गति मिल चुकी है। हिंदी पर एक लंबे समय से विदेशी भाषाओं का प्रभाव पड़ता रहा है। भारतवर्ष एक लंबे समय तक मुसलमानों के शासन में साँस लेता रहा है। इसलिए उनकी राजभाषा-'फारसी' और धर्म भाषा 'अरबी' की ध्वनियाँ और शब्द हिंदी में आते रहे हैं; यथा—ख़, ग़, ज़, फ़ आदि।

ख़—ख़र्च, ख़ून, तख़्त, रुख़

ग़—ग़ज़ल, गज़ब, ग़रीब, दग़ा

ज़—अज़ान, आज़ाद, गज़, ज़िद

फ़—कफ़न, तूफ़ान, फ़साद, शरीफ़

अंग्रेजी शासन काल से लेकर अब तक अंग्रेजी का प्रभाव बढ़ता ही जा रहा है। अंग्रेजी की 'ऑ' ध्वनि हिंदी में प्रभावी रूप स्थान पा चुकी है; यथा—डॉक्टर, कॉलेज, बॉल आदि।

2. आभ्यांतर कारण

जब ध्वनि परिवर्तन में वक्ता या ध्वनि उत्पादक और श्रोता या ध्वनि संग्राहक के आंतरिक संदर्भ प्रभावित करता है, तो उसे ध्वनि-परिवर्तन का आभ्यंतर कारण कहते हैं। इसके अनेक रूप सामने आते हैं—

1. प्रयत्न लाघव : सीमित श्रम से मनचाही अभिव्यक्ति को प्रयत्न लाघव की संज्ञा दी गई है। इस प्रक्रिया को 'मुख-सुख' नाम भी दिया गया। मनुष्य की सहज प्रवृत्ति है कि वह कम से कम ध्वनि उच्चारण के द्वारा स्पष्ट और प्रभावशाली अभिव्यक्ति करना चाहता है। ऐसे में क्लिष्ट ध्वनियाँ सरल कर दी जाती है अथवा उनका लोप कर दिया जाता है। इस प्रक्रिया में ध्वनि लोप के साथ ध्वनि-आगम, ध्वनि परिवर्तन घोषीकरण-अघोषीकरण, विपर्यय, अनुनासिकीकरण, महाप्राणीकरण—अल्पप्राणीकरण आदि परिवर्तनों से मुख-सुख का आभास होता है; यथा—

लोप— स्वर लोप-अगर>गर, तन>तन्

व्यंजन लोप—आम्र>आम, स्थान>थान

विपर्यय—चाकू>काचू, कोलतार>तारकोल

महाप्राणीकरण—हस्त>हाथ, गृह>घर

अनुनासिकीकरण—सर्प>साँप, सत्य>साँच आदि।

2. भावावेश : प्रेम, क्रोध, भय और घृणा आदि भावों की प्रबलता में उच्चरित शब्दों की ध्वनियों में परिवर्तन हो जाता है। शब्द के त्वरित उच्चारण में या भावात्मक

प्रवाह के उच्चारण में वैविध्यपूर्ण परिवर्तन संभावित होता है; यथा–प्रेम-क्रोध संदर्भों में नाम सीधे न लेकर मनोनुकूल, संक्षिप्तीकृत और सरलीकृत रूप में लिया जाता है–

रामेश्वर > रामेश, रामेस, रामसुरा, रामसर, रामे, राम।

राजेंद्र प्रसाद सिंह > राजेंदर, राज प्रसाद, राज परसाद, राजे, राजू, राज।

3. अज्ञानता

जब व्यक्ति को शब्द की विभिन्न ध्वनियों और उनके उच्चरित स्वरूप का ज्ञान नहीं होता या भिन्न उच्चारण को ही शुद्ध समझता है या अपने सहज किंतु परिवर्तित उच्चारण को ही अपनाए रखता है। ऐसे में ध्वनि-परिवर्तन होना स्वाभाविक है। स्टेशन से टेशन, स्कूल से इस्कूल या सकूल, स्त्री से इस्त्री आदि होना आँचालिकता के उभरते प्रभाव को देन है।

4. त्वरा से उच्चारण

त्वरित उच्चारण में शब्दांतर्गत कुछ ध्वनियों का लोप और कुछ ध्वनियों में परिवर्तन हो जाता है; यथा–उपाध्याय > ओझा, भगिनी > बहन, भातृजाया > भाभी। त्वरित उच्चारण में ह्रस्व और शिथिल ध्वनियों की शब्द के मध्य परिवर्तन देखा जा सकता है; यथा–उसका > उस्का, मिलता > मिल्ता, चलता > चल्ता।

त्वरित उच्चारण में दो शब्दों की विशेष विपर्यय और विशेष लोप स्थिति उल्लेखनीय हैं–

विपर्यय–दाल-चावल > दावल-चाल

लोप–डॉक्टर-साहब > डाक्ट साहब > डाक्साब।

5. अनुकरण की अपूर्णता

भाषा सामाजिक संपत्ति है और अनुकरण से सीखी जाती है। अनुकरण की पूर्णता में भाषा के शुद्ध रूप का ज्ञान और प्रयोग होता है, तो अनुकरण की अपूर्णता में ध्वनिगत परिवर्तन संभावित होता है। भाषा में इस संदर्भ के ध्वनि-परिवर्तन प्रायः सुने जाते हैं; यथा–कोर्ट साहब > कोट साहब, (कोट साब)

ब्यूटी पार्लर > ब्यूटी पोलर (ब्यूटी पालर)

बंदूक > दंबूद, सुरभि > सुरभी

गुरु जी > गुरू जी

अनुकरण की अपूर्णता में भाषा-प्रयोक्ता के भाषायी ज्ञान की अल्पज्ञता, प्रमाद और भाषा-प्रयोग के प्रति अपेक्षित ध्यान न देना मुख्य कारण होते हैं। जब तक बच्चे की बुद्धि पूर्ण विकसित नहीं होती तब-तक उसकी भाषा में ऐसे परिवर्तन व्यावहारिक रूप में मिलते हैं; यथा–

हाथी > आती, फूल > पूल, गुब्बारा > उब्बारा आदि।

6. अकारण अनुनासिकता

भाषा पर संबंधित अंचल या क्षेत्र विशेष का प्रभाव होना स्वाभाविक है। जब भाषा

का प्रयोग विस्तृत क्षेत्र में होता है, तो भाषा में विविध अंचलों की ध्वनियाँ प्रभावी रूप में उभर आती है। आंचलिक ध्वनियों में अनुनासिकता का गहरा प्रभाव दिखाई देता है। अकारण अनुनासिकता के कारण हुए ध्वनि परिवर्तन में प्रयोक्ता उसे मूल अर्थ में ही प्रयोग मानता है, किंतु ध्वनि-परिवर्तन होता ही है; यथा–

गोद-गोंद चौक-चौंक
पूछ-पूँछ सवार-सँवार
सास-साँस

7. बलाघात

बलाघात का व्यावहारिक प्रयोग भाषा-प्रयोक्ता की भाषा-प्रवीणता की पहचान है। इससे ध्वनि-परिवर्तन होता है, साथ ही भाषा में सरलीकरण और विशेष अर्थबोध का अवसर मिलता है।

सरलीकरण प्रक्रिया में बलाघात के समय किसी ध्वनि विशेष पर बल देकर उच्चारण किया जाता है। इसके परिणाम स्वरूप शब्द की शेष ध्वनियाँ अपेक्षाकृत निर्बल होती हैं। ऐसे ध्वनि-परिवर्तन में कुछ ध्वनियों का लुप्त होना स्वाभाविक है। इस प्रकार शब्द की ध्वनियों के परिवर्तन और लोप से शब्द-स्वरूप सरलीकृत हो जाता है; यथा–

आभ्यतंर > भीतर, तिक्त > तीखा, निम्ब > नीम।

बलाघात के आधार पर होनेवाले ध्वनि परिवर्तन से भाषा प्रयोक्ता विशेष अर्थ बोध कराने में समर्थ होता है। यह भाषा-प्रयोग और भाषा-प्रयोक्ता की विशेषता है। एक वाक्य से दो या दो से अधिक अर्थ अभिव्यक्ति के लिए बलाघात अर्थात् वाक्य के किसी पद विशेषपर ध्वनि परिवर्तन किया जाता है; यथा–

रोको मत जाने दो। वाक्य पर बलाघात से अर्थ-परिर्तन द्रष्टव्य है–

1. रोको मत जाने दो। 'रोको' पर बलाघात 'रोकना' अर्थ।
2. रोको मत जाने दो। 'जाने दो' पर बलाघात 'जाने देना' अर्थ।

तुम मेरे लिए एक कलम खरीद कर लाए हो।

1. 'तुम', मेरे लिए एक कलम खरीद कर लाए हो।

कई व्यक्तियों में केवल 'तुम' संकेत किए गए व्यक्ति के द्वारा कलम खरीदने का बोध।

2. तुम 'मेरे लिए' एक कलम खरीद कर लाए हो।
कलम 'मेरे लिए' लाए हो, किसी अन्य के लिए नहीं।
3. तुम मेरे लिए 'एक' कलम खरीद कर लाए हो।
'एक' कलम खरीद कर लाए हो, अधिक नहीं।
4. तुम मेरे लिए एक 'कलम' खरीद कर लाए हो।
'कलम' खरीद कर लाए हो, कोई अन्य चीज नहीं।

5. तुम मेरे लिए एक कलम खरीद कर 'लाए हो'।

कलम 'खरीद कर' लाई गई है, घर से या अन्यत्र से नहीं।

6. तुम मेरे लिए एक कलम खरीद कर लाए 'हो'।

'लाए हो' पर बलाघात से कलम खरीदना तो सामान्य हो गया है, किंतु सामने लाना विचारणीय हो गया है। इस प्रकार ध्वनि-परिवर्तन (बलाघात) के आधार पर एक वाक्य से छह अर्थों की अभिव्यक्ति हो रही है।

8. मानकीकरण :

व्यक्ति के व्यक्तित्व में प्रभावी रूप लाकर उसमें श्रेष्ठता लाने का प्रयास किया जाता है। इसी प्रकार भाषा में प्रभावी रूप के साथ एकरूपता लाने के लिए मानकीकरण किया जाता है। इस प्रक्रिया में शब्दों की ध्वनियों में परिवर्तन कर व्यवस्थित किया जाता है। शब्द की ध्वनियों में परिवर्तन कर किया गया अनुकूलन ही मान्य होता है; यथा–

राष्ट्रिय (संस्कृत रूप) > राष्ट्रीय (मानक हिंदी) अपराह्ण > अपराह्न।

3.11 ध्वनि-परिवर्तन की दिशाएँ

ध्वनि-परिवर्तन को ध्वनि-विकास या ध्वनि-विकार भी कहते हैं। ध्वनि को 'स्वन' भी कहते हैं, इसलिए इसे स्वनिक परिवर्तन भी कहा जाता है। ध्वनि-परिवर्तन में शब्दांतर्गत कभी ध्वनि-लोप होता है, तो कभी ध्वनि आगम होता है। शब्द-प्रयोग संदर्भ में उनकी ध्वनियों में विविध प्रकार के परिवर्तन होते हैं। शब्द की ध्वनियों में होनेवाले परिवर्तनों को मुख्यतः निम्नलिखित दिशाओं में वर्गीकृत कर विवेचन कर सकते हैं–

1. लोप (Elision)

भाषा के द्रुत उच्चारण और मुख-सुख में यदा-कदा शब्द की एक या एकाधिक ध्वनियों का लोप संभावित होता है। शब्दांतर्गत ध्वनि-लोप आदि, मध्य अथवा अंत्य किसी भी स्थिति में हो सकता है। ध्वनि-लोप स्वर, व्यंजन या अक्षर किसी का भी हो सकता है; यथा–

1. स्वर लोप : शब्द में स्वर का स्वतंत्र प्रयोग होता है, साथ ही व्यंजन के साथ सह अस्तित्व में उच्चरित होता है। शब्द-प्रयोग में दोनों प्रकार के स्वरों का लोप संभावित है। स्वर लोप शब्द के आदि, मध्य और अंत्य तीनों स्थितियों में होता है; यथा–

आदि स्वर लोप–अगर > गर, अनाज > नाज

मध्य स्वर लोप–कृपया > कृप्या, मिलता > मिल्ता

अंत्य स्वर लोप–अब > अब्, नाम > नाम्

2. व्यंजन लोप : हिंदी शब्दों में स्वर के समान व्यंजनों का आदि, मध्य और अंत्य तीनों स्थितियों में लोप संभावित होता है; यथा–

आदि व्यंजन लोप–स्थाली > थाली, स्थान > थान

मध्य व्यंजन लोप–कार्तिक > कातिक, कोकिल > कोइल

अंत्य व्यंजन लोप–आम्र (आम्र) > आम, ऊष्ट्र (ऊष्ट्र) > ऊँट

3. अक्षर लोप : हिंदी शब्दों से कभी-कभी अक्षर या एकाधिक ध्वनियों का लोप होता है। यह लोप भी आदि, मध्य और अंत्य तीनों स्थितियों में संभावित होता है; यथा–

आदि अक्षर लोप–शहतूत > तूत, त्रिशूल > शूल

मध्य अक्षर लोप–चतुष्क > चौक, भंडागार > भंडार

अंत्य अक्षर लोप–भ्रातृजाया > भ्रातृजा, मर्कटिका > मकड़ी

2. आगम

भाषा में ध्वनि आगम प्रक्रिया ध्वनि लोप के ठीक विपरीत है। जब शब्द में किसी नई ध्वनि का प्रयोग होता है, तो उसे ध्वनि आगम कहते है। ध्वनि-आगम शब्द की आदि, मध्य और अंत्य तीनों स्थितियों में संभावित होता है। शब्द में स्वर और व्यंजन दोनों प्रकार की ध्वनियों का होता है।

1. स्वरागम : जब शब्द के उच्चारण में किसी नए स्वर का प्रयोग होता है, तो उसे स्वरागम की संज्ञा दी जाती है। स्वरागम आदि, मध्य और अंत्य तीनों स्थितियों में संभावित होता है; यथा–

आदि स्वरागम–स्नान > अस्नान, स्कूल > इस्कूल

मध्य स्वरागम–कर्म (कर्म) > करम, धर्म (धर्म) > धरम

अंत्य स्वरागम–दवा > दवाई, मिश्र > मिश्रा

2. व्यंजनागम : जब शब्द में नई व्यंजन ध्वनि का प्रयोग होता है, तो उसे व्यंजनागम की संज्ञा दी जाती है। शब्द की आदि, मध्य और अंत्य तीनों स्थितियों में नई व्यंजन ध्वनि का प्रयोग होता है; यथा–

आदि व्यंजनागम–उल्लास > हुलास, ओष्ठ > होंठ (ह् आदि व्यंजनागम)

मध्य व्यंजनागम–वानर > बन्दर ('द' मध्य व्यंजनागम)

शाप > श्राप ('र' मध्य व्यंजनागम)

अंत्य व्यंजनागम–भौं > भौंह, परवा > परवाह (ह अंत्य व्यंजनागम)

इस प्रकार शब्द में नए स्वर एवं व्यंजन के आगम से होनेवाले ध्वनि-परिवर्तन का स्पष्ट विवेचन किया जा सकता है। यहाँ यह उल्लेखनीय है कि शब्द में इस प्रकार के ध्वनि परिवर्तन से उसका अर्थ प्रायः पूर्ववत या लगभग समान रहता है।

3. विपर्यय (Metathesis) : जब शब्द की कुछ ध्वनियाँ अपने स्थान बदल कर किन्हीं अन्य ध्वनियों के स्थान पर प्रयुक्त होती हैं, तो उसे ध्वनि परिवर्तन को निपर्यय स्थिति कहते हैं। शब्द में ध्वनि विपर्यय प्रायः आंचलिकता और द्रुत

उच्चारण के प्रयास में होता है। स्वर और व्यंजन दोनों के ही स्थान परिवर्तन से विपर्यय होता रहता है; यथा—

स्वर विपर्यय—कुछ (क्उछ्) > कछु (क्अछ्उ)

व्यंजन विपर्यय—

चाकू (च्आक्ऊ) > काचू (क्आच्ऊ)

लखनऊ > नखनऊ

द्रुतगति से उच्चारण के प्रयास में कभी-कभी शब्द-युग्म की ध्वनियों में विशेष विपर्यय सामने आते हैं; यथा—चावल दाल > दावल चाल।

4. समीकरण (Assimilation)

जब किसी शब्द की निकटतम या समीपस्थ दो भिन्न ध्वनियों में एक ध्वनि बदल कर दूसरे के समरूपी हो जाए, तो उसे समीकरण कहते हैं। इसमें कभी शब्द की पूर्ववर्ती स्वर या व्यंजन ध्वनि परवर्ती ध्वनि को अपने अनुरूप बना लेती है, तो कभी परवर्ती ध्वनि पूर्ववर्ती ध्वनि को अपने अनुरूप बना लेती है। इसी आधार पर इसे दो वर्गों में विभक्त कर सकते हैं।

1. पुरोगामी समीकरण : जब शब्द की पूर्ववर्ती ध्वनि निकटस्थ परवर्ती ध्वनि को अपने अनुरूप बना लेती है, तो उसे पुरोगामी समीकरण कहते हैं। समीकरण का ध्वनि परिवर्तन स्वर और व्यंजन दोनों में होता है; यथा—

पुरो-गामी स्वर समीकरण—जुल्म > जुलुम, हुक्म > हुकुम

पुरोगामी व्यंजन समीकरण—चक्र > चक्का, पत्र > पत्ता (पत्ता)

2. पश्चगामी समीकरण : जब शब्द की दो निकटवर्ती ध्वनि में से परवर्ती ध्वनि अपनी पूर्ववर्ती ध्वनि को अपने रूप में बदल लेती है, तो उसे पश्चगामी समीकरण की संज्ञा देते हैं। स्वर और व्यंजन दोनों ध्वनियों के संदर्भ में पश्चगामी समीकरण संभावित होता है; यथा—

पश्चगामी स्वर समीकरण—अंगुली > उंगुली, श्वसुर > सुसुर

पश्चगामी व्यंजन समीकरण—कर्म (कर्‌म) > कम्म, शर्करा (शर्‌करा) > शक्कर

5. विषमीकरण (Dissmilation)

यह समीकरण ध्वनि-परिवर्तन की विपरीत प्रक्रिया है। इसमें दो समान निकटस्थ ध्वनियों में से एक परिवर्तित होकर भिन्न हो जाती है। यह ध्वनि परिवर्तन उच्चारण में सरलता-सहजता लाने के संदर्भ से हो जाता है। दो निकटतम समान ध्वनियों में से अपरिवर्तित रहनेवाली ध्वनि के आधार पर इसे दो वर्गों में विभक्त कर सकते हैं।

1. पुरोगामी विषमीकरण : जब शब्द की दो निकटस्थ समान ध्वनियों में से पूर्ववर्ती ध्वनि पूर्ववत रहती है और परवर्ती ध्वनि बदल जाती है, तो पुरोगामी विषमीकरण होता है; यथा—

कंकण > कंगन, काक > कावा (कौवा)

2. पश्चगामी विषमीकरण : जब शब्द की दो निकटस्थ समान ध्वनियों में से

परवर्ती ध्वनि अपरिवर्तित रहकर मूल रूप में प्रयुक्त होती है और पूर्ववर्ती ध्वनि बदल जाती है, तो उसे पश्चगामी विषमीकरण परिवर्तन कहते हैं; यथा–

मुकुट > मउर, नूपुर > नेउर

6. मात्रा-भेद

ध्वनि के उच्चारण में लगनेवाले समय को मात्रा कहते हैं। हिंदी में मात्रा मुख्यतः दो प्रकार की हैं–ह्रस्व और दीर्घ। हिंदी उच्चारण प्रक्रिया में कभी ह्रस्व ध्वनि दीर्घ हो जाती है और कभी दीर्घ ध्वनि ह्रस्व हो जाती है। मात्रा के इस परिवर्तन को ह्रस्वीकरण और दीर्घकरण दो वर्ग में विभक्त करते हैं।

1. ह्रस्वीकरण : हिंदी शब्दों में प्रयुक्त दीर्घ ध्वनि जब परिवर्तित होकर ह्रस्व हो जाती है, तो उसे ह्रस्वीकरण कहते हैं। ऐसा परिवर्तन प्रायः प्रयत्नलाघव संदर्भ में होता है; यथा–

आषाढ़ > अषाढ़, शून्य > सुन्न।

2. दीर्घीकरण : हिंदी शब्दों में प्रयुक्त ह्रस्व ध्वनि जब परिवर्तित होकर दीर्घ ध्वनि में बदल जाती है, तो उसे दीर्घीकरण की संज्ञा दी जाती है। ध्वनि-परिवर्तन की दीर्घीकरण प्रक्रिया प्रायः शब्द की ध्वन्यात्मकता को सरल करने के संदर्भ से होती है; उदाहरणार्थ–शब्द के उत्तरार्द्ध में प्रयुक्त संयुक्त वर्ण को मूल या सरल रूप में बदलते हुए शब्द के पूर्वार्ध को दीर्घ रूप में बदलना–जिह्वा > जीभ, दुग्ध > दूध, पुत्र > पूत।

7. घोषीकरण (vocalization)

हिंदी में घोषत्व के आधार पर मुख्यतः दो प्रकार की ध्वनियाँ हैं। जिन ध्वनियों के उच्चारण में ध्वनि-यंत्र की झिल्लियाँ पर्याप्त खुली या आपस में दूर होती हैं, तो निःश्वास की वायु घर्षणरहित स्थिति में बाहर आने से अघोष ध्वनियों का उत्पादन होता है। दूसरे वर्ग की ध्वनियों के उत्पादन के समय स्वरतंत्रियों के आपस में निकटता होने से निःश्वास की वायु घर्षण के साथ बाहर आने से घोष या सघोष ध्वनियों का उत्पादन होता है। इस ध्वनि-परिवर्तन में दो रूप सामने आते हैं–

1. अघोषीकरण : जब घोष या सघोष (क, च, ट, त, प वर्ग की अंतिम तीन) ध्वनियाँ शब्द-प्रयोग में अघोष रूप में परिवर्तित हो जाती हैं, तो उसे अघोषीकरण कहते हैं; यथा–

अदद > अदत (द > त) मदद > मदत (द > त)।

2. सघोषीकरण : जब अघोष (क, च, ट, त, प वर्ग की प्रारंभिक दो) ध्वनियाँ शब्द में घोष या सघोष हो जाती हैं, तो इस ध्वनि-परिवर्तन को सघोषीकरण कहते हैं; यथा–

काक > काग (क > ग)।

मकर > मगर (क > ग)।

8. प्राणीकरण

प्राण का अर्थ है–वायु। जिन ध्वनियों के उत्पादन में सीमित या कम निःश्वास की वायु का प्रयोग होता है (क, च, ट, त, प वर्ग) की प्रथम, तृतीय और पंचम ध्वनियाँ, उन्हें अल्पप्राण व्यंजन ध्वनि कहते हैं। जिन ध्वनियों के उत्पादन में अपेक्षाकृत अधिक वायु का प्रयोग होता है (क, च, ट, त, प वर्ग की द्वितीय और चतुर्थ ध्वनियाँ), इन्हें महाप्राण व्यंजन ध्वनि कहते हैं। इसी आधार पर इस ध्वनि-परिवर्तन के दो वर्ग बनाए गए हैं।

1. अल्पप्राणीकरण : जब हिंदी शब्द में प्रयुक्त महाप्राण ध्वनि परिवर्तित होकर अल्पप्राण ध्वनि बन जाती है, तो अल्पप्राणीकरण ध्वनि परिवर्तन होता हैं; यथा–

भगिनी > बहन (भ > ब)

सिंधु > हिंदु (ध > द)

2. महाप्राणीकरण : जब हिंदी शब्द में प्रयुक्त अल्पप्राण ध्वनि परिवर्तित होकर महाप्राण ध्वनि बन जाती है, तो उसे ध्वनि-परिवर्तन की महाप्राणीकरण दिशा कहते है; यथा–

गृह > घर (ग > घ), धृष्ट > ढीठ (ट > ठ)

हस्त > हाथ (त > थ)।

9. अनुनासिकीकरण (Nasalization)

हिंदी में यदा-कदा मौखिक ध्वनियाँ कालांतर में अनुनासिक हो जाती है; यथा–अश्रु > आँसू, ऊष्ट्र > ऊँट

अक्षि > आँख, सत्य > साँच, सर्प > साँप, श्वास > साँस।

इस प्रकार स्पष्ट है कि हिंदी के ध्वन्यात्मक रूप में अनेक प्रकार के परिवर्तन होते रहते हैं। हिंदी को श्रेष्ठ और व्यावस्थित रूप प्रदान करने के लिए उच्चारण का मानकीकरण आवश्यक है।

हिंदी लेखन : मानकीकरण

2.1 लिपि का मानकीकरण

भाषा के विकास क्रम में लिपि का उद्‌भव और विकास हुआ है। लिपि का आधार पाकर भाषा में समय और स्थान (दूरी) पार करने की शक्ति आ जाती है। भाषा और लिपि का अन्योन्याश्रित संबंध है। उच्चरित भाषा में प्रयोगकर्ता की व्यक्तिगत मौलिकताओं के उभरने के कारण भाषा में विविधता आना स्वाभाविक है। इससे लिपि का प्रभावित होना भी अवश्यंभावी है।

संसार की कोई वस्तु या व्यक्ति पूर्ण नहीं होता है। सृष्टि-विधायक जगन्नियंता जगदीश्वर ही इस सीमा से मुक्त माने गए हैं। मनुष्य की पूर्णता जीवन-सीमा में संभव नहीं है। मृत्यु के पश्चात परम सत्ता में विलीन होकर ही पूर्णता प्राप्त होती है। इस प्रकार मानव निर्मित लिपि के पूर्ण वैज्ञानिक होने का प्रश्न ही नहीं उठता है।

नागरी लिपि का महत्त्व इसलिए स्पष्ट होता है कि इसका प्रयोग हिंदी से भी अधिक विस्तृत सीमा में होता है। वर्तमान समय में हिंदी के अतिरिक्त संस्कृत, मराठी, कोंकड़ी और नेपाली भाषाओं की भी लिपि नागरी है। भारत की आदि कालीन वैदिक और मध्यकालीन पाली, प्राकृत और अपभ्रंश भाषाएँ नागरी लिपि में ही लिपि बद्ध होकर अभिव्यक्ति दे रही है।

नागरी लिपि का उद्‌भव प्राचीन और महत्त्वपूर्ण ब्राह्मी लिपि से हुआ है। समय परिस्थिति और आवश्यकतानुसार परिवर्तन से उसमें अनुकूलन होता रहा है। प्राचीन नागरी से वर्तमान नागरी तक प्रयोग की सरलता-अनुकूलता और अभिव्यक्ति की स्पष्टता को दृष्टिगत कर विकास या सुधार होता रहा है। जिन सुधारों को जन-स्वीकृति मिली है, उन्हें स्वीकार कर लिया गया है। शेष सुधार नागरी लिपि सुधार के इतिहास बनकर रह गए।

नागरी लिपि के समय, परिस्थिति और आवश्यकता के आधार पर किए गए सुधार मानकीकरण के आधार हैं। लिपि चिह्नों के रूपों की भिन्नता, अस्पष्टता, संदिग्धता और जटिलता को दूर कर एकरूपता, स्पष्टता और सरलता विकसित करना ही मानकीकरण के आधार हैं।

2.1.1 नागरी लिपि की प्रमुख समस्याएँ

नागरी लिपि के मानकीकरण संदर्भ में नागरी लिपि की समस्याओं का उल्लेख अपेक्षित है। नागरी लिपि की प्रमुख समस्याएँ इस प्रकार रही हैं–

1. एक स्वनिम के लिए एकाधिक चिह्नों का प्रयोग

(क) नागरी लिपि में 'र' स्वनिम के लिए चार चिह्नों का प्रयोग; यथा–

र–रमा, परमात्मा, दोपहर

् –क्रम, विक्रमादित्य, विनम्र

‸–ट्रक, ट्राम, ड्रामा

(ख) एक स्वनिम के लिए दो चिह्नों का प्रयोग; यथा–

अ–अ झ–झ ण–रा

ल–ल श–श ख–रव

(ग) एक स्वनिम (अंक) के लिए एकाधिक चिह्नों का प्रयोग; यथा–

9 (नौ) के लिए प्रयुक्त चिह्न–

8 (आठ) के लिए प्रयुक्त चिह्न–

6 (छह) के लिए प्रयुक्त चिह्न–

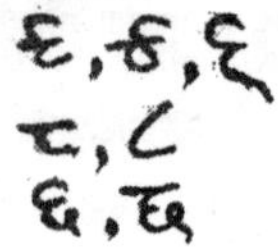

2. दो लिपि चिह्नों की शिरोरेखा विहीनता में अस्पष्टता (संदिग्धता); यथा–

ख–रव

घ–ध

भ–म

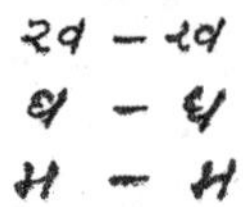

3. अनुस्वार और अनुनासिक दोनों के लिए एक ही चिह्न ˙ का प्रयोग ; यथा–अंधकार-अंधेरा।

4. लिपि चिह्नों की संख्या।

5. पूर्ण विराम । और full stop (.) दोनों का प्रयोग।

6. शिरोरेखा सहित और शिरोरेखाविहीन दोनों प्रकार की लिपिबद्धता।

8. इ की मात्रा 'ि' का प्रयोग।

8. संयुक्त व्यंजन : संख्या, स्वरूप और प्रयोग

9. आगत स्वनिम (लिपि चिह्न)

2.1.2 लिपि मानकीकरण के आधारभूत तत्त्व

लिपि मानकीकरण के समय उससे संबंधित आधारभूत तत्त्वों पर ध्यान रखना आवश्यक है। मानकीकरण के समय सर्वप्रथम संबंधित लिपि के परंपरागत स्वरूप को आधार रूप में ध्यान रखना चाहिए। इसके साथ निम्नलिखित संदर्भों पर विचार उपयोगी होता है–

1. लिपि चिह्नों में अपेक्षित, किंतु यथासंभव कम से कम परिवर्तन करना चाहिए।

2. एक स्वनिम के लिए एक लिपि चिह्न की व्यवस्था।

3. एक लिपि चिह्न के लिए एक स्वनिम की व्यवस्था।

4. लिपि चिह्नों की पर्याप्तता अर्थात् स्वनिमों के माध्यम से सभी भावों को व्यक्त करने की शक्ति।

5. लिपि चिह्नों के स्वरूप में स्पष्टता।

6. लिपि चिह्नों के परिवर्तन में परंपरागत रूप से यथासंभव साम्य।

7. लिपि चिह्नों के मूल स्वरूप और लेखन-प्रयुक्ति में समानता।

8. लेखन, टंकण और मुद्रण में एकरूपता।

9. उच्चारण अनुसार लेखन।

10. लेखन सरलता (कम समय, स्थान और शक्ति का प्रयोग)।

11. त्वरित लेखन, टंकण गुणसंपन्नता।

12. सौंदर्यानुभूति गुणसंपन्नता।

13. कंप्यूटर युग में कंप्यूटर-प्रयोग अनुकूलता।

2.1.3 नागरी लिपि : मानकीकरण

नागरी लिपि के लगभग-लगभग एक हजार वर्ष के प्रयोग काल में सुधार और अनुकूलन प्रक्रिया चलती रही है। इस प्रक्रिया में विभिन्न विद्वानों, भाषाविदों, संस्थाओं, सरकार और विशेष रूप में केंद्रीय हिंदी निदेशालय की विशेष भूमिका रही है।

नागरी लिपि के मानकीकरण के प्रमुख पक्ष इस प्रकार उल्लेखनीय है—

1. 'र' वर्ण के चिह्न

नागरी लिपि के व्यंजन वर्ण 'र' के लिए वर्णमाला में अन्य वर्णों के ही समान एक ही चिह्न 'र' को स्थान मिला है, किंतु प्रयोग में रकार स्वनिम के लिए चार चिह्नों की व्यावहारिक योजना है। इस चिह्न के मानकीकरण संदर्भ में सर्वप्रथम एक वर्ण के लिए चार चिह्नों के औचित्य पर विचार करना आवश्यक है।

वर्णमाला में प्रयुक्त 'र' मूल और पूर्ण चिह्न सर्व स्वीकृत है।

र—रजत, परम, ऊपर

◌्र—क्रम, विनम्र, स्रोत

◌्र—ट्रक, ट्राम, ड्रम

र्◌— कर्म, धर्म, आशीर्वाद

'◌्र' :—व्यावहारिक प्रयोग में आनेवाला चिह्न है। इसका प्रयोग संयुक्त व्यंजन वर्ण निर्माण में होता है। यह उस ही व्यंजन के साथ मिलकर संयुक्त वर्ण की रचना करता है, जिसकी रचना के मध्य या अंत में पाई का प्रयोग हो; यथा—

मध्य पाई वाले व्यंजन वाले संयुक्त वर्ण—क्र, फ्र

अंत्य पाईवाले व्यंजन निर्मित संयुक्त वर्ण—ज्र, ध्र, प्र, म्र

‘्र’ :– जिन व्यंजन वर्णों की रचना टेढ़ी-मेढ़ी रेखा द्वारा हो, उनके साथ ‘र’ के ‘्र’ रूप मिलकर संयुक्त वर्ण बनाना संभव नहीं है। स्पष्टता लाने के लिए ‘्र’ को अपनाया गया है; यथा–

ट्रक, ट्राम, ड्रामा

ध्यातव्य है कि ये दोनों चिह्न संयुक्त वर्ण में नीचे की ओर प्रयुक्त होते हैं। यह इनके पूर्ण वर्ण की पहचान है। ये देखने में अर्ध लगते हैं, किंतु निश्चित रूप से पूर्ण होते हैं। इसे मानव-सामाजिकता के आधार पर समझ सकते हैं। जिस प्रकार एक व्यक्ति किसी को उठाए या कंधे पर ले जा रहा हो, तो स्पष्ट है कि उठाकर ले जानेवाला पूर्ण और ऊपर का व्यक्ति लंगड़ा या विकलांग होगा। इसी प्रकार संयुक्त वर्ण के स्वरूप का निर्णय कर सकते हैं; यथा–

क्र > क्र – क् + र

ट्र > ट्र – ट् + र

ह्र > ह्र – ह् + र

‘र्’ :–इसे ‘रेफ’ या पारिभाषिक रूप में अर्ध रकार नाम से संबोधित किया जाता है। रकार के चारों रूपों में यह ‘र्’ एक मात्र अर्ध रूप है। इसके अर्ध रूप या स्वर विहीनता को कंधे पर ले जाते हुए व्यक्ति के समान समझ सकते हैं। यह लिपि चिह्न तो शिरोरेखा के ऊपर लगता है। इससे यह ‘र’ का अर्ध ‘र्’ रूप है; यथा–

कर्म > कर्‍म, धर्म > धर्‍म

इस आधार पर रकार के लिए व्यावहारिक संदर्भ के चारों रूपों को सिद्धांतानुसार प्रयोग को मानक माना गया है। वास्तव में लेखन में अपेक्षाकृत कम समय, शक्ति और स्थान प्रयोग में अभिव्यक्ति की उत्तमता है। रकार का यह मानकीकृत रूप कंप्यूटर में सफलता से अपनाया जा चुका है।

यहाँ यह उल्लेखनीय है कि कंप्यूटर के विभिन्न फांटों में दोनों रूपों को अपनाया जा सकता है। आवश्यकता है कि ‘र’ आधारित संयुक्त व्यंजनों को व्यावहारिक और परंपरागत रूप ही अपनाएँ। यह ‘र’ का परंपरागत और व्यावहारिक रूप मानकीकृत माना गया है।

2. एक वर्ण के लिए दो चिह्न

नागरी लिपि के कुछ वर्णों के लिए दो-दो चिह्न प्रचलित हो गए हैं। एक वर्ण के लिए दो-दो रूपों का प्रयोग लेखन, टाइप, छपाई और कंप्यूटर के विभिन्न फांटो में मिल जाते थे; यथा–

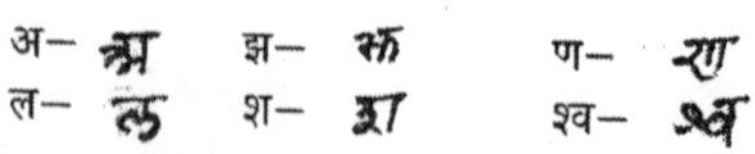

इन दोनों रूपों में से द्वितीय का प्रयोग अपेक्षाकृत कम, तो प्रथम का अधिक होता है। एक वर्ण के लिए दो रूपों का प्रयोग निश्चित ही अवैज्ञानिक है। हिंदी

और नागरी लिपि के मानकीकरण की नियम निर्धारक संस्था केंद्रीय हिंदी निदेशालय के द्वारा सरलता और अधिक प्रचलन के आधार पर इनमें से एक चिह्न चयन का संकेत किया है। इसमें से अ, झ, ण, ल, श और श्व चिह्नों को मानक रूप में स्वीकार किया गया है।

नागरी लिपि के कुछ चिह्न प्रयोग संदर्भ में किन्हीं चिह्नों समरूपी होकर अपनी पहचान या स्पष्टता खो देते हैं। संदिग्धता की समस्या के समाधान के लिए कुछ चिह्नों को संशोधित कर मानकीकृत किया गया है; यथा—नागरी लिपि का शिरोरेखा विहीन प्रयोग भी प्रचलित हो गया है। इसके कारण उभरी समस्या और उसके समाधान के लिए इस प्रकार मानकीकरण किया गया है—

सामान्य प्रयोग	**शिरोरेखा विहीन प्रयोग**	**मानकीकृत प्रयोग**
घ-ध	ध-ध	घ-ध
भ-म	म-म	भ-म

नागरी लिपि के सामान्य अर्थात् शिरोरेखा सहित प्रयोग में घ और ध के अलावा भ और म के रूप स्पष्ट हैं, किंतु शिरोरेखा विहीन प्रयोग में दोनों के स्वरूप समान हो जाते हैं—घ-घ और म-म। इसे स्पष्ट करने के लिए ध और भ को घुडीदार 'ध' और 'भ' बनाया गया है। इससे इन चिह्नों में स्पष्टता आ जाती है। ये मानकीकृत रूप शिरोरेखा सहित या शिरोरेखारहित किसी रूप में प्रयोग करें, दोनों स्थितियों में स्पष्ट रहेंगे; यथा—

ध/घ - ध/घ : धर/घर धरा/घरा
म/भ - म/म : मरना/भरना माता/माता

3. मूर्द्धन्य नासिक्य व्यंजन वर्ण

नागरी लिपि के मूर्द्धन्य नासिक्य व्यंजन वर्ण के भी दो चिह्न प्रयुक्त होते रहे हैं—ण-रा। 'रा' का अर्ध रूप दीर्घ प्रकंपित 'ण' के लगभग समान हो जाने से अराडा (अंडा) और आराडा के संदिग्ध रूप सामने आते है। इन दोनों रूपों में से 'ण' की मानकीकृत रूप में अपना लिया गया है। इससे 'अण्डा' स्पष्ट रूप से लिखा और पढ़ा जा सकता है।

4. संघर्षी ध्वनि वर्ण

कुछ विद्वानों की मान्यता है कि अरबी, फारसी और तुर्की के शब्दों के साथ उनकी संघर्षी ध्वनि वर्ण क़, ख़, ग़, ज़, फ़ हिंदी में आ गई हैं। इसलिए इन्हें नागरी वर्णमाला में अपनाना चाहिए। नागरी में क, ख, ग, ज और फ ध्वनियाँ विद्यमान हैं। यदि व्यावहारिक रूप में 'अ़' को अपनाया जाए, तो नागरी लिपि में इन अतिरिक्त ध्वनियों से बचा जा सकता है और 'अ़' व्यावहारिक संघर्षी ध्वनि चिह्न के आधार पर इन ध्वनियों का स्पष्ट लेखन संभव है।

5. उत्क्षिप्त वर्ण

संस्कृत भाषा से परंपरागत रूप में हिंदी को नागरी लिपि मिली है। समय, परिस्थिति और आवश्यकतानुसार हिंदी में कुछ नई ध्वनियों का विकास हुआ है। इनमें मूर्द्धन्य उत्क्षिप्त 'ड़' और 'ढ़' ध्वनियाँ प्रमुख हैं। संस्कृत से इन भिन्न ध्वनियों के लिए नागरी लिपि में 'ड़' और 'ढ़' चिह्नों को निर्धारित किया गया है; यथा-सड़क, पढ़ना।

6. आगत ऑ लेखन

हिंदी में अंग्रेजी के शब्दों का बहुल रूप में प्रयोग होता है। इनमें हिंदी से कुछ भिन्न ध्वनियाँ हैं। इनमें सर्वाधिक प्रयुक्त ध्वनि ऑ है, जो Ball, College और Doctor आदि शब्दों के उच्चारण में होती है। इसे पहले बाल, कालेज और डाक्टर लिखा जाता था। नागरी में शुद्ध रूप से लिखने के लिए 'ऑ' ध्वनि का निर्धारण किया गया है। अब इसे मानकीकृत रूप में 'ऑ' के आधार पर इस प्रकार लिखा जाता है–

Ball	बॉल
College	कॉलेज
Doctor	डॉक्टर

7. अर्ध व्यंजन वर्ण : स्वरूप और प्रयोग

हिंदी स्वर स्वतंत्र रूप से प्रयुक्त होते हैं, तो व्यंजनों के साथ उनकी मात्राएँ प्रयुक्त होती है। हिंदी व्यंजन वर्ण के लेखन-उच्चारण की अलग व्यवस्था है। व्यंजन वर्ण की सामान्य संरचना में उसके साथ स्वर 'अ' विद्यमान होता है; क = क् + अ
म = म् + अ

हिंदी के अर्ध व्यंजन लेखन को उनके चिह्नों में विद्यमान पाई के आधार पर व्यवस्था की गई है। इस योजना को तीन भागों में विभक्त किया गया है।

1. पाईवाले व्यंजन :–जिन व्यंजनों के चिह्नों में दाहिनी ओर पाई लगी हो, उसको हटा देने से व्यंजन वर्ण अर्ध अर्थात् स्वर रहित हो जाता है। संयुक्त वर्ण संरचना में अर्ध वर्ण को पूर्ण व्यंजन के पूर्व रखा जाता है; यथा–

पूर्ण रूप	अर्ध रूप	प्रयोग
ख	ख्	ख्त–तख्त
		ख्य–आख्यान, मुख्य, ख्याल
		ख्व–ख्वाजा, ख्वाब, ख्वाहिश
ग	ग्	ग्य–ग्यारह
		ग्र–ग्रंथ (ग्रंथ) ग्राम (ग्राम) ग्रह (ग्रह)
		ग्व–ग्वार, ग्वाल
घ	घ्	घ्र–घ्राण (घ्राण)

च	‍च्‍	च्य–च्यवनप्राश, च्यवन ऋषि
ज	‍ज्‍	ज्य–ज्यादा, ज्यों, ज्योतिष
		ज्व–ज्वर, ज्वार, ज्वाल, ज्वाला
ञ	‍ञ्‍	ञ्च–पञ्च (पंच), पञ्चायत (पंचायत)
		ञ्ज–मञ्जन (मंजन), पञ्जा (पंजा)
ण	‍ण्‍	ण्ट–घण्टी (घंटी) कण्टक (कंटक)
		ण्ठ–गण्ठा (गंठा), डण्ठल (डंठल)
		ण्ड–डण्डा (डंडा), पाण्डेय (पांडेय)
त	‍त्‍	त्थ–उत्थान, कत्था, पत्थर
		त्न–पत्नी, यत्न, रत्न
		त्प–उत्पन्न, उत्पात, उत्पादन
		त्म–आत्म, आत्मा, परमात्मा
		त्य–नित्य, अंत्य, सत्य, सत्यवान
		त्र (त्र)–चरित्र (चरित्र), छत्र (छत्र), पत्र (पत्र)
		त्व–द्वित्त्व, सत्त्व, महत्त्व
		त्स–वत्स, कुत्सित, उत्सुक
थ	‍थ्‍	थ्य–कथ्य, मिथ्या, पथ्य
ध	‍ध्‍	ध्य–ध्यान, मध्य, अध्याय, साध्य
		ध्र (ध्र)–ध्रुव (ध्रुव), ध्रुवतारा (ध्रुवतारा)
		ध्व–ध्वज, ध्वनि, ध्वंश, विध्वंश
न	‍न्‍	न्त–सन्तान (संतान), दन्त (दंत)
		न्थ–पन्थ (पंथ), संथाल (संथाल)
		न्द–चन्द (चंद), मन्द (मंद)
		न्ध–अन्धा (अंधा), अन्धेर (अंधेर)
		न्य–कन्या, न्याय, अन्याय
प	‍प्‍	प्त–आप्त, गुप्त, तप्त, सप्तम
		प्य–प्याज, प्यार, प्यास
		प्र–अप्रकट, प्रकर, प्रकार, प्रकाश
		प्ल–प्लाट, प्लेट, प्लेस
		प्स–अप्सरा, ईप्सा, लिप्सा
ब	‍ब्‍	ब्ज–कब्ज, कब्जा
		ब्य–ब्यंजन, ब्याज, ब्याह
		ब्र (ब्र)–कब्र (कब्र), ब्रह्म (ब्रह्म)
		ब्ल–ब्लाउज, ब्लाक

भ	भ्	भ्य—अभ्यास, असभ्य, अभ्युदय
		भ्र(भ्र)—भ्रम, भ्रमर, भ्रू
म	म्	म्प—कम्प (कंप), कंपन (कंपन) चम्पू (चंपू)
		म्ब—अम्ब (अंब) चम्बा (चंबा) चुम्बन (चुंबन)
		म्भ—गम्भीर (गंभीर), सम्भाग (संभाग), सम्भोग (संभोग)
		म्य—काम्य, म्यान
		म्र(म्र)—उम्र (उम्र), नम्र (नम्र)
		म्ल—अम्ल, म्लान
य	य्	य्य—वैय्याकरण
ल	ल्	ल्क—अल्का, मिल्क, वल्कल, सिल्क
		ल्त—सुल्तान, मुल्तान
		ल्द—जल्द, जल्दी, जिल्द
		ल्प—गल्प, कल्प, कल्पना
		ल्भ—प्रगल्भ
		ल्म—गुल्म, जुल्म
		ल्य—अतुल्य, अहिल्या, मूल्य, शल्य
		ल्व—खल्वाट
व	व्	व्य—व्यंजन, व्यय, व्यापार
		व्र—व्रज (व्रज) व्रत (व्रत) व्रजेश (व्रजेश)
श	श्	श्च—निश्चल, निश्चिंत, निश्चय
		श्छ—निश्छल
		श्त—कश्ती, निश्ती
		श्य—कश्यप, श्याम, श्यामल
		श्र(श्र)—श्रम (श्रम), मिश्र (मिश्र) श्रेय (श्रेय)
		श्ल—श्लेष, श्लोक
		श्व—अश्व, ऐश्वर्य, श्वान, श्वेत
ष	ष्	ष्क—निष्कर्ष
		ष्ट—अष्ट, कष्ट, नष्ट, सृष्टि
		ष्ठ—मिष्ठान्न, अंगुष्ठा, षष्ठ
		ष्प—पुष्प, पुष्पक, पुष्पा
स	स्	स्क—स्कूल, तस्कर, तस्करी
		स्ट—स्टूल, स्टेशन, स्टोर
		स्त—अस्त, हस्त, पिस्ता, रास्ता, सस्ता, स्तंभ
		स्थ—स्थान, स्थावर, स्थिर, विस्थापित

स्न–स्नान, स्नेह, स्नेहिल
स्प–स्पात, अस्पताल
स्फ–स्फीत, स्फुरण, स्फूर्ति
स्म–स्मारक, रस्म, स्मरण, स्मृति
स्य–रहस्य, हास्य
स्र(स्र)–सहस्र, (सहस्र) स्रोत, (स्रोत)
स्व–स्वगत, स्वागत, मनस्वी

(ख) अर्ध पाई वाले व्यंजन

हिंदी में कुछ व्यंजनों की रचना में दाहिनी ओर अर्ध पाई होती है। ऐसे व्यंजनों के अर्ध रूप बनाने के लिए दाहिनी ओर की अर्ध पाई को हटा दिया जाता है; यथा–

मूल रूप	अर्ध रूप	प्रयोग
क	क्	क्य–क्या, क्यारी, क्यों
		क्र (क्र)–क्रंदन, क्रम, क्रय, क्रूर, क्रोध
		क्ल–क्लर्क, क्लेश, क्लोन
		क्व–पक्व, क्वाँरा
		क्ष (क्ष)–क्षणिक, क्षमा, क्षत्रिय, क्षेत्र
फ	फ्	फ्त–मुफ्त, रफ्तार, गिरफ्तार
		फ्र(फ्र)–फ्राक (फ्राक), फ्रेम (फ्रेम)

(ग) बिना पाई वाले व्यंजन

हिंदी व्यंजनों की संरचना की दृष्टि से तीसरी वर्ग ऐसा है जिनके व्यंजनों की संरचना में पाई नहीं होती है। इनकी रचना टेढ़ी-मेढ़ी विविध रूपों में होती है; यथा–ङ, छ, ट, ठ, ड, ढ, द, ह। इनके अर्ध रूप बनाने के लिए इनके नीचे हल् '् ' चिह्न लगाया जाता है; यथा–

मूल रूप	**अर्ध रूप**	**प्रयोग**
ङ	ङ्	अङ्क (अंक), पङ्ख (पंख), जङ्ग (जंग)
छ	छ्	उच्छ्वास
ट	ट्	ट्रक (ट्रक), ट्राम (ट्राम)
ठ	ठ्	पाठ्य
ड	ड्	ड्योढ़ी, ड्रम (ड्रम) ड्रेस (ड्रेस)
द	द्	अद्भुत, उद्भव, द्रव (द्रव), इंद्र (इंद्र)
ह	ह्	चिह्न (चिह्न), मध्याह्न (मध्याह्न)

विशेष :–कुछ व्यंजनों के अर्ध रूप अन्य व्यंजन से मिलकर संयुक्त रूप निर्माण में अपना रूप खो देते हैं; इनका अध्ययन संयुक्त व्यंजन के संदर्भ में किया गया है। ऐसे प्रमुख विशेष स्वरूप निर्मित संयुक्त व्यंजन है–

प्रयोग

क्—क्ष > क्ष कक्षा, रक्षक, भक्षक

त्—त्र > त्र पत्र, सत्र

ज्—ज्ञ > ज्ञ ज्ञान, विज्ञान

द्—द्य > द्य विद्या, विद्यालय, द्योतन

र्—र्म > र्म धर्म > धर्म

श्—श्र > श्र मिश्र, श्रमिक

अर्ध व्यंजनों का उच्चारण आगे आने पूर्ण व्यंजन के साथ किया जाता है। इसलिए इनके उच्चरित स्वरूप का विश्लेषण संयुक्त वर्ण के संदर्भ में किया गया है।

यह हिंदी की मानक व्यवस्था है, जो लेखन, टाइप और छपाई में पूर्णरूपेण स्वीकृत है। लेखन में यदि पाई और अर्ध पाई वाले व्यंजन त्वरा में या भूल से अर्ध के स्थान पर पूर्ण रूप में लिख दिए जाए तो बिना पाई वाले टेढ़े-मेढ़े व्यंजनों के अर्ध रूप बनानेवाली प्रक्रिया से हल् (्) चिह्न लगाकर उच्चारण के अनुसार लिखकर काम चलाया जा सकता है। यहाँ यह ध्यातव्य है कि ऐसा लेखन मानक नहीं है। यह तदर्थ रूप में प्रयोग है; यथा—

वर्ण	अर्ध वर्ण स्वर	प्रयोग	
		तदर्थ रूप	मानक रूप
ग	ग्	ग्यारह	ग्यारह
च	च्	पाच्य	पाच्य
ज	ज्	ज्वार	ज्वार
त	त्	सत्य	सत्य
म	म्	साम्य	साम्य
क	क्	वाक्य	वाक्य

हिंदी प्रयोक्ता को तदर्थ रूप में प्रयुक्त अर्ध व्यंजन मन-मस्तिष्क को सहज ग्राह्य नहीं होंगे। थोड़ा भी ध्यान देंगे, तो लगेगा ऐसा प्रयोग, तो होता नहीं है। इससे कामचलाऊ स्थिति का ज्ञान हो जाएगा।

रकार के लिए चार चिह्नों (र, ्र, ^, ॅ) का प्रयोग व्यावहारिक रूप में होता है। इसकी विवेचना 'शब्दगत ध्वनियों के प्रयोग संदर्भ में की गई है। इस विषय में स्पष्ट है कि के 'ॅ' चिह्न अर्ध है, शेष तीनों चिह्न पूर्ण हैं; यथा—रमन, क्रम > क्रम, ट्रक > ट्रक, धर्म > धर्म।

8. संयुक्त वर्ण संरचना प्रयोग और मानकता वर्ण

नागरी वर्णमाला में संयुक्त रूपों को कुछ समय पूर्व तक क्ष, त्र और ज्ञ को अंत

में स्थान दिया जाता था, किंतु अब इसके साथ 'श्र' को स्थान दे दिया गया है। इन्हें वर्णमाला में स्थान देने का कारण है कि इनकी रचना में दोनों वर्णों के रूप का आभास नहीं होता है

इस प्रकार नागरी व्यंजनों की मानक संख्या और सीमा क से ह तक है। इसके साथ 4 संयुक्त वर्ण हैं।

संयुक्त व्यंजन वर्ण मानकता

नागरी व्यंजन वर्णों को मूल (पूर्ण) और अर्ध (स्वर विहीन) दोनों रूपों में प्रयोग किया जाता है; यथा—क और क् (क), ख और ख्, ग और ग् आदि। व्यंजन के अर्ध रूप के आधार पर संयुक्त वर्ण की रचना होती है। इसे संयुक्त व्यंजन की संरचना में देख सकते हैं—

द्य = द् + य द्म = द् + म क्ष = क् + ष

त्र = त् + र ज्ञ = ज् + ञ श्र = श् + र

नागरी मानकीकरण के संदर्भ में संयुक्त वर्ण-चिह्नों पर भी विचार करना आवश्यक है। 'र' चिह्न के आधार पर निर्मित संयुक्त व्यंजन के मानकीकृत रूप पर पहले ही विचार किया जा चुका है। नागरी के संयुक्त व्यंजन के परंपरागत और स्पष्ट संरचनात्मक रूपों को सामने रखकर मानकीकरण पर विचार किया जा सकता है—

परंपरागत रूप	प्रयोग	स्पष्ट संरचनात्मक रूप	प्रयोग
द्य	विद्या	द्‌य	विद्‌या
द्म	पद्मा	द्‌म	पद्‌मा
श्र	श्रमिक	श्‌र	श्‌रमिक
ह्न	चिह्न	ह्‌न	चिह्‌न
ह्य	बाह्य	ह्य	बाह्य
ह्ल	अह्लाद	ह्‌ल	अह्‌लाद

यहाँ दोनों संयुक्त रूपों में संरचनात्मक रूप में अर्ध और पूर्ण व्यंजनों की स्पष्टता सामने आती है। इसलिए लगता है यह रूप अधिक उपयोगी है, किंतु इसके लिप्यंकन में लगने वाले अधिक समय, स्थान और शक्ति के कारण इसका उपयोग जटिल हो जाता है। इस प्रकार 'र' आधारित क्र, ट्र, कर्म के ही समान द्य, द्म,श्र, ह्य, ह्व और ह्म आदि परंपरागत रूपों को सामान्य लेखन में स्वीकृति मिली है। हिंदी और नागरी मानकीकरण संस्था केंद्रीय हिंदी निदेशालय की पुस्तिका 'देवनागरी तथा हिंदी वर्तनी का मानकीकरण' में यही तथ्य प्रस्तुत किया गया है, "संयुक्त 'र' के प्रचलित तीनों रूप यथावत रहेंगे, जैसे--प्रकार, धर्म, राष्ट्र।"

यहाँ एक प्रयोगात्मक रूप विशेष उल्लेखनीय है। मैं 1982 ई. में नागरी लिपि की समस्याएँ और समाधान पर शोध-कार्य करते हुए स्पष्टता की दृष्टि से अपना

अंत्य नाम 'मिश्र' बदल कर 'मिश्‌र' लिखने लगा। कुछ दिनों तक प्रयोग करने के बाद दूसरों के टोकने साथ मुझे भी 'मिश्‌र' लिखने में झिझक होने लगी। मुझे लगा मैं जन-सामान्य के लेखन से कट गया हूँ और फिर 'मिश्र' ही लिखने लगा।

नागरी लिपि के टेढ़े-मेढ़े चिह्नों से बने संयुक्ताक्षरों में उनके नीचे हल् प्रयोग का सिद्धांत पूर्ववत रखना चाहिए; यथा--

पूर्ण व्यंजन	अर्ध व्यंजन	प्रयोग (संयुक्ताक्षर रूप)
ङ	ङ्	वाङ्मय
छ	छ्	उछ्वास
ट	ट्	लट्टू
ठ	ठ्	लठ्ठा
ड	ड्	लड्डू

यहाँ यह भी उल्लेखनीय है कि शिरोरेखा के नीचे दो लिपि चिह्नों को ऊपर-नीचे नहीं लिखना चाहिए; यथा–

अमानक रूप	मानक रूप
ट्ट (लट्टू)	लट्टू
ठ्ठ (लठ्ठ)	लठ्ठ
ड्ड (लड्डू)	लड्डू

ऐसे लेखन में अन्य चिह्नों से नीचे की ओर अधिक स्थान घिरेगा या फिर ऊपर-नीचे अति छोटे चिह्न बनाने होंगे। इससे लेखन जटिल और अस्पष्ट होने की संभावना रहेगी।

9. शिरोरेखा

शिरोरेखा नागरी लिपि को व्यवस्था और सौंदर्य विधायक आधार है। मनुष्य सौंदर्य प्रिय प्राणी है, तो नागरी का भी सुंदर रूप ही ग्राह्य और प्रिय होगा। वैसे त्वरा से लेखन में यत्र-तत्र शिरोरेखाविहीन नागरी लिपि के प्रयोग मिला जाते हैं; यथा–

मथुरा नगरी का भव्य रूप दर्शनीय है। शिरोरेखासहित

मथुरा नगरी का भव्य रूप दर्शनीय है –शिरोरेखारहित

इन दोनों वाक्यों के सौंदर्य-संदर्भ से तुलनात्मक विवेचन करें, तो शिरोरेखासहित प्रयोग का महत्त्व स्वतः स्पष्ट हो जाएगा। व्यवस्था संदर्भ में देखें, तो संस्कृत और हिंदी को साथ रखकर शिरोरेखा का महत्त्व स्पष्ट कर सकते हैं। संस्कृत श्लेष, संयोगात्मक भाषा है, तो हिंदी अश्लेष वियोगात्मक भाषा है। दोनों भाषाएँ नागरी लिपि में लिखी जाती हैं। नागरी लिपि को शिरोरेखा के आधार पर यह व्यवस्था स्पष्ट हो जाती है; यथा–

संस्कृत– वृक्षात् पत्राणि पतन्ति।

वृक्ष से पत्ते गिरते हैं।

यहाँ संस्कृत के कर्ता शब्द 'वृक्ष' के साथ कारक चिह्न शिरोरेखा से जुड़ा है वृक्षात्'। इसी प्रकार क्रियापद 'पतन्ति' शिरोरेखा से एक होने का तथ्य स्पष्ट कर रहा है। हिंदी में 'वृक्ष' कर्ता से 'से' कारक चिह्न शिरोरेखा के ही माध्यम से अलग रहकर और 'गिरते' मूल क्रिया को 'सहायक क्रिया से अलग रहकर हिंदी की मानक व्यवस्था बनाए हुए हैं।

इस प्रकार नागरी लिपि के मानकीकरण में शिरोरेखा व्यवस्था और उसका सौंदर्य विधायक आधार भी है।

नागरी लिपि के प्रयोगात्मक संदर्भ में अनुस्वार और अनुनासिक के मानकीकृत और परंपरागत चिह्नों का प्रयोग करना चाहिए। अनुस्वार और अनुनासिक चिह्न संरचना, उच्चारण और अर्थभेदक हैं; यथा–अनुस्वार (ं) अनुनासिक (ँ)

हिंदी के मानक उच्चारण संदर्भ में इनके उच्चरित स्वरूप की चर्चा की जा चुकी है।

10. अनुस्वार और अनुनासिक चिह्न और प्रयोग

संयुक्त व्यंजन के रूप में पंचमाक्षर (नासिक्य व्यंजन) के अर्ध रूप के लिए अनुस्वार ' ं ' का ही प्रयोग किया जाना चाहिए; यथा–

अर्ध नासिक्य व्यंजन	**प्रयोग**	**मानक प्रयोग**
ङ्	अङ्ग	अंग
ञ् (ञ)	पञ्च	पंच
ण् (ण)	अण्डा	अंडा
न् (न)	पन्त	पंत
म् (म)	पम्प	पंप

यदि संयुक्त वर्ण के अर्ध नासिक्य व्यंजन के बाद का वर्ण भिन्न वर्ण का हो, तो इसका पूर्ववत प्रयोग किया जाएगा। इसे अनुस्वार के रूप में प्रयोग नहीं होगा; यथा–

	नासिका व्यंजन वर्ण	**संयुक्ताक्षर में** भिन्न वर्ग का वर्ण
कवर्ग का (कंठ्य)	ङ्	वाङ्मय
टवर्ग (मूर्द्धन्य)	ण् (ण)	गण्यमान
तवर्ग (दंत्य)	न् (न)	उन्मेष, अन्य
पवर्ग (ओष्ठ्य)	म् (म)	सम्यक

यदि अर्ध नासिक्य व्यंजन का प्रयोग उसी व्यंजन वर्ण के पूर्व हो अर्थात् द्वित्त्व रूप में हो, तो उसे अनुस्वार के रूप में प्रयोग न कर पूर्ववत अर्थात द्वित्त रूप में होगा; यथा–अन्न, सम्मान, सम्मेलन आदि

हिंदी में प्रयुक्त संस्कृत शब्दों में अंतस्थ और ऊष्म व्यंजन वर्णों य, र, ल, व और श, ष, स, ह के पूर्व प्रयुक्त अनुस्वार को हिंदी में पूर्ववत ही प्रयोग करना चाहिए; यथा–

संयम, संरक्षक, संलग्नक, संवत, आंशिक, मांसल, सिंहल

अनुनासिक चिह्नः—हिंदी की सरलीकरण प्रक्रिया में अनुस्वार ‘ं’ और अनुनासिक ‘ँ’ दोनों के लिए ‘ं’ का प्रयोग किया जाता है। यह उचित नहीं है। इससे अस्पष्टता उभर आती है। यदि अनुस्वार और अनुनासिक के लिए एक ही चिह्न प्रयोग करें—‘हंस-हंस’ लिखें, तो कौन-सा शब्द ‘हंस’ है और कौन सा ‘हँस’ है? समझ पाना असंभव है।

इसी प्रकार आंधी-अंधकार, गांधी-गंध के शुद्ध उच्चारण का आधार अस्पष्ट हो जाता है। इसलिए परंपरागत और मानकीकृत रूप अपनाना होगा। मानकीकृत रूप की स्पष्टता अवलोकनीय है—

हंस-हंस > हंस-हँस (हँसना क्रिया)

गंध-गांधी > गंध-गाँधी

नागरी लिपि के प्रयोग में यदि स्वर की मात्रा शिरोरेखा के ऊपर ‘ े ’, ‘ ै ’ हो, अथवा शिरोरेखा के नीचे से ऊपर तक हो ‘ ीं ’, ‘ ौ ’, ‘ ी ’ और उसके साथ अनुनासिक चिह्न ‘ँ’ प्रयोग हो, तो स्पष्टता और सरलता के लिए अनुस्वार ‘ं’ के रूप में प्रयोग किया जाता है। इससे लेखन और कंप्यूटर-टाइप दोनों के लिए उपयोगी रूप बन गया है। यही मानकीकृत रूप है; यथा—

अनुनासिकता	**उच्चरित रूप**	**मानक लिखित रूप**
ँ	ीँ > नहीँ	नहीं
	ेँ > मेँ	में
	ैँ > मैँ	मैं
	ोँ > लताओँ	लताओं

11. ‘पूर्ण विराम’

नागरी के प्रयोगात्मक संदर्भ का परंपरागत चिह्न पूर्ण विराम ‘।’ है। कुछ विद्वानों का मंतव्य है कि वर्तमान समय में ‘हिंदी में प्रयुक्त सभी विराम चिह्न अंग्रेजी के समान हैं, मात्र विराम चिह्न भिन्न है। इसलिए इसे बदलकर अंग्रेजी के full stop ‘.’ चिह्न को अपना लेना चाहिए। इतना ही नहीं इसका प्रयोग यत्र-तत्र लेखन और प्रकाशन में प्रयुक्त हो रहा है। यूनीकोड आदि फॉट प्रयोग करनेवाले कुछ लोग कंप्यूटर टंकण में भी प्रयोग करने लगे हैं। कुछ ऐसे प्रयोक्ताओं और विद्वानों का कथन है कि स्थान अंग्रेजी के full stop ‘ .’ में हिंदी के पूर्ण विराम ‘ ।’ लेखन से कहीं कम, समय, और शक्ति लगती है। इसलिए इसका प्रयोग उपयोगी है।

विचारणीय प्रश्न है कि एक ही विराम के लिए दो चिह्नों का प्रयोग अवैज्ञानिक है। इन दोनों चिह्नों की उपयोगिता संदर्भ से मानकीकरण करना होगा। एक वाक्य में दोनों चिह्नों का प्रयोग कर विचार करते हैं—

पूर्ण विराम प्रयोग–मनमोहन मधुर के साथ घर गया।

full stop प्रयोग–मनमोहन मधुर के साथ घर गया.

प्रथम वाक्य में 'गया' पद की शिरोरेखा लगाने के बाद थोड़ा सा कलम उठाकर ऊपर से नीचे की ओर रेखा खींची जाती है। दूसरे वाक्य में गया पद की शिरोरेखा लगाने के बाद अंतिम छोर से कलम लगभग वृत्ताकार रूप में ऊपर उठकर नीचे आकर full stop ' . ' बिंदु की रचना करती है। अब दोनों के लेखन में लगनेवाली शक्ति, स्थान और समय पर विचार करें, तो दोनों में समान स्थान लगा। समय और शक्ति की बात करें, तो एक का मार्ग लगभग, वृत्ताकार है, दूसरे का लगभग सीधा। इस प्रकार पूर्णविराम '।' प्रयोग में 'full stop' ' . ' से कम शक्ति और समय लगने से यह उपयोगी है।

स्पष्टता की दृष्टि से भी दो वाक्यों के बीच पूर्णविराम का प्रयोग अधिक उपयोगी है। यहाँ यह भी उल्लेखनीय है कि हिंदी के पूर्व की वैदिक, संस्कृत, पाली, प्राकृत और अप्रभ्रंश आदि में पूर्णविराम '।' चिह्न का ही प्रयोग होता रहा है। अतः नागरी के प्रयोगात्मक अर्थात हिंदी आदि के लेखन में परंपरागत पूर्ण विराम '।' को मानक रूप में प्रयोग करना चाहिए।

12. नागरी अंक

लिपि के मुख्य दो भाग होते हैं–वर्णमाला और अंकमाला। भावाभिव्यक्ति संदर्भ में वर्णमाला की भूमिका प्रमुख होती है, किंतु गणना-संदर्भ में अंकमाला की अनिवार्यता स्वयंसिद्ध है। नागरी लिपि में प्रयुक्त अंकमाला के दो रूप हैं। प्रथम परंपरागत मूल रूप, तो द्वितीय अंतरराष्ट्रीय उपयोग के लिए प्रयुक्त नागरी के अंतरराष्ट्रीय अंक रूप। दोनों ही नागरी के अंक है। नागरी के गूल अंकों की पहचान है–उनमें घुंडी का होना; यथा–एक में एक पूर्ण घुंडी (गोला) है १, दो अंक में छोटी बड़ी लगभग दो घुंडी है तीन में तीन घुंडी हैं–आदि-आदि। अंतरराष्ट्रीय अंक माला से घुंडियाँ लगभग उड़ा दी गई हैं; यथा–1,2,3 आदि-आदि।

नागरी मूल अंकः–

० १ २ ३ ४ ५ ६ ७ ८ ९

नागरी अंतरराष्ट्रीय अंक–0 1 2 3 4 5 6 7 8 9

13. हिंदी के संख्यावाचक शब्द

हिंदी के संख्यावाचक शब्दों के उच्चारण में भिन्नता होने के कारण उनके लेखन में भिन्नता मिलती है। उच्चारण की यह भिन्नता विभिन्न प्रदेशों और क्षेत्रों के कारण है। इसमें मानकीकरण के लिए एकरूपता अनिवार्य है।

(क) स्वतंत्र अंक

नागरी अंक		
मूल	अंतरराष्ट्रीय	
१	1	एक
२	2	दो
३	3	तीन
४	4	चार
५	5	पाँच
६	6	छह
७	7	सात
८	8	आठ
९	9	नौ
१०	10	दस
११	11	ग्यारह
१२	12	बारह
१३	13	तेरह
१४	14	चौदह
१५	15	पंद्रह
१६	16	सोलह
१७	17	सत्रह
१८	18	अट्ठारह
१९	19	उन्नीस
२०	20	बीस
२१	21	इक्कीस
२२	22	बाईस
२३	23	तेईस
२४	24	चौबीस
२५	25	पचीस
२६	26	छब्बीस
२७	27	सत्ताईस
२८	28	अट्ठाईस
२९	29	उनतीस
३०	30	तीस
३१	31	इकतीस

३२	32	बत्तीस
३३	33	तैतीस
३४	34	चौंतीस
३५	35	पैंतीस
३६	36	छत्तीस
३७	37	सैंतीस
३८	38	अड़तीस
३९	39	उनतालीस
४०	40	चालीस
४१	41	इकतालीस
४२	42	बयालीस
४३	43	तैंतालीस
४४	44	चौवालीस
४५	45	पैंतालीस
४६	46	छियालीस
४७	47	सैंतालीस
४८	48	अड़तालीस
४९	49	उनचास
५०	50	पचास
५१	51	इक्यावन
५२	52	बाबन
५३	53	तिरपन
५४	54	चौवन
५५	55	पचपन
५६	56	छप्पन
५७	57	सत्तावन
५८	58	अट्ठावन
५९	59	उनसठ
६०	60	साठ
६१	61	इकसठ
६२	62	बासठ
६३	63	तिरसठ
६४	64	चौंसठ
६५	65	पैंसठ

६६	66	छियासठ
६७	67	सड़सठ
६८	68	अड़सठ
६९	69	उनहत्तर
७०	70	सत्तर
७१	71	इकहत्तर
७२	72	बहत्तर
७३	73	तिहत्तर
७४	74	चौहत्तर
७५	75	पचहत्तर
७६	76	छिहत्तर
७७	77	सतहत्तर
७८	78	अठहत्तर
७९	79	उनासी
८०	80	अस्सी
८१	81	इक्यासी
८२	82	बयासी
८३	83	तिरासी
८४	84	चौरासी
८५	85	पचासी
८६	86	छियासी
८७	87	सतासी
८८	88	अठासी
८९	89	नवासी
९०	90	नब्बे
९१	91	इकानवे
९२	92	बानवे
९३	93	तिरानवे
९४	94	चौरानवे
९५	95	पंचानवे
९६	96	छियानवे
९७	97	सनतानवे
९८	98	अठानवे
९९	99	निन्यानवे
१००	100	सौ

(ख) क्रमसूचक संख्या (Ordinal number)

तत्सम	तद्भव	तत्सम	तद्भव	तत्सम	तद्भव
प्रथम	पहला	द्वितीय	दूसरा	तृतीय	तीसरा
चतुर्थ	चौथा	पंचम	पाँचवाँ	षष्ठ	छठा
सप्तम	सातवाँ	अष्टम	आठवाँ	नवम	नवाँ
दशम	दसवाँ				

(ग) भिन्नसूचक संख्या (Fractional number)

भिन्न अंक	शब्द	भिन्न अंक	शब्द
¼	चौथाई	½	आधा
¾	पौन	1¼	सवा
1½	डेढ़	1¾	पौने दो
2¼	सवा दो	2½	ढाई
2¾	पौने तीन	3¼	सवा तीन
3½	साढ़े तीन	3¾	पौने चार
4¼	सवा चार	4½	साढ़े चार

आदि-आदि।

इस प्रकार नागरी लिपि के मानकीकरण से हिंदी ही नहीं अन्य भाषाओं का लेखन (लिपिबद्ध करना) सरल हो जाएगा। इसमें उच्चारण के अनुसार लेखन और लिखित का शुद्ध उच्चारण अर्थात लेखनानुसार उच्चारण की वैज्ञानिक शक्ति आ जाएगी। भारतवर्ष में संपर्क लिपि के रूप में प्रयोग की शक्ति संपन्नता भी हो जाएगी। इससे आचार्य बिनोवा भावे का वह सपना पूरा हो जाएगा—"भारतवर्ष की सभी भाषाओं में अपनी लिपि के साथ नागरी लिपि का भी प्रयोग किया जाए।"

2.2 कंप्यूटर के संदर्भ में नागरी लिपि चिह्नों का मानकीकरण

भाषा मनुष्य के विकास और उन्नति का परमाधार ही नहीं, विशिष्ट उपलब्धि भी है। लिपि का आधार पाकर भाषा में स्थायित्व शक्ति विकसित हो जाती है। वह समय और स्थान पार करने की शक्ति सजो लेती है। विश्व की विभिन्न लिपियों में नागरी लिपि का विशेष स्थान है। नागरी लिपि का प्रयोग अनेक भाषाओं के साथ 'देवभाषा संस्कृत' के लिए भी किया जाता है। देवभाषा संस्कृत के नामकरण के समानांतर इसे देवनागरी कहा जाता है।

देवनागरी पर्याप्त वैज्ञानिक लिपि है। इसमें किसी भी भाषा के भावों को लगभग समान रूप में लिपिबद्ध किया जा सकता है। जिस प्रकार मनुष्य को समय, परिस्थिति और अपेक्षा के आधार पर कमी का आभास होता है, उसी प्रकार लिपि

में समय-परिस्थिति के परिवर्तन के साथ अभिव्यक्ति स्वरूप की अपेक्षा पर न्यूनताएँ दृष्टिगोचर होती रही हैं। अब तक देवनागरी के मानकीकरण के संदर्भ में लेखन टाइप और छपाई (सामान्य प्रकाशन) में एकरूपता लाने को प्रयत्न किया जाते रहे हैं। इस प्रक्रिया में विशेष बल लिपि चिह्नों की संख्या सीमित रखने पर रहता था। विभिन्न भाषाओं के लिए लिपि चिह्नों की संख्या सीमित रखी गई है। विभिन्न भाषाओं के लिए उनकी लिपियों के साथ देवनागरी लिपि के प्रयोग से विश्व को एक सूत्र में बाँधने की उद्‌घोषणा आचार्य बिनोवा भावे ने की थी। आचार्य भावे ने देवनागरी लिपि के चिह्नों को कम करने का विशेष आधार बनाया था। उन्होंने 'अ' स्वर के माध्यम से विभिन्न स्वरों को अंकित करने का प्रयास किया था। उनका लेखन भी इसी प्रकार था; यथा–

अ–इ > अि   ई > अी
उ > अु   ऊ > अू
ए > अे   ऐ > अै
ओ > ओ   औ > औ

वर्तमान भूमंडलीकरण की प्रक्रिया और कंप्यूटर युग में देवनागरी के मानकीकरण की प्रक्रिया का नया रूप सामने आया है। पहले लिपि-चिह्नों की संख्या को सीमित रखने के साथ लेखन और उच्चारण की सरलता और स्पष्टता पर बल दिया जाता रहा है। इसलिए संयुक्त वर्णों के विषय में सभी भाषा वैज्ञानिक एकमत थे कि इन्हें वर्णमाला से निकाल कर इनके स्थान पर स्वतंत्र लिपि-चिह्नों का प्रयोग करना चाहिए; यथा–

क्त > क्‍त   क्र > क्‍र   क्ष > क्‍ष
ग्र > ग्‍र   ज्ञ > ज्‍ञ   त्र > त्‍र
द्ध > द्‌ध   द्म > द्‌म   द्य > द्‌य
द्र > द्‌र   द्व > द्‌व   प्र > प्‍र
भ्र > भ्‍र   म्र > म्‍र   व्र > व्‍र
श्र > श्‍र   स्र > स्‍र   ह्न > ह्‌न
ह्म > ह्‌म   ह्र > ह्‌र   ह्ल > ह्‌ल
ह्व > ह्‌व

यह सच है कि यह नागरी लिपि का सैद्धांतिक सुधार-सुझाव नव चिंतन पर आधारित था। संयुक्त वर्ण की इन स्वतंत्र वर्णों की संरचना में यह अवश्य सुस्पष्ट हो जाता है कि संयुक्त वर्ण में कौन सा वर्ण आधा है और कौन सा वर्ण पूरा है। इस स्पष्टता के बाद भी इन रूपों को समाज स्वीकृति नहीं मिली। संयुक्त वर्ण पूर्ववत प्रयुक्त होते रहे हैं। इन वर्णों के सतत प्रयोग का कारण है कि इनके लेखन में अपेक्षाकृत कम समय, कम शक्ति और कम खर्च लगता है।

लिपि की वैज्ञानिकता और श्रेष्ठता का मापदंड है—कम शक्ति, कम समय, कम स्थान और कम अर्थ—व्यय में स्पष्ट अभिव्यक्ति। कंप्यूटर का आधार पाकर लिपि के गुणों में आशातीत विकास हुआ है। कंप्यूटर में प्रयुक्त वैदिक, संस्कृत, पाली, प्राकृत, अपभ्रंश, मराठी और नेपाली में नागरी के विकसित स्वरूप को देख सकते हैं। नागरी के आधार पर हिंदी प्रतिदिन विस्तार पा रही है। हिंदी की विभिन्न बोलियाँ—ब्रज, अवधी, कौरवी, भोजपुरी, हरियाणवी आदि कंप्यूटर पर प्रयुक्त होने लगी हैं।

कंप्यूटर के गतिशील प्रयोग के लिए हिंदी के विविध साफ्टवेयर विकसित हो चुके हैं। देवनागरी का सर्वाधिक प्रयोग पेजमेकर (pagemaker) में हो रहा है। वैसे—एम.एस. वर्ल्ड (Microsoft word) पर भी देवनागरी का प्रभावी प्रयोग हो रहा है। वर्तमान समय में नागरी के लिए अनेक फांटो के उपयोग हो रहे हैं। हिंदी संस्कृत आदि भाषाओं के लिए प्रयुक्त होनेवाले प्रमुख फांट हैं—अर्जुन, अंकित, आगरा, कणिका, कृष्ण, पंकज, माया, रिचा, शिव और हेमंत कुतिदेव आदि। फॉन्ट निर्माताओं को भिन्न चिंतन, निर्माण, पद्धति की भिन्नता के कारण विभिन्न फॉन्ट के चिह्नों में वैविध्य है। इन निर्माताओं के समन्वय के लिए कोई नियंत्रक संस्था नहीं है और न ही सरकार का कोई नियंत्रण है न अपेक्षित निर्देश है। यही कारण है विभिन्न फॉन्टों में विविधता बनी हुई है।

इन फॉन्टों की विविधता को समाप्त कर एकरूपता के आधार पर मानकीकरण करना अनिवार्य है। लिपि के मुख्यतः दो भाग हैं—वर्णमाला और अंक माला। सभी भाषाओं को लिपिबद्ध करने को शक्ति-संपन्नता हेतु किए जानेवाले प्रयास से नागरी के वर्णों की संख्या में यदा-कदा परिवर्तन दृष्टिगोचर होता है, किंतु नागरी अंकों की संख्या दस सुनिश्चित है।

अ. वर्णमाला संबंधी मानकीकरणः—सर्वप्रथम नागरी वर्णमाला के स्वरूप का विश्लेषण कंप्यूटर के विभिन्न फॉन्टों के संदर्भ से किया जाता है। विभिन्न फॉन्टों के वर्ण-चिह्न मूलतः समान लगते हैं, किंतु नवीनता, सौंदर्य या यत्र-तत्र प्रयुक्त रूप के आकर्षण में उनमें भिन्न स्वरूप विकसित कर दिए गए हैं। लिपि मानकीकरण और स्पष्ट प्रयोग के लिए एक रूपता अनिवार्य है।

2.2.1 एक वर्ण के लिए एकाधिक चिह्नों का प्रयोग—देवनागरी के विभिन्न व्यंजन वर्णों में 'ल' वर्ण—चिह्न के साथ एक अन्य 'ल' चिह्न भी मिलता है। 'ल' वर्ण चिह्न मूलतः मराठी भाषा में प्रयुक्त होता है। आगरा, अर्जुन, अंकित, हेमंत, कणिका, कृष्ण, पंकज और सरोज आदि में 'ल' चिह्न का प्रयोग होता है। 'ल' चिह्न का प्रयोग अमन और माया फॉन्टों में है। कृष्ण फॉट की रचना विशेष विचारणीय है। मूल चिह्न ल ही है, किंतु ऋकार के साथ इसका रूप बदलकर 'ऌ' ही प्रयुक्त होता है।

इन चिह्नों में एकरूपता लाने से ही मानक रूप 'ल' अपनाना होगा।

2.2.2 संयुक्त वर्ण की स्वरूप रचना में वैविध्य

कंप्यूटर के आगमन से हिंदी के समस्त मानक संयुक्त वर्णों को अपना लिया गया है। यह सुस्पष्ट है कि नागरी की आक्षरिकता और संयुक्त वर्ण विशेष-रचना के प्रयोग से कम शक्ति, कम समय, और कम खर्च लगाकर सीमित स्थान प्रयोग से स्पष्ट अभिव्यक्ति संभव है।

संयुक्त वर्णों की रचना और प्रयोग-संदर्भ में मानकीकरण की अपेक्षा है। विभिन्न फॉटो के चिह्नों की उभरती विविधता पर विचार आवश्यक है।

(अ) **'त्र'** : यह नागरी लिपि में बहुल रूप से प्रयुक्त संयुक्त व्यंजन है। स्वतंत्र रूप में इसे 'त्र' रूप में लिख सकते हैं, किंतु यह रूप लेखन में भी नहीं प्रयुक्त होता है। यह संयुक्त व्यंजन केवल एक कुंजी के दबाने अर्थात् एक स्ट्रोक से बन जाता है। ऐसे मुख्य फांट हैं—क्रुतिदेव, रिचा, न्यू देलही, आगरा, अमन, अंकित, कृष्णा, माया, पंकज और सरोज आदि।

कुछ फांटों में 'त्र' संयुक्त व्यंजन की रचना दो स्ट्रोक की भूमिका होती है। प्रथम स्ट्रोक में 'त्र' चिह्न बनता है, तो दूसरे स्ट्रोक में ' ा ' की रचना से संयुक्त वर्ण 'त्र' बन जाता है। ऐसे फांट हैं—अर्जुन, हेमंत और कणिका, अजय, भूमि, नारद, पारस हिंदी, वाक्मैंन चाणक्य्। इसकी रचना प्रक्रिया में एकरूपता होनी चाहिए। भिन्न रचना प्रक्रिया से बने अक्षर को जब किसी अन्य फांट में परिवर्तन करना होता है, तो समस्या आती है।

भारत फॉट की रचना सबसे अलग 'त' में 'र' का योग स्पष्ट दिखाई देता है—'त्र'। कुछ विवरण आगरा, अमन या कृष्ण में टाइप किया जाये और उसमें 'त्र' वर्ण प्रयुक्त हो। यदि इसे अर्जुन अथवा हेमंत फॉट में परिवर्तित करना चाहेंगे, तो 'त्र' पूरा न होकर 'त्र' हो जायेगा : यथा—

अब तक मात्र एक पत्र लिखा तुमने। आगरा फांट

अब तक मात्र एक पत्र लिखा, तुमने! -परिवर्तित अर्जुन फांट

इसके विपरीत यदि विवरण पहले अर्जुन या हेमंत में टाइप हो और उसे आगरा, अमन, कृष्ण या पंकज में परिवर्तित करना चाहें, तो पूर्व का टाइट 'त्र' संयुक्त वर्ण परिवर्तित होकर 'त्रा' बन जाएगा; यथा—

अब तक मात्र एक पत्र लिखा, तुमने। अर्जुन फांट

अब तक मात्रा एक पत्रा लिखा, तुमने। आगरा परिवर्तित

इस समस्या के समाधान और मानकीकरण हेतु एकरूपता लाना अनिवार्य है।

(आ) श्च- श्च :

इन दोनों संयुक्त व्यंजन चिह्नों में अर्ध 'श' का स्वरूप स्पष्ट है। इनकी प्रयुक्ति में 'श' के अर्ध रूप का आभास होता है, किंतु एक ही संयुक्त वर्ण के लिए दो चिह्नों का प्रयोग अवैज्ञानिक है। व्यंजन के अर्ध रूप निर्माण का प्रथम सिद्धांत

है, जिस व्यंजन वर्णों की रचना में दाहिनी ओर पाई 'ा' होती है, उसे हटा देने से अर्ध व्यंजन रूप बन जाता है; यथा–ख > ख्, ग > ग्, च > च्, ज > ज्, ण > ण्, म > म्, श > श् आदि।

'श्च' रूप दो स्ट्रोक से सरलता से बनाया जाता है। अमन, कृष्ण, पंकज, ऋचा और सरोज आदि फांटो में 'व' संयुक्त व्यंजन वर्ण की व्यवस्था है। इन फांटो में Alt 0245 के आधार पर यह चिह्न उपलब्ध हो जाता है। श्च की रचना में दो स्ट्रोक का सहारा लेना होता है, जबकि 'श्च' के लिए Alt कुंजी के साथ-साथ 0245 चार कुंजियों को दबाना पड़ता है। इस द्विरूपता को समाप्त करने के लिए एक उपयुक्त बहु प्रचलित और 'श' के स्पष्ट अर्थ होने वाले रूप 'श्च' को अपनाना चाहिए।

(इ) श्व-श्व :

इस प्रकार आधा 'श' और 'व' के संयुक्त रूप को दो प्रकार से अपनाया जाना अवैज्ञानिक है। 'श्व' सर्वाधिक प्रचलित रूप है। इस प्रयोग लेखन तथा टाइप में प्रायः मिल जाता है। इसकी रचना कंप्यूटर में दो कुंजियों के द्वारा संभव है। इसमें 'श' व्यंजन वर्ण से 'ा' को हटा कर अर्ध व्यंजन 'श्' बनाने का सरलतम सिद्धांत अपनाया जाता है।

श्व संयुक्त व्यंजन वर्ण की व्यवस्था कृष्णा, माया, ऋचा और अमन आदि फांटो में मिलती है। इसकी रचना के लिए Alt 0253 के आधार पर पहले Alt कुंजी पर दबाव देते हैं फिर साथ-साथ 0253 चार कुंजियों का सहारा लेते हैं। इस प्रकार 'श्व' की रचना में जहाँ दो कुंजियों का सहारा लेना होता है, वही 'श्व' में पाँच कुंजियों का सहारा लेना होता है। इसकी रचना में अपेक्षाकृत अधिक समय, शक्ति और स्थान की अपेक्षा होती है। इस प्रकार सर्व प्रचलित और वैज्ञानिक रूप को अपनाकर मानकीकरण करना चाहिए।

कुछ फॉन्टो में अर्ध 'श' के लिए स्वतंत्र रूप में 'श्' की व्यवस्था की गई है। इसके लिए Alt-022 का आधार लेना होता है। यदि कुंजी पटल की दो कुंजियों के सीधे प्रयोग से 'श्व' की रचना सरलता से संभव है, तो सामान्य सर्व सुलभ पद्धति से बननेवाले श्व को ही अपनाना चाहिए।

(ई) द्‌द-द्द :

हिंदी लेखन पहले द्‌द' और 'द्द' दोनों रूप प्रयुक्त होते रहे हैं; यथा–लट्‌टू-लट्टू, लड्‌डू-लड्डू, गद्‌दा-गद्दा आदि। नागरी लिपि के मानकीकरण में इस प्रकार ट, ठ, ड, ढ और द आदि के साथ लिखे जाने वाले संयुक्त या द्वित्त रूप के ऊपर-नीचे की पद्धति को छोड़ दिया गया था। मानकीकृत रूप में लट्‌टू, लट्‌ठा, गड्‌ढा, लड्‌डू, गद्‌दा को ही स्वीकार किया गया है। ऐसे रूपों को लिखने में अक्षर दो या तीन लाइन तक फैल सकते हैं; यथा–

लट्टू > लट्टू

लड्डू > लड्डू

कंप्यूटर की विशेष सुविधा में लिपि के किसी भी चिह्न के छोटे या बड़े रूप में अपनाने की व्यवस्था होती है। जितने स्थान में एक स्वतंत्र या मूल वर्ण लिखा जाता है उतने ही स्थान में द्वित्व या संयुक्त वर्ण के दोनों रूपों का टाइप करना संभव है। इसी आधार पर संयुक्त वर्णों के इन दोनों रूपों को मान्यता मिल गई है। ऐसे चिह्नों की रचना के आधार इस प्रकार हैं–

ट्ट–Alt 0234 ट्ठ–Alt 0235

ड्ड––Alt 0236 द्द––Alt 0237 आदि।

जब कंप्यूटर में ट, ठ, ड, ढ और द आदि पूर्ण व्यंजनों के साथ ट्, ठ्, ड्, ढ्, द् आदि अर्ध रूपों की रचना संभव, अनुकूल और मानकीकृत आधार पर है, तो अन्य रूपों को व्यवस्था से ही हटा देना चाहिए।

(उ) द्ग-ग्द :

ये दोनों एक लगने वाले संयुक्त व्यंजन हैं, किंतु गंभीरता से विचार करें, तो 'द्ग' की रचना 'द' आधा और 'ग' पूरा चिह्न है; यथा–उदग्दार–उद्गार। 'ग्द' में पूर्ण स्पष्ट है कि 'ग' का आधा और 'द' का पूरा रूप है; यथा-मुग्दर।

आगरा, अर्जुन, अमन, अंकित, कणिका, और कृष्णा में Alt 0229 से 'द्ग' की रचना होती है जबकि हेमंत में Alt 0229 से ही 'ग्द' की रचना होती है। इन दोनों चिह्नों की भिन्नता को तुलनात्मक रूप में इस प्रकार देख सकते हैं–

द्ग > द्‌ग–उद्गार (उद्‌गार), उद्गम (उद्‌गम)

ग्द > ग्द–मुग्दर

इस प्रकार स्पष्टता, वैज्ञानिकता और मानकता के लिए मूल चिह्न के स्पष्ट अर्ध रूप से ही 'द्ग' संयुक्त व्यंजन को 'द्‌ग' बनाया जाए : यथा–

द्ग > द्‌ग उद्‌गार

(ऊ) र :

व्यंजन वर्णों में ह्रस्व उ और दीर्घ- ऊ की मात्राएँ ' ु ' ' ू ' उनके नीचे लगाई जाती है; यथा–

ु –कुछ, गुण, चुप, सुत।

ू –कूद, घूमना, दूना, फूल।

कुछ विद्वानों का सुझाव रहा है कि 'र' वर्ण में भी अन्य वर्णों में लगने वाले उ और ऊ की मात्राओं के समान नीचे लगाया जाए; यथा–र ु –र ू।

'र' वर्ण में उ और ऊ की मात्राओं को मध्य में लगाने की व्यवस्था है। यह ही वास्तव में परंपरागत, वैज्ञानिक और मानक रूप है। इसके लिए दो स्पष्ट रूप निर्धारित किए गए हैं–

उ की मात्रा ु > रु—रुपया, गुरु

ऊ की मात्रा ू > रू—रूप, स्वरूप

लेखन और कंप्यूटर में 'रु' ह्रस्व रूप पूर्ण स्पष्ट है, किंतु दीर्घ में विविधता है। लेखन में दो प्रचलित हो गए हैं—रू-रू। लेखन को मानक बनाने के लिए सीधे घुंडीदार-'रू' रूप अपनाया गया है। कंप्यूटर के विभिन्न फॉन्टों में सुंदरता और आकर्षक रूप लाने के लिए बनाये रूपों में विविधता आ गई है। इस विविधता को स्पष्ट रूप से देख सकते हैं—

रू—आगरा, अंकित, अर्जुन, भूमि, हेमंत, कणिका, कृष्णा, नारद, न्यू देलही।

रू—अमन, माया, पंकज, पारस हिंदी

इस प्रकार की विविधता को समाप्त कर एकरूपता विकसित कर मानकता लाने की आवश्यकता है।

(ए) छ की विविधताः—कंप्यूटर के विभिन्न फॉन्टों में नागरी के व्यंजन 'छ' में पर्याप्त भिन्नता सामने आती है। इस चिह्न की दो शिराएँ आगरा, अजय, अमन, कणिका, अर्जुन, हेमंत, माया, रिचा और सरोज आदि में शिरोरेखा से मिलती है। इसके साथ ही विभिन्न फॉन्ट के चिह्नों की घुड़ी और वृत्त में भी भिन्नता दिखाई देती है; यथा—

छ—आगरा, अमन, अर्जुन, हेमंत, माया, नारद, पंकज, सुषमा, रिचा

छ—अंकित, अजय, पारस हिंदी, वाक्मैंन चाणक्य

ल :

नागरी वर्णमाला के अंतस्थ पार्श्विक वर्ण के लिए विभिन्न फॉन्टों में 'ल' और 'ल' दो रूप मिलते हैं' यथा—

ल—क्रुतिदेव, आगरा, अंकित, अर्जुन, भूमि, हेमंत, कणिका, कृष्णा, पंकज, न्यू देलही, रिचा, वाक्मैंन चाणक्य, पारस हिंदी

ल—अजय, अमन, अमित, माया, नई दुनिया

इस वर्ण की विविधता को समाप्त कर एकरूपता विकसित कर मानक चिह्न अपनाना चाहिए।

2.2.3 अंकमाला संबंधी मानकीकरण

नागरी के साथ अंकों के दो रूप प्रयुक्त होते हैं। ये दोनों रूप इस प्रकार है—

मूल रूप—० १ २ ३ ४ ५ ६ ७ ८ ९

अंतरराष्ट्रीय रूप—0 1 2 3 4 5 6 7 8 9

भारतीय संविधान में राजभाषा हिंदी के साथ नागरी के अतरराष्ट्रीय अंक चिह्नों के प्रयोग का प्रावधान है। यहाँ यह उल्लेखनीय है कि भारतीय अंकमाला का मूल

और स्रोत चिह्न 0 (शून्य) है। इसके आधार पर विभिन्न अंकों की रचना की गई है। ध्यान से देखे, तो नागरी के सभी मूल चिह्नों में शून्य की भांति गोलाकार रचना अवश्य मिलती है। भारतवर्ष की सभी लिपियों में यह गोलाकार स्वरूप अवश्य मिलता है।

कंप्यूटर में प्रयुक्त हिंदी के कुछ फॉन्टों में नागरी के मूल और अंतरराष्ट्रीय दोनों रूपों के प्रयोग की व्यवस्था है। जिन हिंदी फांटो में अंतरराष्ट्रीय नागरी के अंतरराष्ट्रीय अंकों के प्रयोग की सहज व्यवस्था है उनमें से अधिकांश में नागरी के मूल अंकों के प्रयोग की ऐसी व्यवस्था है–

Alt-0140 > ०   Alt-0141 > १
Alt-0142 > २   Alt-0143 > ३
Alt-0144 > ४   Alt-0145 > ५
Alt-0146 > ६   Alt-0147 > ७
Alt-0148 > ८   Alt-0149 > ९

नागरी लिपि के दोनों प्रकार के अंकों की व्यवस्था उपयोगी है। इसलिए ये व्यवस्था सभी हिंदी फांटों में होनी चाहिए।

नागरी के जिन फांटों में नागरी के मूल अंक हैं, उन सब की रचना की तुलना करें, तो पर्याप्त भिन्नता दिखाई देती है। विविध फॉन्टो के अंकों की रचना में एकरूपता होना आवश्यक है।

हिंदी के कुछ फॉन्टो के अंको की रचना की भिन्नता को इस प्रकार है–

1. अंतरराष्ट्रीय नागरी अंकों की लगभग सभी फॉन्टों में समानता है, केवल चार अंक के दो रूप मिलते हैं; यथा–

चार–

4-अजय फॉन्ट।

4-अमन, अंकित, आगरा, भूमि, हेमंत, कृष्णा, माया आदि।

नागरी की मूल अंकमाला में पाँच, आठ और नौ अंकों की विभिन्न फॉन्टों में विविधता सामने आती है। प्रयोगात्मक रूप में इनकी विविधता इस प्रकार प्रस्तुत कर सकते हैं–

0 1 2 3 4 5 6 7 8 9 लेखन का बहुप्रचलित रूप के विभिन्न फॉन्टों में प्रयुक्त नागरी के मूल अंक रूप–

१ २ ३ ४ ५ ६ ७ ८ ९–अमित, सरोज

१ २ ३ ४ ५ ६ ७ ८ ९–नारद

१ २ ३ ४ ५ ६ ७ ८ ९–भारत

१ २ ३ ४ ५ ६ ७ ८ ९–बजरंग

१ २ ३ ४ ५ ६ ७ ८ ९–चाणक्य, वाक्मैंन चाणक्य, न्यू देलही, नई दुनिया

विभिन्न फॉन्टों में विविधता वाले अंकों का विवरण इस प्रकार प्रस्तुत कर सकते हैं, साथ ही इसे समाप्त कर एकरूपता के आधार पर मानकीकरण संभव होगा।

(अ) पाँच अंक की विविधता—पाँच अंक के लिए विविध फॉन्टों में तीन रूप मिलते हैं। इसका प्रयोग इस प्रकार है—

५-अमित, नारद, भारत

५-न्यू देलही, चाणक्य, वाक्मैंन चाणक्य, नई दुनिया

५-बजरंग

(आ) आठ अंक की विविधता—आठ अंक के लिए विभिन्न फॉन्टों में तीन रूप प्रयुक्त होते हैं; यथा—

८-अमित

८-नारद

८-भारत, बजरंग, चाणक्य, वाक्मैंन चाणक्य, न्यू देलही

5. नौ अंक की विविधता : नौ अंक के लिए विभिन्न फॉन्टो में तीन रूप प्रयुक्त होते हैं; यथा—

९-अमित

९-नारद

९-भारत, बजरंग, चाणक्य, वाक्मैंन चाणक्य, न्यू देलही, नई दुनियाँ

नागरी लिपि किसी भी अन्य लिपि से वैज्ञानिक लिपि है, किंतु प्रत्येक लिपि में समय, परिस्थिति और अपेक्षा की दृष्टि से संशोधन आवश्यक होता है। वर्तमान कंप्यूटर युग में नागरी लिपि को कंप्यूटर में सफल प्रयोग के योग्य बनाना होगा। हिंदी के विश्व पटल पर सम्मानजनक स्थान दिलाने के लिए हिंदी भाषा के साथ नागरी लिपि का मानकीकरण अनिवार्य है। कंप्यूटर के विभिन्न फॉन्टों में नागरी लिपि के चिह्नों में एकरूपता के साथ हिंदी प्रयोग की प्रक्रिया को व्यवस्था देने की आवश्यकता है। हिंदी के कंप्यूटर में प्रयोग पर विशेषज्ञों की सराहनीय भूमिका रही है। नागरी लिपि चिह्नों के संदर्भ में मानकीकरण पर गंभीरता से विचार की अपेक्षा है।

2.3. वर्तनी

2.3.1 व्युत्पत्ति और परिभाषा

वर्तनी शब्द की व्युत्पति संस्कृत की 'वृत्' धातु से हुई है। 'वृत्' में 'मनि' प्रत्यय के योग से 'वर्त्मनि' शब्द की रचना हुई है। इस प्रकार संस्कृत में 'वर्त्मनि' और 'वर्तनी' शब्दों की संरचना हुई है। वर्तनी का शाब्दिक अर्थ है—'शरणि'। वर्तनी की योजना शब्द-लेखन संदर्भ में की जाती है। शब्द लेखन को शरणि को दृष्टिगत कर 'वर्तनी' को सरल रूप में इस प्रकार परिभाषित कर सकते हैं। भाषा की महत्त्वपूर्ण इकाई शब्द को मानक या शुद्ध रूप में लेखन को वर्तनी कहते हैं।

वर्तनी के लिए अक्षर-विन्यास, अक्षरन्यास, अक्षरी और वर्णन्यास आदि शब्दों के प्रयोग किए जाते हैं, किंतु वर्तनी शब्द का बहुल रूप में प्रयोग होता है। अंग्रेजी में वर्तनी के लिए 'Spelling' शब्द का प्रयोग होता है।

हिंदी का प्रयोग विस्तृत क्षेत्र में राष्ट्रभाषा, राजभाषा, मातृभाषा, माध्यम भाषा, जनभाषा, संचार भाषा और संपर्क भाषा आदि रूपों में बहुसंख्यक लोगों द्वारा किया जाता है। इस प्रकार भाषा में विविधता होना अवश्यंभावी है। भाषा की इकाई शब्द परिवर्तन संदर्भ में सबसे अधिक प्रभावित होती है। इसलिए हिंदी के मानकीकरण में वर्तनी की शुद्धता विशेष रूप में विचारणीय है। निश्चय ही वर्तनी के द्वारा भाषा को मानकीकरण के आधार पर एकरूपता मिलती है।

शुद्ध वर्तनी प्रयोग हेतु अधोलिखित तथ्यों पर ध्यान देना होता है—

1. शब्द-लेखन में किन-किन वर्णों का प्रयोग होना है।
2. वर्णों के पूर्ण और अर्ध रूपों का निर्णय करना।
3. स्वर की मात्राओं के स्वरूप और प्रयोग का ज्ञान।
4. शब्द के शुद्ध लेखन में विभिन्न वर्णों (अर्ध और पूर्ण) के साथ स्वर की मात्राओं के स्थान और क्रम का निर्धारण।

2.3.2 वर्तनी के प्रमुख संदर्भ

हिंदी की शुद्ध वर्तनी प्रयोग के लिए निम्नलिखित प्रमुख संदर्भों पर ध्यान रखना आवश्यक होगा—

1. हल् (्)

हिंदी का उद्‌भव संस्कृत से हुआ है। हिंदी में संस्कृत के बहुल शब्द समान (तत्सम) रूप में प्रयुक्त होते हैं। संस्कृत में हलंत वाले शब्दों का बहुल रूप में प्रयोग होता है; यथा—अर्थात्, महान्, विद्वान् आदि।

हिंदी के शब्द-उच्चारण की प्रवृति में पर्याप्त परिवर्तन आ गया है। हिंदी के ह्रस्व व्यंजनांत शब्दों के उच्चारण में प्रायः स्वर-लोप हो जाता है। ऐसे ये शब्द उच्चारण में स्वरांत न रहकर व्यंजनांत हो जाते हैं; यथा—

लेखन	**उच्चारण**	**लेखन**	**उच्चारण**
तन (त्अन्अ)	तन् (त्अन्)	चल (च्अलअ)	चल् (चअल्)
मान (म्आन्अ)	मान् (मआन्)	राम (र्आम्अ)	राम् (र्आम्)
पतन (प्अत्अन्अ)	पतन् (प्अत्अन्)	सामान (स्आम्आन्अ)	सामान् (स्आम्आन्)

1. संस्कृत के उन हलंत शब्दों को पूर्ववत अपनाना चाहिए जिनकी संधि प्रक्रिया में 'हल्' चिह्न का प्रयोग हो अर्थात व्यंजनांत हों; यथा—

जगत् + ईश = जगदीश

जगत् + नाथ = जगन्नाथ

सत् + साहित्य = सत्साहित्य

वाक् + देवी = वाग्देवी

2. संयुक्ताक्षर में यदि पूर्व वर्ण बिना पाईवाला हो, तो उसका प्रयोग हलंत रूप में किया जाता है; यथा—

ट-टट्टू, लट्टू

ठ-पाठ्य

ड-गड्ढा, लड्डू

द-विद्या (विद्या), पद्य (पद्य)

ह-चिह्न (चिह्न), ब्रह्मा (ब्रह्मा)

3. केंद्रीय हिंदी निदेशालय द्वारा निर्देश दिया गया है कि जहाँ संस्कृत के संधि युक्त शब्द के विच्छेद करने की आवश्यकता न हो, उन्हें उसी रूप में प्रयुक्त करना चाहिए। इससे 'हल्' चिह्न प्रयोग का प्रश्न ही नहीं रहेगा; यथा—

उद्धरण (उत्/उद् + हरण), संचित (सम् + चित), हृदयंगम (हृदयम् + गम)

2. अनुस्वार 'ं'

इस चिह्न को अयोगवाह वर्ग में रखा गया है। इसका कारण है कि इसे स्वर चिह्नों के साथ अंत में स्थान दिया गया है, किंतु इसका प्रयोग व्यंजनों के (अध) रूप के लिए किया जाता है; यथा—

स्वर—अ आ इ ....औ अं अः

व्यंजन—क, ख, ग .... ह

प्रयोग—अङ्ग > अंग, पञ्च > पंच, घण्टी > घंटी, पन्त > पंच, पम्प > पंप।

हिंदी व्यंजनों के पाँचों वर्गों—कवर्ग, चवर्ग, टवर्ग, तवर्ग और पवर्ग के अंतिम नासिक्य व्यंजन वर्ण ङ, ञ, ण, न और म के अर्ध रूप के लिए अनुस्वार का प्रयोग किया जाता है। हिंदी मानकीकरण आधार से लेखन में त्वरा, सरलीकरण और एकरूपता लाने के लिए अर्ध नासिक्य व्यंजन के स्थान पर अनुस्वार का प्रयोग किया जाता है। जब अर्ध नासिक्य व्यंजन के बाद उसी वर्ग का कोई अन्य व्यंजन आता है, तो अनुस्वार चिह्न का प्रयोग होता है। इसी आधार पर विविध अर्ध नासिक्य व्यंजन की पहचान सरलता से हो जाती है; यथा—

अनुस्वार 'ं' ङ् (कवर्ग)—अङ्क > अंक, पङ्कज > पंकज, पङ्खा > पंखा
ञ् (चवर्ग)—अञ्जन > अंजन, चञ्चल > चंचल, मञ्जन > मंजन
ण् (टवर्ग)—कण्टक > कंटक, कण्ठी > कंठी, डण्डा > डंडा
न् (तवर्ग)—पन्त > पंत, पन्थ > पंथ, सन्धान > संधान
म् (पवर्ग)—कम्प > कंप, पम्प > पंप, शम्भु > शंभु

यदि पंचमाक्षर दूसरे वर्ग के साथ संयुक्त हो तो यह नियम नहीं लागू होगा; जैसे—जन्म, उन्मेष, वाङ्मय

अशुद्ध रूप	**शुद्ध रूप**
जंम	जन्म
उंमेष	उन्मेष
वांमय	वाङ्मय

हिंदी के तत्सम शब्दों में अंतस्थ (य, र, ल, व) और ऊष्म (श, ष, स, ह) के पूर्व अनुस्वार का प्रयोग यथावत होगा; यथा—

अंतस्थ वर्ण के पूर्व प्रयोग—

य—संयोग, संयम

र—संरक्षक, संरचना

ल—संलग्न, संलाप

व—संवाद, संवाददाता, संवृत, विध्वंश

ऊष्म वर्ण के पूर्व प्रयोग—

श—अंश, विंशति, हंस

ष—दंष्ट्र

स—कंस, ध्वंस, हंस, संस्कृत

ह—सिंह, सिंहल, संहार

अंतस्थ और ऊष्म वर्णों के पूर्व प्रयुक्त अनुस्वार चिह्न के उच्चारण की विविधता के पाँच रूप सामने आते हैं।

अनुस्वार का अंतस्थ-ऊष्म वर्ण के पूर्व प्रयोग	अनुस्वार का लिखित उच्चरित रूप				
	अनुस्वार का उच्चरित रूप				
	ङ्	ञ्	ण्	न्	म्
य - (संयोग)		य			
र - (संरचना)				र	
ल - (संलग्न)				ल	
व - (संवत)					व
श - (अंश)		श			
ष - (दंष्ट्र)			ष		
स - (कंस)				स	
ह - सिंह	ह				

अर्ध नासिक्य के प्रयोग के संदर्भ में सर्वाधिक ध्यातव्य तथ्य यह है कि यदि अर्ध नासिक्य व्यंजन के पश्चात कोई अर्ध व्यंजन प्रयुक्त हो, तो उस अर्ध नासिक्य

व्यंजन का प्रयोग निश्चित ही अनुस्वार के रूप में करना चाहिए। अर्ध व्यंजन के पूर्व अर्ध नासिक्य व्यंजन के प्रयोग से शब्द अशुद्ध हो जाएगा; यथा–

अशुद्ध	शुद्ध
अन्त्य	अंत्य
कम्प्यूटर	कंप्यूटर
तन्त्र	तंत्र
मन्त्र	मंत्र
स्वतन्त्र	स्वतंत्र
स्वातन्त्र्योत्तर	स्वातंत्र्योत्तर

यदि पंचम वर्ण अर्थात नासिक्य व्यंजन शब्द में द्वित्त्व रूप में अर्थात पूर्ण नासिक्य के पूर्व उसी का अर्ध रूप प्रयुक्त हो, तो अर्ध नासिक्य व्यंजन अपने मूल रूप में प्रयुक्त होगा। वह अनुस्वार के रूप में नहीं लिखा जाएगा; यथा–

अशुद्ध	शुद्ध
अंन	अन्न
संमति	सम्मति
संमान	सम्मान
संमेलन	सम्मेलन

यदि पंचमाक्षर अर्थात नासिक्य व्यंजन के अर्ध रूप के पश्चात किसी अन्य वर्ग का वर्ण आए, तो अर्ध पंचमाक्षर अनुस्वार के रूप में परिवर्तित न होकर मूल रूप में प्रयुक्त होगा; यथा–

अशुद्ध	शुद्ध
अंय	अन्य
उंमेष	उन्मेष
चिंमय	चिन्मय
वांमय	वाङ्मय

संस्कृत के कुछ तत्सम शब्दों के अंत में अनुस्वार का प्रयोग किया जाता है, जो ओष्ठ् नासिक्य अयोगवाह 'म' का अर्ध रूप होता है; यथा–

अहम् > अहं, एवम् > एवं, शिवम् > शिवं आदि।

3. अनुनासिक ‘ँ’

जिस ध्वनि के उच्चारण में निःश्वास की वायु मुख और नाक दोनों मार्गों से साथ-साथ निकलती है, उसे अनुनासिक ध्वनि कहते हैं। इसके लिए लेखन में ‘ँ’ का प्रयोग किया जाता है। सामान्य भाषा में इसकी संरचना आधार पर ‘चंद्रबिंदु’ कहते हैं। यह अनुनासिक चिह्न पूर्ण व्यावहारिक और वैज्ञानिक भी है। इस चिह्न में लगी

बिंदु 'ं' नाक का प्रतीक है और 'अर्धचंद्र' ओष्ठ का प्रतीक है। इस प्रकार स्पष्ट रूप से बोध होता है कि इसमें निःश्वास की वायु ओष्ठ अर्थात मुख और नाक से साथ-साथ निकलती है।

हिंदी की सरलीकरण की प्रक्रिया में 'ँ' अनुनासिक चिह्न के लिए 'ं' अनुस्वार चिह्न का प्रयोग किया जाता है। उससे अनुस्वार और अनुनासिक दोनों चिह्नों की पहचान भ्रामक हो जाती है। इससे स्पष्ट अभिव्यक्ति बाधित हो जाती है; यथा–

अशुद्ध रूप	**शुद्ध रूप**
गांधी	गाँधी
चांद	चाँद
चांदनी	चाँदनी
मांग	माँग
सांप	साँप
हंस (हँसना)	हँस

अनुस्वार 'ं' और अनुनासिक 'ँ' चिह्नों के प्रयोग से अभिव्यक्ति में स्पष्टता होती है। इसके विपरीत दोनों के एक रूप 'ं'कर देने से अभिव्यक्ति अस्पष्ट हो जाती है' यथा–

अनुस्वार-अनुनासिक प्रयोग की स्पष्टता–

अनुस्वार प्रयोग	**अनुनासिक प्रयोग**
स्वांग (स्व + अंग)	स्वाँग
हंस (पक्षी विशेष)	हँस (हँसना)

जब शब्द की संरचना में मात्रा शिरोरेखा के ऊपर होती है, तो अनुनासिक चिह्न लगाने में कठिनाई होती है। यह कठिनाई टाइप और छपाई में भी होती है, इसलिए यदि शब्द में मात्रा शिरोरेखा के ऊपर हो, तो अनुनासिक चिह्न 'ँ' को अनुस्वार 'ं' के रूप में लगाना चाहिए; यथा–

अनुनासिक मूल रूप (उच्चरित)	**लिखित मानक रूप**
क्योँ	क्यों
नहीँ	नहीं
मैँ	मैं
हैँ	हैं

हिंदी की कुछ ध्वनियाँ अपनी निकटवर्ती ध्वनि को प्रभावित करती हैं। यह कथन सत्य है, जैसी संगति बैठिए, तैसे ही गुण होत।" हिंदी की नासिक्य व्यंजन ध्वनियाँ उच्चारण में पूर्ववर्ती ध्वनि को प्रभावित कर अनुनासिक बना देती है। उच्चारण में

यह प्रभाव स्पष्ट रूप से देख सकते हैं, किंतु लेखन में ऐसी अनुनासिकता की उपेक्षा की जाती है; यथा–

	उच्चारण की अनुनासिकता	**शुद्ध लेखन**
ण का प्रभाव	रँण > र्अँण्	रण > र्अण्अ
	कँण > क्अँण्	कण > क्अण्अ
न का प्रभाव	तँन > त्अँन्	तन > त्अन्अ
	दाँन > द्आँन्	दान > द्आन्अ
म का प्रभाव	दाँम > द्आँम्	दाम > द्आम्अ
	राँम > र्आँम्	राम > र्आम्अ

अकारण अनुनासिकता भी उच्चरित भाषा को प्रभावित करती है। यह प्रक्रिया प्रायः आंचलिक प्रभाव के कारण सामने आती है। हिंदी लेखन में अकारण अनुनासिकता से मुक्त रखा जाता है। इससे हिंदी का मानक रूप सुरक्षित रहता है; यथा–

क्षेत्रीय उच्चारण	**शुद्ध लेखन**
अकारण अनुनासिकता	
काँपी > क्आँपूई	कापी–क्आपूई
गाँय > ग्आँय्	गाय–ग्आय्अ
घाँस > घ्आँस्	घास–घ्आस्अ
दुनियाँ > द्उन्इय्आँ	दुनिया–दउन्इय्आ
पूँछनाँ > प्ऊँछ्अन्आँ	पूछना–प्ऊछ्अन्आ
हाँथ > ह्आँथ्	हाथ–ह्आथ्अ

4. विसर्ग (:)

संस्कृत शब्दों में विसर्ग चिह्न का नियमतः बहुल रूप में प्रयोग होता है। हिंदी के तद्भव शब्दों में जहाँ सहजता से विसर्ग का लोप हो गया है, वहाँ विसर्ग रहित शब्द का ही प्रयोग करना चाहिए; यथा–

दुख-सुख–वह दुख-सुख का साथी है।

प्रातकाल–"प्रातकाल उठि के रघुनाथा।"

तत्सम शब्द के अंत में यदि विसर्ग चिह्न का प्रयोग हो, तो उसका प्रयोग पूर्ववत करना अनिवार्य है। इसे हिंदी में संस्कृत शब्द के मूल रूप के प्रयोग की सहजता कह सकते हैं; यथा–

अतः, अंततः, क्रमशः, पुनः, पूर्णतः, प्रायः, मूलतः, वस्तुतः, स्वतः आदि।

विसर्ग चिह्न (:) का शब्द के साथ उच्चारण में 'ह' ध्वनि का आभास देता है, किंतु तत्सम शब्द के विसर्ग को 'ह' में परिवर्तित कर नहीं लिखना चाहिए। इसे शब्द अशुद्ध हो जाएगा; यथा–

	शुद्ध (तत्सम्) रूप	अशुद्ध रूप
: > ह	अतः	अतह
	पुनः	पुनह
	स्वतः	स्वतह
	मूलतः	मूलतह
	वस्तुतः	वस्तुतह

तत्सम शब्दों के अंत में प्रयुक्त विसर्ग के प्रयोग की अनिवार्यता को अर्थ की सहज अभिव्यक्ति आधार पर प्रकट कर सकते हैं। ऐसे शब्दों से यदि विसर्ग हटा दिया जाए, तो उसकी सहज स्वीकृति असंभव हो जाएगी। ऐसे शब्दों की अस्वीकृति उनके अशुद्ध होने का परिणाम है; यथा–

तत्सम (विसर्ग सहित) शब्द	**विसर्ग रहित (सहज अशुद्धि बोध)**
अतः	अत
अंततः	अंतत
क्रमशः	क्रमश
पूर्णतः	पूर्णत
मुख्यतः	मुख्यत
मूलतः	मूलत
साधारणतः	साधारणत
स्वतः	स्वत
सामान्यतः	सामान्यत

हिंदी के तद्भव शब्दों के साथ विसर्ग (:) का प्रयोग नहीं करना चाहिए। हिंदी अंकों के शब्द रूप मुख्यतः तद्भव रूप में बोले और लिखे जाते हैं; यथा–

3-तीन, 4-चार, 5-पाँच, 7-सात

11-ग्यारह, 12-बारह, 15-पंद्रह, 19-उन्नीस

यहाँ एक अंक '6' का शब्द रूप विचारणीय है। इसके लिए संस्कृत के मूल (तत्सम) रूप 'छः' के साथ तद्भव 'छह' दोनों रूपों का प्रयोग होते हैं। हिंदी के अंकों को शब्दों में तद्भव रूप ही अपनाया जाता है। हिंदी में इसको छ, छा, छे छै, छः और छह रूपों में उच्चारण किया जाता है। इसके उच्चारण में एकरूपता आवश्यक है। कुछ विद्वानों का मत है कि इसके लिए 'छः' उच्चारण अपनाना चाहिए। '6' अंक के लिए विसर्ग युक्त तत्सम शब्द 'छः' का प्रयोग न करके तद्भव शब्द 'छह' का प्रयोग करना चाहिए। यहाँ तर्क यह है कि हिंदी में संख्यासूचक सभी शब्द तद्भव में प्रयुक्त होते हैं। इसलिए इसे सहज उच्चारण के अनुसार ही लेखन में अपनाना चाहिए।

5. आगत (विदेशी भाषा-ध्वनि)

हिंदी में अंग्रेजी शब्दों का प्रयोग पर्याप्त संख्या में होता है। अंग्रेजी शब्दों की कुछ ध्वनियाँ हिंदी ध्वनियों से पर्याप्त भिन्न हैं। हिंदी के मानकीकरण में यह आवश्यक है कि अंग्रेजी के शब्दों का हिंदी में लिप्यंतरण अंग्रेजी के मानक उच्चारण के लगभग निकट हो, जिससे स्पष्ट अभिव्यक्ति संभव होगी।

अंग्रेजी के Ball, College, Doctor आदि शब्दों के साथ एक स्वर आ गया है, जो हिंदी की पश्च, वृत्ताकार, अर्ध विवृत स्वर 'औ' के निकट है। उच्चारण प्रवृत्ति के अनुसार यह पश्च, वृत्ताकार, विवृत्त स्वर है। इसके लिए 'ऑ' चिह्न निर्धारित किया गया है। मानक हिंदी में ऐसी ध्वनि आधारित शब्दों का 'ऑ' आधार पर ही लिप्यंकन करना चाहिएः यथा—

अंग्रेजी (रोमनांकित) शब्द	**हिंदी सामान्य लेखन**	**हिंदी मानक लेखन**
Ball	बाल	बॉल
College	कालेज	कॉलेज
Doctor	डाक्टर	डॉक्टर

विदेशी भाषा के शब्दों के हिंदी में अनुकूल लिप्यंतरण के लिए अगस्त-सितंबर, 1962 में 'वैज्ञानिक तथा तकनीकी शब्दावली आयोग' में भाषाविदों की संगोष्ठी में निर्णय लिया गया था, 'अंग्रेजी शब्दों का देवनागरी लिप्यंतरण इतना क्लिष्ट नहीं होना चाहिए कि उसके वर्तमान देवनागरी वर्णों में अनेक नए संकेत-चिह्न लगाने पड़े। शब्दों का देवनागरी लिप्यंतरण मानक अंग्रेजी उच्चारण के अधिक से अधिक निकट होना चाहिए।'—(देवनागरी लिपि तथा हिंदी वर्तनी का मानकीकरण पृ.31)

भारतवर्ष पर एक लंबे समय तक मुसलामानों का शासन रहा है। यही कारण है कि हिंदी में पर्याप्त संख्या में उर्दू के शब्द आ गए हैं। हिंदी शब्द भंडार में ऐसे शब्दों की विशेष भूमिका है। हिंदी में आकर उर्दू शब्दों की ध्वनियाँ में रूपांतरण भी हो गया है। हिंदी में सहज रूपांतरित ध्वनियों को ही स्वीकार करना चाहिए; यथा—

स्वीकार्य रूप	**अस्वीकार्य रूप**
कलम	क़लम
किला	क़िला
दाग	दाग़ आदि-आदि।

हिंदी में उर्दू के कुछ शब्द अपने मूल (संघर्षी ध्वनि) रूप में प्रयुक्त होते हैं। यदि इन शब्दों को सरलीकृत या रूपांतरित रूप में लिखा जाए या बोला जाए तो अर्थ भेद ही नहीं होता है, वरन कभी-कभी अनर्थ हो जाता है। इसलिए ऐसे शब्दों को मूल रूप में ही प्रयोग करना चाहिए। ऐसे शब्दों के दोनों रूप अर्थ सहित उल्लेखनीय हैं—

	स्वीकार्य (मूल) रूप	अस्वीकार्य (अर्थ-भिन्न) रूप
क़-क :	क़तरा (बूँद)	कतरा (फाँक)
	क़ालीन (गलीचा)	कालीन (समय संदर्भ)
ख़-ख :	ख़र (गदहा)	खर (तृण या तिनका)
	ख़सरा (हिसाब का कच्चा रजिस्टर)	खसरा (एक प्रकार की खुजली)
	ख़ाना (स्थान या घर)	खाना (भोजन)
ग़-ग :	ग़रज (प्रयोजन)	गरज (गर्जन, ऊँची आवाज)
	गुल (शोर)	गुल (फूल)
ज़-ज :	ज़रा-थोड़ा	जरा (बुढ़ापा या वृद्धावस्था)
	ज़लील (नीच या तुच्छ)	जलील (श्रेष्ठ)
	सज़ा (दंड)	सजा (सुसज्जित)
फ़-फ :	फ़न (हुनर)	फन (फण या सर्प का फैला सिर)
	दफ़ा (दूर करना)	दफा (कानून की धारा)

इस प्रकार अर्थ-भ्रम या गलत अर्थ से बचने के लिए जहाँ आवश्यक है, वहाँ संघर्षी चिह्न 'अ़' का प्रयोग व्यावहारिक और सैद्धांतिक रूप में करना चाहिए।

6. स्पष्टता हेतु कोष्टक में अपनी भाषा के शब्द का प्रयोग

हिंदी की शब्द शक्ति को प्रभावी बनाने के लिए यदि प्रयोक्ता को विदेशी शब्द से अनुकूल अभिव्यक्ति की संभावना हो और लगे कि कुछ लोगों को उक्त शब्द का अर्थ कठिन हो सकता है, तो उक्त विदेशी भाषा के शब्द के साथ कोष्टक में हिंदी में अर्थ लिखना चाहिए। इससे उर्दू शब्द का प्रयोग हिंदी में मानक रूप में संभव हो जाएगा; यथा–

उस्ताद (शिक्षक), कोताही (लापरवाही) जाहिर (स्पष्ट), मकसद (उद्देश्य), हद (सीमा), हमला (आक्रमण), हैरत (आश्चर्य) आदि-आदि।

7. 'र' वर्ण चिह्न और शब्द में प्रयोग :–

नागरी वर्णमाला में 'र' वर्ण के लिए अन्य वर्णों के ही समान एक ही चिह्न की योजना है, किंतु व्यावहारिक रूप में शब्दों में इसके चार रूप प्रयुक्त होते हैं। यह व्यवस्था संयुक्त वर्ण में 'र' के साथ प्रयुक्त व्यंजन वर्ण की रचना के आधार पर की गई है; यथा–

वर्ण रूप	प्रयोग
र	रत्न, राम, रिक्त, रोकना
्	क्रम, प्रकार, नम्र, स्रोत

‸ ट्रक, ट्राम, ड्रम

कर्म, चर्म, धर्म, मर्म

कुछ भाषाविदों का मंतव्य है कि स्पष्टता, एकरूपता और वैज्ञानिक लेखन के लिए इन चारों रूपों के स्थान पर वर्णमाला में प्रयुक्त 'र' मूल रूप का ही प्रयोग करना चाहिए; यथा–

र के प्रयुक्त रूप	शब्द-प्रयोग में प्रस्तावित रूप
र	रमा, रात, रीति
्र	क्रम > क्रम, प्रकार > प्रकार, नम्र > नम्र
‸	ट्रक > ट्रक, ट्राम > ट्राम, ड्रम > ड्रम
	कर्म > कर्म, चर्म > चर्म, धर्म > धर्म

इस प्रकार 'र' वर्ण को शब्दों में प्रयोग और उनके लिप्यंकन से एक वर्ण के चार रूपों के स्थान पर एक रूप होने से एकरूपता का गुण विकसित हो जाता है। इसके साथ 'र' वर्ण के पूर्ण और अर्ध रूपों का स्पष्ट बोध भी होता है। इनमें हलंत आधारित 'र' वर्ण का अर्ध रूप स्पष्ट होता है; यथा–कर्म (कर्म), चर्म (चर्म)।

हिंदी के सामान्य लेखन में 'र' वर्ण का उक्त वैज्ञानिक लिप्यंकन स्वीकार्य नहीं है। इसका कारण है कि इस प्रकार के लेखन में अपेक्षाकृत अधिक समय, शक्ति और स्थान (खर्च) की आवश्यकता होती है। इसे दोनों रूपों को साथ-साथ लिखकर अनुभव किया जा सकता है; यथा–

क्रम-क्रम, कर्म-कर्म

भाषा का अंतिम और महत्त्वपूर्ण नियम होता है–सर्वाधिक लोगों द्वारा मान्यता और ग्राह्यता। हिंदी प्रयोक्ताओं द्वारा 'र' के लिए चारों रूपों का प्रयोग किया जाता है। इन चारों रूपों के शब्द प्रयोग में मानक पद्धति को अपनाना चाहिए।

'र' नागरी का मूल रूप है। इसलिए इसका प्रयोग अन्य वर्णों के ही समान शब्द के आदि, मध्य और अंत में समान रूप से होता है; यथा–रामायण, करना, विहार।

'्र' यह 'र' के पूर्ण रूप का विकल्प रूप है। इसका प्रयोग पाई वाले वर्ण में लगाकर संयुक्त वर्ण की रचना होती है। पाई वाले वर्ण में इसका प्रयोग नीचे की ओर होता है। यहाँ यह भी उल्लेखनीय है कि इस प्रकार निर्मित संयुक्त वर्ण में '्र' पूर्ण होता है और दूसरा वर्ण अर्ध होता है; यथा–

क्रम-क्रम, नम्र-नम्र, स्रोत-स्रोत।

इस प्रयोग-सिद्धांत को व्यावहारिक रूप से भी निरूपित कर सकते हैं। यदि एक आदमी दूसरे को कंधे पर बैठाकर ले जाता हो, तो सुनिश्चित है कि ऊपर अर्थात कंधे पर बैठा व्यक्ति लगड़ा होगा। इस प्रकार स्पष्ट है कि संयुक्त वर्ण की ऐसी रचना में ऊपर का वर्ण अर्ध और नीचे प्रयुक्त '्र' रकार चिह्न पूर्ण है।

'‸' इसका प्रयोग पाई विहीन टेढ़े-मेढ़े व्यंजन वर्ण के साथ संयुक्त संरचना में

होता है। यह चिह्न ऐसे ही वर्णों के साथ संयुक्त वर्ण संरचना के लिए निर्धारित किया गया; यथा–

ट्रक–ट्रक, ट्राम-ट्राम, ड्रम-ड्रम।

इस चिह्न की पूर्णता संयुक्त वर्ण में नीचे प्रयुक्त होने वाले पूर्व रूप '्र' से पूर्णरूपेण स्पष्ट हो जाती है।

'र्'–रकार के लिए निर्धारित इस रूप का प्रयोग शब्द की शिरोरेखा के ऊपर किया जाता है। कंधे पर ले जाते हुए व्यक्ति की स्थिति के आधार पर शिरोरेखा के ऊपर प्रयुक्त 'र्' का अर्ध रूप सुनिश्चित हो जाता है। इसे शब्द के वैज्ञानिक लिप्यंकन से भी देख सकते हैं; यथा–

कर्म-कर्म, धर्म-धर्म, मर्म-मर्म।

इस प्रकार रकार के लिए प्रयुक्त र,्र,ॣ तीनों पूर्ण रूप है, 'र्' अर्ध रूप है।

रकार के तीनों पूर्णता व्यक्त करनेवाले चिह्न प्रायः मानक रूप में सामने आते हैं। अर्ध रूप 'र्' का प्रयोग विशेष रूप से विचारणीय है। शब्द-लेखन में इसके प्रयोग का निर्धारण शब्द के उच्चारण आधार पर किया जा सकता है। शब्द में 'र्' का उच्चारण जिस वर्ण के बाद किया जाता, उसका लेखन उसके बाद आनेवाले पूर्ण वर्ण पर किया जाता है; यथा–

चर्म का उच्चरित रूप है–'चूअर्मअ्'। अर्थात इसमें 'र्' का उच्चारण 'च' वर्ण के बाद और म के पूर्व होता है। इसे दोनों के मध्य न लिखकर आगे आनेवाले 'म' पूर्ण वर्ण के ऊपर किया गया है।

यहाँ ध्यातव्य है कि यदि शब्द उच्चरित 'र्' के बाद अर्ध वर्ण हो, तो इसका प्रयोग अर्ध वर्ण पर न कर उसके आगे आनेवाले पूर्ण वर्ण पर किया जाता है; यथा–

अशुद्ध	**शुद्ध (लेखन)**
र्वक्स/वर्क्स	वर्क्स

इसी प्रकार यदि अर्ध रकार 'र्' के पश्चात शब्द में दो अर्ध व्यंजनों का गुच्छ हो, तो इसका प्रयोग दोनों पर न होकर उसके बाद आनेवाले पूर्ण वर्ण पर होता है; यथा–

अशुद्ध	**शुद्ध (लेखन)**
वर्त्स्य/वर्त्स्य	वर्त्स्य

अर्ध 'र' वर्ण के चिह्न को अर्ध वर्ण पर न लिखने का व्यावहारिक पक्ष यह है। जिस प्रकार लगड़े या पंगु व्यक्ति को स्वयं चल पाना कठिन होता है, तो वह दूसरे का भार कैसे संभालेगा? इसी प्रकार अर्ध वर्ण पर दूसरे वर्ण का भार नहीं रखा जा सकता है या नहीं लिखा जा सकता है।

हिंदी में 'र्' के प्रयोग का मानकीकृत रूप ही अपनाना चाहिए; यथा–

अशुद्ध	शुद्ध
आर्दश	आदर्श
सौंर्दय	सौंदर्य
अंर्तराष्ट्रीय	अंतर्राष्ट्रीय (एक राष्ट्र का)
अंतर्राष्ट्रीय	अंतरराष्ट्रीय (विविध राष्ट्रों का)

शब्द में रेफ के बाद प्रयुक्त 'त' वर्ण पहले द्वित्त्व रूप में लिखा जाता था, किंतु वर्तमान हिंदी मानकीकरण की एकरूपता के आधार पर इसे भी द्वित्त्वरहित रूप में प्रयोग किया जाता है; यथा–

अशुद्ध	शुद्ध	अशुद्ध	शुद्ध
आर्त्त	आर्त	कर्त्तरि	कर्तरि
कर्त्ता	कर्ता	कीर्त्ति	कीर्ति
नर्त्तक	नर्तक	भर्त्ता	भर्ता
मूर्त्त	मूर्त	मूर्त्ति	मूर्ति
वर्त्तमान	वर्तमान	वर्त्तुल	वर्तुल
शर्त्त	शर्त	हर्त्ता	हर्ता

8. र में 'उ' और 'ऊ' की मात्राओं का प्रयोग

'र' वर्ण में 'उ' और ऊ की मात्राओं के अतिरिक्त अन्य सभी स्वरों की मात्राएँ अन्य वर्णों के समान लगती हैं; यथा–

वर्ण	मात्राएँ
मात्रा	ा ि ी े ै ो ौ
क	का कि की के कै को कौ
र	रा रि री रे रै रो रौ

'र' वर्ण का नीचे का अंश दाहिनी ओर घूमकर लगभग अर्ध चंद्रकार रूप में ऊपर उठता है। इस प्रकार 'र' के नीचे के छोर पर 'उ' और 'ऊ' की मात्राओं 'ु' और 'ू' का लगाना संभव नहीं है। 'र' वर्ण के दाहिनी ओर मध्य भाग में इन दोनों मात्राओं को लगाने की व्यवस्था की गई है। कुछ विद्वानों का मंतव्य रहा है कि अन्य वर्णों में इन दोनों मात्राओं के लगाने के समान 'र' में भी नीचे लगाया जाए, किंतु यह संभव नहीं है। 'र' में प्रयोग के लिए ह्रस्व और दीर्घ उकार की मात्राओं के मानक रूप निर्धारित किए गए हैं।

र में 'उ' की मात्रा का निर्धारित मानक रूप–रु

र में 'ऊ' की मात्रा का निर्धारित मानक रूप 'रू'

शब्द में प्रयुक्त इनकी वर्तनी के मानक रूप पर ध्यान देना आवश्यक है।

अशुद्ध रूप	शुद्ध रूप
गुरू	गुरु
रूपया	रुपया
पुरूष	पुरुष
रुप	रूप
कुरुप	कुरूप
स्वरुप	स्वरूप

9. लेखन में उच्चारण के महाप्राणीकरण की उपेक्षा

हिंदी उच्चारण में कुछ ध्वनियाँ अपने निकट की ध्वनि को प्रभावित करती हैं। जब हिंदी की महाप्राण ख, घ, छ, ठ, फ आदि ध्वनियों के पूर्व उनके ही वर्ग की उनसे पूर्व की अल्पप्राण ध्वनि अर्ध रूप में आती है, तो यह अल्पप्राण ध्वनि उच्चारण में महाप्राण बन जाती है, किंतु लेखन में उसका मूल रूप ही मानक होता है; यथा—

उच्चरित रूप	मानक लिखित रूप
अछ्छा	अच्छा
पथ्थर	पत्थर
मछ्छर	मच्छर
मथ्था	मत्था

10. यश्रुति लेखन

भारतवर्ष की मातृ प्रधान संस्कृति में विकसित हिंदी स्वर प्रधान भाषा है। हिंदी की स्वर प्रधानता इससे भी स्पष्ट होती है कि स्वर तो स्वर हैं साथ ही भाषा में व्यंजन प्रयोग के लिए स्वर का सहयोग अपेक्षित होता है। स्वर अकेले प्रयुक्त होते हैं; यथा—'आ', तो अन्य स्वरों के साथ स्वर गुच्छ के रूप में भी प्रयुक्त होता है; यथा—आइए। शब्द-संरचना में स्वर की स्वतंत्र भूमिका होती है, तो उनकी मात्राएँ भी विशेष उपयोगी होती हैं।

हिंदी में 'य' और 'व' दो अर्ध स्वर हैं। हिंदी के शब्द में जब 'य' का प्रयोग हो, किंतु उच्चारण स्वरवत हो, तो उसके स्थान पर स्वर का लेखन करना चाहिए; यथा—

अशुद्ध लेखन	मानक लेखन
नयी	नई
नये	नए
मिठायी	मिठाई
लिये	लिए

कई बार असावधानी के कारण मानक रूप में अनेकशः विचलन हो जाते हैं; यथा—

जाएँगे–जायंगे, जायेंगे, जाएंगे, जावेंगे आदि।

शब्द का मानक रूप ही प्रयोग करना चाहिए।

आदरसूचक क्रिया शब्दों की संरचना और प्रयोग इसी रूप में करना चाहिए; यथा–

अशुद्ध लेखन	मानक लेखन
अपनायिये/अपनाइये	अपनाइए
आयिये/आइये	आइए
खायिये/खाइये	खाइए
कहिये	कहिए
चाहिये	चाहिए

हिंदी के संज्ञा शब्दों को एकवचन से बहुवचन बनाने में भी यश्रुति का क्षीण रूप सामने आता है। इसलिए इनके मानकीकृत स्वर रूप को अपनाया जाता है; यथा–

एक वचन	**बहु वचन**	
मूल शब्द	**अशुद्ध**	**मानक/शुद्ध**
दिशा	दिशायें	दिशाएँ
बाधा	बाधायें	बाधाएँ
लता	लतायें	लताएँ
सफलता	सफलतायें	सफलताएँ

जहाँ पर 'य' का श्रुतिमूलक व्याकरणिक परिवर्तन न होकर शब्द का मूल भाग हो, वहाँ शब्द में स्वरात्मक परिवर्तन की आवश्यकता नहीं होती है। उसका मूल रूप प्रयोग करना ही मानक है; यथा–

अशुद्ध	**मानक/शुद्ध**
स्थाई	स्थायी
अव्यईभाव	अव्ययीभाव
दाइत्व	दायित्त्व
अन्याई	अन्यायी
आतताई	आततायी
उत्तरदाई	उत्तरदायी

11. वश्रुति लेखन

'व' भी हिंदी का अर्धस्वर है। शब्दों में जब 'व' का उच्चारण स्वरवत हो, तो स्वरात्मक 'आ' प्रयोग ही मानक माना जाएगा; यथा–

अशुद्ध	**मानक/शुद्ध**
महात्मावों	महात्माओं
समस्यावों	समस्याओं

लतावों	लताओं
साधुवों	साधुओं

12. अंतस्थ वर्ण (य, र, ल, व) के पूर्व अर्ध व्यंजन प्रयोग

हिंदी के ध्वन्यात्मक नियमानुसार यदि अंतस्थ वर्ण (य, र, ल, व) के पूर्व कोई अर्ध व्यंजन आए, तो उसका उच्चारण दो अर्ध व्यंजन के रूप में होगा। ऐसी स्थिति में वर्तनी के मानक रूप के अनुसार एक ही अर्ध व्यंजन लिखा जाएगा; यथा–

मानक उच्चारण	**मानक/शुद्ध लेखन**
अन्न्य	अन्य
उपन्न्यास	उपन्यास
अन्न्वय	अन्वय
समन्न्वय	समन्वय

13. पुनरुक्ति प्रयोग

भाषा में कभी-कभी भाव को विस्तार देने या गंभीर बनाने के लिए एक शब्द का एक साथ दो बार प्रयोग किया जाता है। दोनों शब्दों के मध्य योजक चिह्न का प्रयोग किया जाता है। कभी-कभी किसी शब्द को दो बार लिखने के स्थान पर शब्द को एक बार लिखने के बाद योजक चिह्न लगाकर अंक '2' लिख दिया जाता है; यथा–चलते-2, बार-2, हँसते-2 आदि। ऐसे लेखन में अर्थ विषमता की स्थिति हो सकती है; यथा–

'चलते-2' से 'चलते-चलते के स्थान पर 'चलते दो' पढ़ा जा सकता है।

हँसते-2' से 'हँसते-हँसते' के स्थान पर 'हँसते दो' समझा जा सकता है।

इस प्रकार पुनरुक्ति की स्थिति में शब्द को योजक चिह्न के साथ दो बार लिखना चाहिए; यथा–

अशुद्ध	**शुद्ध**
कहाँ-2	कहाँ-कहाँ
कभी-2	कभी-कभी
गिरते-2	गिरते-गिरते
घर-2	घर-घर
चोर-2	चोर-चोर
डर-2	डर-डर
पास-2	पास-पास
बार-2	बार-बार
मार-2	मार-मार

सरकते-2	सरकते-सरकते
हँसते-2	हँसते-हँसते

14. नाम के साथ सम्मानसूचक शब्द-प्रयोग

हिंदी में सम्मानसूचक शब्द नाम के पूर्व और बाद में लगाए जाते हैं। पुरुष के नाम के पूर्व प्रायः श्री का प्रयोग किया जाता है। 'श्री' स्वयं में स्वतंत्र शब्द है। इसलिए इसे नाम से पूर्व और अलग लिखा जाता है; यथा—

श्री मनोहर लाल चटोपाध्याय, श्री विजय कुमार वेदालंकार यदि 'श्री' किसी के नाम का अंश है, तो उसे नाम के साथ अर्थात एक ही शिरोरेखा में लिखा जाना चाहिए; यथा—

श्रीनिवास, श्रीलाल शुक्ल आदि।

यदा-कदा नाम के पूर्व 'श्री' के स्थान पर 'श्रीयुत' शब्द का भी प्रयोग मिल जाता है। यह सम्मानबोधक शब्द भी नाम से पूर्व और नाम से अलग लिखा जाता है। विवाहित महिला के नाम से पूर्व 'श्रीमती' सम्मानबोधक शब्द का प्रयोग उसी प्रकार अलग होता है। बालिका के नाम के पूर्व कु. (कुमारी) और अविवाहित युवती के लिए प्रायः 'सुश्री' शब्द का प्रयोग किया जाता है।

नाम के बाद प्रायः महिला और पुरुष के लिए सम्मानबोधक शब्द 'जी' का प्रयोग किया जाता है। 'जी' भी स्वतंत्र शब्द है। इसलिए इसका प्रयोग नाम के बाद अलग लिखा जाता है; यथा—प्रो. सुरेंद्र जी, प्रो. अग्रवाल जी।

पदनाम के पूर्व लगाए जानेवाले सम्मानबोधक शब्द—माननीय, सम्माननीय और नाम के बाद प्रयुक्त महोदय आदि भी पदनाम के पूर्व और बाद में अलग ही लिखे जाते हैं; यथा—

माननीय अध्यक्ष महोदय, सम्माननीय कुलपति महोदय।

15. 'ग्य' और 'ज्ञ' के मानक प्रयोग

हिंदी की सामान्य बोल-चाल में 'ग्य' और 'ज्ञ' का उच्चारण लगभग समान हो गया है। जन सामान्य में इस समान उच्चारित स्वरूप के कारण हिंदीभाषी क्षेत्र के आकाशवाणी केंद्रों से 'विज्ञान' को 'विग्यान' ही ध्वन्यात्मक प्रसारण होता है। ऐसे ध्वन्यात्मक बदलाव के कारण लेखन में भी अचानक परिवर्तित रूप सामने आ जाते हैं। इस पर दृष्टि रखना आवश्यक है—

अशुद्ध	**शुद्ध**
योज्ञ	योग्य
भाज्ञ	भाग्य
ज्ञारह	ग्यारह
कृतग्य	कृतज्ञ

ग्यान	ज्ञान
प्रतिग्या	प्रतिज्ञा
विग्यान	विज्ञान

16. 'ट' और 'ठ' के मानक प्रयोग

मूर्धन्य अघोष अल्पप्राण 'ट' और मूर्द्धन्य अघोष महाप्राण 'ठ' के उच्चारण की अस्पष्टता के कारण एक दूसरे के स्थान पर प्रयुक्त होने से शब्द अशुद्ध और अमानक हो जाते हैं। ऐसे शब्दों की मानक वर्तनी पर ध्यान देना आवश्यक है। यदि शुद्ध वर्तनी वाले शब्द का मानक उच्चारण करें, तो शुद्ध वर्तनी मस्तिष्क में बैठ जाएगी। लेखन मानक हो जाएगा। ऐसे कुछ शब्द उद्धरणीय हैं–

अशुद्ध	**शुद्ध**
अभीष्ठ	अभीष्ट
क्लिष्ठ	क्लिष्ट
विशिष्ठ	विशिष्ट
संतुष्ठ	संतुष्ट
घनिष्ट	घनिष्ठ
निष्टा	निष्ठा
प्रतिष्टा	प्रतिष्ठा
वशिष्ट	**वशिष्ठ**

17. 'क्ष' और 'छ' के मानक प्रयोग

संयुक्त वर्ण क्ष (क्ष) और तालव्य अघोष महाप्राण वर्ण 'छ' बोलचाल में एक-दूसरे के बहुत निकट आ गए हैं। भाषा-प्रयोग की शिथिलता में 'क्ष' के स्थान पर 'छ' उच्चरित हो जाता है और यथा-कदा लेखन में दोनों एक दूसरे के स्थान पर प्रयुक्त हो जाते हैं। हिंदी वर्तनी में इस पर ध्यान देना आवश्यक है–

	अशुद्ध	**शुद्ध**
'क्ष' प्रयोग	छमा	क्षमा
	छत्रिय	क्षत्रिय
	छिति	क्षिति (धरती)
	छीण	क्षीण
	छीर	क्षीर (दूध)
	छेत्र	क्षेत्र
	छोभ	क्षोभ (शोक)
'छ' प्रयोग–	क्षत्र	छत्र (छतरी)
	क्षत्रपति	छत्रपति (राजा)

क्षाता	छाता (छतरी)
क्षाती	छाती (सीना)

18. 'ड' और 'ड़' के मानक प्रयोग

'ड' संस्कृत से आगत ध्वनि है, तो 'ड़' हिंदी में विकसित ध्वनि है। 'ड' मूर्द्धन्य, घोष, अल्पप्राण व्यंजन ध्वनि है, तो 'ड़' उससे विकसित विशेष मूर्द्धन्य, घोष, अल्पप्राण, उत्क्षिप्त व्यंजन ध्वनि है। दोनों के उच्चारण में पर्याप्त भिन्नता है, किंतु लेखन में लगभग समानता होने से एक दूसरे के स्थान पर प्रयुक्त हो जाते हैं। असावधानी के कारण उच्चारण भी अमानक या अशुद्ध हो जाता है। दोनों वर्णों के प्रयुक्त शब्दों की वर्तनी विचारणीय है–

	अशुद्ध	**शुद्ध**
'ड' प्रयोग	ड़मरू	डमरू
	ड़रना	डरना
	ड़ालना	डालना
	रोड़	रोड
'ड़' प्रयोग	खिडकी	खिड़की
	सडक	सड़क
	सडना	सड़ना
	लडका	लड़का
	लडाई	लड़ाई

19. 'ढ़' और 'ढ' के प्रयोग

हिंदी में संस्कृत की आगत मूर्द्धय, घोष, महाप्राण, व्यंजन, ध्वनि 'ढ' और हिंदी में सहज विकसित, मूर्द्धन्य, घोष, महाप्राण, उत्क्षिप्त व्यंजन 'ढ़' ध्वनि लेखन में दोनों एक दूसरे से लगभग समान हैं। 'ढ' का उच्चारण सामान्य होता है जबकि 'ढ़' के उच्चारण में जीभ मुखगुहा में उछलकर ऊपर उठती है और झटके से नीचे आती है। इसी आधार पर इसे उत्क्षिप्त ध्वनि कहते हैं।

'ढ' का प्रयोग प्रायः शब्द के प्रारंभ में और 'ढ़' का प्रयोग शब्द के मध्य में और अंत में होता है। दोनों वर्णों का उपयुक्त प्रयोग अपेक्षित होता हैः यथा–

	अशुद्ध	**शुद्ध**
ढ-प्रयोग	ढ़ंग	ढंग
	ढ़क्कन	ढक्कन
	ढ़पली	ढपली
	ढ़लान	ढलान
ढ़-प्रयोग	चढना	चढ़ना

टेढा	टेढ़ा
पढना	पढ़ना
बूढा	बूढ़ा
मढना	मढ़ना

20. 'व' और 'ब' के प्रयोग

हिंदी में आंचलिकता के प्रभाव से 'व' ध्वनि 'ब' रूप में प्रयुक्त होती है। यह परिवर्तन उच्चारण में ही नहीं लेखन में भी मिलता है। इसे हिंदी साहित्य के भक्तिकालीन और रीतिकालीन रचनाओं में प्रभावी रूप में देख सकते हैं। हिंदी के मानकीकरण के लिए इनका प्रयोग यथास्थान ही करना चाहिए; यथा–

अशुद्ध व प्रयोग	शुद्ध
बचन	वचन
बन	वन (जंगल)
बसंत	वसंत
ब्रत	व्रत
बिबाह	विवाह
बिबिध	विविध
संबाद	संवाद

21. श, ष, स, प्रयोग

हिंदी में प्रयोग-शिथिलता के कारण श (तालव्य) ष (मूर्द्धन्य) और स (दंत्य) वर्णों का प्रयोग एक दूसरे के स्थान पर कर दिया जाता है। इनका प्रयोग मानक भाषा व्यवस्था के अनुसार करना आवश्यक है; यथा–

	अशुद्ध	**शुद्ध**
श-प्रयोग	असोक	अशोक
	आदर्स	आदर्श
	देस	देश
	नास	नाश
	प्रसंसा	प्रशंसा
	विस्वास	विश्वास
	संकर	शंकर
	सक्ति	शक्ति
	सर्म	शर्म
	साखा	शाखा
	साम	शाम

	सासन	शासन
ष-प्रयोग	पुश्प/पुस्प	पुष्प
	भविश्य/भविस्य	भविष्य
	मनुश्य/मनुस्य	मनुष्य
	राश्ट्र/रास्ट्र	राष्ट्र
	राश्ट्रीय/रास्ट्रीय	राष्ट्रीय
	शटकोण/सटकोण	षटकोण
स-प्रयोग	अमावश्या	अमावस्या
	नमश्कार	नमस्कार
	प्रशाद	प्रसाद
	शंकट	संकट
	शाशन/साशन	शासन
	शुसोभित/शुशोभित	सुशोभित

22. विसर्ग संधि से बने शब्दों में 'श्', 'ष्' और 'स्' प्रयोग

हिंदी में विसर्ग संधि से बने शब्दों में विसर्ग के स्थान पर श्, ष् और स् का नियमानुसार प्रयोग होता है। इनके प्रयोग में यदा-कदा शिथिलता दिखाई देती है। यदि इससे संबंधित नियम ध्यान रखें, तो अमानकता से बचा जा सकता है। यदि विसर्ग चिह्न के बाद तालव्य च, छ वर्ण हों, तो विसर्ग 'श्' (तालव्य); यदि मूर्द्धन्य ट, ठ वर्ण हों, तो मूर्द्धन्य 'ष्' और यदि त, थ वर्ण हो, तो 'स्' बन जाता है। मानकीकृत प्रयोग के लिए कुछ प्रमुख प्रचलित शुद्धाशुद्ध प्रयोग की सूची दी जा रही है–

	अशुद्ध	**शुद्ध**
: > श् प्रयोग	दुष्चक्र/दुस्चक्र	दुश्चक्र (दुः + चक्र)
	दुष्चरित्र/दुस्चरित्र	दुश्चरित्र (दुः + चरित्र)
	निष्चय/निस्चय	निश्चय (निः + चय)
	निष्चल/निस्चल	निश्चल (निः + चल)
	निष्चिंत/निस्चिंत	निश्चिंत (निः + चिंत)
	निष्छल/निस्छल	निश्छल (निः + छल)
: > ष् प्रयोग	धनुश्टंकार/धनुस्टंकार	धनुष्टंकार (धनुः + टंकार)
	निश्ठुर/निस्ठुर	निष्ठुर (निः + ठुर)
: > स् प्रयोग	दुश्तर/दुष्तर	दुस्तर (दुः + तर)
	निश्तार/निष्तार	निस्तार (निः + तार)
	नमश्ते/नमष्ते	नमस्ते (नमः + ते)
	निश्तेज/निष्तेज	निस्तेज (निः + तेज)
	मनश्ताप/मनष्ताप	मनस्ताप (मनः + ताप)

23. संधि संरचनात्मक प्रयोग

भाषा को प्रभावी बनाने के लिए संधि स्वरूप अपनाया जाता है। ऐसे शब्दों की संरचना में शिथिलता न आ जाए, इसलिए संधि स्वरूप पर ध्यान रखना आवश्यक है। कुछ बहुल प्रयुक्त विचारणीय शब्द प्रस्तुत हैंः–

अशुद्ध	शुद्ध	संधि-विच्छेद
उज्वल	उज्ज्वल	उत् + ज्वल
सन्यासी	संन्यासी	सम् + न्यासी
साहित्तिक	साहित्यिक	साहित्य + इक

24. नः (निर्) उपसर्ग निर्मित शब्द की वर्तनी

नः (निर्) की व्युत्पति है– नृ + क्विप्। संस्कृत और हिंदी में इसके प्रयोग से शब्द में रहित, बिना, मुक्त, बाहर, दूर और निषेध का अर्थ आ जाता है।

निरंश (निः + अंश)–पूर्ण, संपूर्ण
निरंकुश (निः + अंकुश)–नियंत्रणहीन
निरंग (निः + अंग)–अंगविहीन
निरंजना (निः + अंजना)–अंजन शून्य, पूर्णिमा
निरंतर (निः + अंतर या निर् + अंतर)–लगातार
निरनुनासिक (निः + अनुनासिक या निर् + अनुनासिक) अनुनासिक रहित
निरनुग्रह (निः + अनुग्रह या निर् + अनुग्रह)
निरनुनय (निः + अनुनय या निर् + अनुनय)
निरपराध (निः + अपराध या निर् + अपराध)–निर्दोष
निरपेक्ष (निः + अपेक्ष या निर् + अपेक्ष)–अनपेक्ष
निरधिकार (निः + अधिकार या निर् + अधिकार)–बिना अधिकार
निरधिनियम (निः + अधिनियम या निर् + अधिनियम)–बिना अधिनियम
निरभिमान (निः + अभिमान या निर् + अभिमान)–अभिमान रहित
निरर्थ (निः + अर्थ या निर् + अर्थ)–निर्धन, धनहीन
निरर्थक (निः + अर्थक या निर् + अर्थक)–व्यर्थ
निरवलंब (निः + अवलंब या निर् + अवलंब)–निराश्रम, बेसहारा
निरस्त्र (निः + अस्त्र या निर् + अस्त्र)–हथियार रहित
निराकार (निः + आकार या निर् + आकार)–आकार रहित
निराकांक्ष (निः + आकांक्ष या निर् + आकांक्ष)–इच्छारहित
निरादर (निः + आदर या निर् + आदर)–अपमान
निराधार (निः + आधार या निर् + आधार)–आधारहीन
निरापद (निः + आपद या निर् + आपद)–आपत्तिरहित
निरामिष (निः + आमिष या निर् + आमिष)–मांसरहित

निरालंब (निः + आलंब या निर् + आलंब)—बेसहारा
निराशा (निः + आशा या निर् + आशा)—आशारहित
निराहार (निः + आहार या निर् + आहार)—आहाररहित
निरुत्तर (निः + उत्तर या निर् + उत्तर)—उत्तररहित
निरुत्साह (निः + उत्साह या निर् + उत्साह)—उत्साह शून्य
निर्गंध (निः + गंध या निर् + गंध)—गंधहीन
निर्गुण (निः + गुण या निर् + गुण)—गुणहीन
निर्जर (निः + जर या निर् + जर)—जो वृद्ध न हो
निर्जीव (निः + जीव या निर् + जीव)—प्राणहीन
निर्दय (निः + दय या निर् + दय)—बेरहम
निर्दोष (निः + दोष या निर् + दोष)—दोषरहित
निर्निमेष (निः + निमेष या निर् + निमेष)—बिना पलक गिराए
निर्बल (निः + बल या निर् + बल)—बलहीन
निर्बाध (निः + बाध या निर् + बाध)—बाधारहित
निर्भय (निः + भय या निर् + भय)—भयहीन
नीरज (निः + रज या निरः + रज)—धूलमुक्त
नीरंध्र (निः + रंध्र या निर् + रंध्र)—छिद्ररहित
नीरव (निः + रव या निर + रव)—ध्वनिशून्य
नीरस (निः + रस सर निर् + रस)—स्वादहीन
नीरूप (निः + रूप या निर् + रूप)—रूपरहित
निर्लज्ज (निः + लज्ज या निर् + लज्ज)—बेशर्म
निर्लोभ (निः + लोभ या निर् + लोभ)—लालच रहित
निर्वात (निः + वात या निर् + वात)—शांत, हवाविहीन
निर्विकल्प (निः विकल्प या निर् + विकल्प)—विकल्परहित
निर्विकार (निः + विकार या निर् + विकार)—विकाररहित
निर्विघ्न (निः + विघ्न या निर् + विघ्न)—विघ्नरहित
निर्वेग (निः + वेग या निर् + वेग)—गतिहीन

25. दुः उपसर्ग निर्मित शब्द की वर्तनी

दुः की व्युत्पत्ति है—दु + रुक्। यह अव्यय है। शब्द में दुः उपसर्ग प्रयोग से उसके अर्थ में बुरा, बुराई, दुःख, निषेध कठिन और कष्ट आदि अर्थ की अभिव्यक्ति होती है। 'दुः' उपसर्ग से निर्मित कुछ शब्दों को वर्तनी प्रस्तुत है—

दुरंत (दुः + अंत या दुर् + अंत)—अंतहीन
दुरभिमान (दुः + अभिमान या दुर् + अभिमान)—घमंड
दुरवस्था (दुः + अवस्था या दुर् + अवस्था)—दुर्दशा

दुराकृति (दुः + आकृति या दुर् + आकृति)—भद्दी आकृति
दुराग्रह (दुः + आग्रह या दुर् + आग्रह)—जिद्द
दुराचार (दुः + आचार या दुर् + आचार)—कदाचार
दुरात्मा (दुः + आत्मा या दुर् + आत्मा)—दुष्ट, दुर्जन
दुरुक्त (दुः + उक्त या दुर् + उक्त)—दुर्वचन
दुर्गति (दुः + गति या दुर् + गति)—दुर्भाग्य, संकट
दुर्गंध (दुः + गंध या दुर् + गंध)—बदबू, बुरीगंध
दुर्गम (दुः + गम या दुर् + गम)—जहाँ कठिनाई से जा सकें
दुर्जन (दुः + जन या दुर् + जन)—दुष्ट, निम्न व्यक्ति
दुर्जय (दुः + जय या दुर् + जय)—अजेय
दुर्दिन (दुः + दिन या दुर् + दिन)—बुरा या कष्टप्रद दिन
दुर्निवार (दुः + निवार या दुर् + निवार)—अजेय
दुष्परिणाम (दुः + परिणाम या दुष् + परिणाम)—बुराफल
दुष्प्रभाव (दुः + प्रभाव या दुष् + प्रभाव)—बुरा प्रभाव
दुर्बल (दुः + बल या दुर् + बल)—कमजोर, बलहीन
दुर्भाग्य (दुः + भाग्य या दुर् + भाग्य)—भाग्यहीन
दुर्मति (दुः + मति या दुर् + मति)—अज्ञानी, बुद्धिहीन
दुर्योधन (दुः + योधन या दुर् + योधन)—अजेय
दुर्लभ (दुः + लभ या दुर् + लाभ)—कठिन
दुर्वास (दुः + वास या दुर् + वास)—नग्न, नंगा
दुर्विकल्प (दुः + विकल्प या दुर् + विकल्प)—विकल्पहीन
दुर्विचार (दुः + विचार या दुर् + विचार)—निम्न विचार, गंदे विचार
दुर्व्यवहार (दुः + व्यवहार या दुर् + व्यवहार)—गलत या असभ्य व्यवहार

'त्त्व' प्रत्यय प्रयुक्त शब्द की वर्तनी

संस्कृत के भाववाचक शब्दों की संरचना में 'त्त्व' प्रत्यय का प्रयोग होता है; यथा—

कवि + त्त्व = कवित्त्व — भावक + त्त्व = भावकत्त्व
मनुष्य + त्त्व = मनुष्यत्त्व — ईश्वर + त्त्व = ईश्वरत्त्व

मानक हिंदी में इन शब्दों को तत्सम रूप में प्रयोग किया जाता है। संस्कृत में कुछ शब्दों के साथ 'त्त्व' रूप प्रयोग किया जाता है।

अशुद्ध	शुद्ध	अशुद्ध	शुद्ध
तत्व	तत्त्व	महत्व	महत्त्व
सत्व	सत्त्व		

यहाँ ध्यातव्य है कि ये शब्द संधि नियम पर आधारित होकर हिंदी लेखन के मानकीकरण पर भी आधारित हैं।

द्वंद्व सामासिक शब्द :–द्वंद्व समास के पदों के मध्य संयोजक चिह्न का प्रयोग करना चाहिए; यथा–

आकाश-पाताल, आगे-पीछे, आज-कल, उत्तर-दक्षिण, ऊपर-नीचे, कपड़ा-लता, कुर्सी-मेज, कुत्ता-बिल्ली, चाचा-चाची, बेटा-बेटी, माता-पिता, शिव-पार्वती आदि।

26. क्रिया पद का प्रयोग

हिंदी वियोगात्मक भाषा है। इसलिए इसके क्रिया पद की विभिन्न मूल, सहायक और समापिका क्रिया को अलग-अलग लिखा जाता है; यथा–

कर्ता	क्रिया
वह	है।
वह	जाता है।
वह	जा रहा है।
वह	जा रहा होगा।
वह	जा रहा था।

जा रहा है > जा (जाना) मूल क्रिया।
> रहा (रहना) सहायक किया।
> है (सहायक) समापिका क्रिया।

27. क्रियापद के साथ 'कर' परसर्ग का प्रयोग

हिंदी के क्रिया पद के साथ 'कर' परसर्ग का संयुक्त रूप में प्रयोग करना चाहिए; यथा–

मानक रूप	अस्वीकृत रूप
आकर	आ कर
खाकर	खा कर
गाकर	गा कर
जाकर	जा कर
धोकर	धो कर
लिखकर	लिख कर
सोकर	सो कर
हँसकर	हँस कर

2.4. हिंदी वाक्य का मानक लेखन

भाषाविज्ञान की दृष्टि से 'प्रोक्ति' भाषा की महत्तम इकाई है। संस्कृत में उसे 'महावाक्य' की संज्ञा दी जाती है। व्याकरण की दृष्टि से 'वाक्य' भाषा की महत्तम इकाई है। संस्कृत में वाक्य को परिभाषित करते हुए कहा गया है–"आख्यात

साव्ययकारक विशेषण वाक्यं।"—कार्तिक महाभाष्य (2/11) अर्थात आख्यात ही अव्यय, कारक, विशेषण, क्रियाविशेषण से संयुक्त होकर वाक्य बनता है। वाक्य का क्रिया पद केंद्राभमुखी होता है। वाक्य की संरचना का नियंत्रण क्रिया पद के द्वारा होता है। सामान्य वाक्य क्रिया पद के अभाव में संभव ही नहीं है। संवाद में एकपदीय वाक्य की चर्चा की जाती है; यथा—

1. सुरेंद्र, "क्या कर रहे हो?"
   मनोहर, "जा रहा हूँ।
2. ईश्वर, "यह लेख कौन लिखेगा?
   लक्ष्मी, "मैं।"

यहाँ प्रथम संवादात्मक वाक्य एक क्रियापदीय संरचना पर आधारित है, तो दूसरे में क्रियापद रहित मात्र 'मैं' कर्ता पद पर आधारित है। यहाँ अवलोकनीय है कि यहाँ क्रियापद कर्ता के अनुसार अदृश्य रूप में विद्यमान है—"मैं लेख लिखूँगी।"

1. योगात्मक अयोगात्मक योजना

वाक्य भाषा को स्वतंत्र महत्त्वपूर्ण और पूर्ण सार्थक इकाई है। लेखन में वर्ण, अक्षर, शब्द और पद के व्यवस्थित और मानक रूप के प्रयोग से मानक वाक्य की संरचना सुनिश्चित हो जाती है। पद लेखन में हिंदी रूपायन का ध्यान रखना आवश्यक है। पद रचना में कारक चिह्नों का समुचित प्रयोग अपेक्षित होता है। इनके बद्ध और मुक्त बद्ध रूपिम का अनुकूल प्रयोग अपेक्षित है।

कारक	**मुक्तबद्ध रूपिम**	**बद्ध रूपिम**
कर्ता-ने	अर्जन ने	उसने, उन्होंने
कर्म-का	जुनेजा का	उनका, आपका
करण-से (माध्यम से)	माधुरी से	उससे, उनसे
संप्रदान के लिए	श्यामा के लिए	उनके लिए
अपादन-से (अलगाव)	छत से	उससे
संबंध-का	लता का	आपका
की	मनोहर की	उसकी
के	शिक्षक के	उनके
अधिकरण-में	शहर में	
पर	वृक्ष पर, उस पर	

इस प्रकार विभिन्न पदों की मानक संरचना आवश्यक है। लेखन में संयोगात्मक और अयोगात्मक संरचना पर ध्यान रखना पड़ता है; यथा—

संयोगात्मक

कर- पढ़ना > पढ़कर, हँसना > हँसकर
तया- पूर्ण > पूर्णतया, साधारण > साधारणतया
न- जबर > जबरन, मजबूर > मजबूरन

अयोगात्मक

तक–आज > आज तक, घर > घर तक

भर–जीवन > जीवन भर, दिन > दिन भर

पर–सिर > सिर पर, अवसर > अवसर पर

वाक्य भाषा की पूर्ण सार्थक इकाई है। स्पष्ट अभिव्यक्ति के लिए मानकीकृत व्यवस्थित वाक्य का प्रयोग अपेक्षित होता है। वाक्य के विभिन्न पदों में क्रिया पद का सर्वाधिक महत्त्व सर्वविदित तथ्य है। यदि किसी वाक्य में कई भाषाओं के शब्दों का प्रयोग हो, तो उसको किस भाषा का वाक्य माना जाए? उसमें क्रिया पद जिस भाषा का होगा, उसी भाषा का वाक्य माना जाएगा।

क्रिया पद के महत्त्व को दृष्टिगत कर इसके लेखन की प्रक्रिया पर ध्यान देना आवश्यक है। हिंदी का उद्भव संस्कृत से हुआ है। संस्कृत श्लेषात्मक भाषा है और हिंदी वियोगात्मक भाषा है। हिंदी में अनेक तत्सम शब्द प्रयुक्त होकर अभिव्यक्ति को दिशा प्रदान करते हैं, किंतु यहाँ एक उल्लेखनीय तथ्य है कि हिंदी लगभग सभी क्रिया पद तद्भव शब्द-संरचना पर आधारित हैं।

2. पद-रचना

हिंदी पद रचना के मानक लेखन पर वाक्य का मानक रूप होता है। हिंदी क्रिया पद का वियोगात्मक रूप अपनी विशेषता के रूप में सामने आता है; यथा–

वर्तमान काल	**प्रयोग**
है, हैं, हूँ	वह है। वे हैं। मैं हूँ।
जाता है	वह जाता है। लड़का जाता है।
जा रही है	स्नेह जा रही है।
पढ़ रहे हैं	सभी विद्यार्थी पढ़ रहे हैं।
देख रहा हूँ	मैं ध्रुव तारा देख रहा हूँ।
देखती जा रही थी	वह देखती जा रही थी।
भूतकाल	**प्रयोग**
था, थी	वह यहाँ था। सीमा वहाँ थी।
हँसता था	वह हँसता था।
लिखती थी	माधुरी लिखती थी।
जा रहा था	विनय जा रहा था।
जा रही थी	सुनीता जा रही थी।
चली जा रही थी	वह चली जा रही थी।
भविष्यत काल	**प्रयोग**
जाएगा	सोहन जाएगा।
चली जा रही होगी	कल्पना चली जा रही होगी।

3. विराम चिह्न

वाक्य के सैद्धांतिक और मानक लेखन में विराम चिह्नों का समुचित स्थान पर प्रयोग आवश्यक होता है। कुछ प्रमुख विराम चिह्नों के मानक प्रयोग प्रस्तुत हैं–

अल्प विराम (,) :–

1. संवाद में जब सकारात्मक और नकारात्मक 'हाँ' और 'नहीं' शब्दों का प्रयोग हो, तो उसके बाद अल्पविराम चिह्न का प्रयोग किया जाता है; यथा–

हाँ, मैं अवश्य आऊँगा।

नहीं, वह बिलकुल नहीं जाएगी।

2. संबोधन संदर्भ में अल्पविराम का प्रयोग होता है–

बेटी, एक कप चाय बना लाओ।

3. वाक्य के समुच्चयबोधक किन्तु, परंतु, लेकिन, पर, क्योंकि, अतः आदि से प्रारंभ होने वाले उपवाक्य के पूर्व अल्पविराम लगता है; यथा–

मैं चलूँगा, किंतु जल्दी लौट आऊँगा।

तुमने लिखने के लिए कहा था, अतः लिख लो।

4. अच्छा, खैर, बस, वास्तव में, सचमुच आदि से प्रारंभ होने वाले वाक्यों में इन शब्दों के बाद अल्पविराम लगाया जाता है; यथा–

अच्छा, तो आइए और अपनी बात कहिए।

सचमुच, वह बहुत अच्छा लड़का है।

5. भावातिरेक में शब्द की पुनरावृत्ति होती है, तो अल्पविराम का प्रयोग होता है; यथा–

भागो, भागो, आँधी आ गई।

चलो, भागो, आँधी आ गई।

चलो, चलो, गुरु जी आ रहे हैं।

6. शोक व्यक्त करने में विस्मयादिबोधक शब्द के बाद अल्पविराम चिह्न का प्रयोग होता है; यथा–

हाय, वह हमें छोड़कर चला गया।

7. जब वाक्य में तीन या तीन से अधिक समान वर्ग के शब्दों का प्रयोग होता है, तो अल्पविराम का प्रयोग किया जाता है; यथा–

प्रज्ञा, प्रतिभा और इला चित्र बना रही हैं।

मेरी बाग में आम, संतरा और अंजीर के पेड़ हैं।

योजक चिह्न :–

योजक का शाब्दिक अर्थ है–जोड़नेवाला। भाषा में योजक चिह्न का अर्थ है–दो शब्दों को जोड़नेवाला चिह्न। हिंदी में योजक चिह्न का प्रयोग मुख्यतः निम्नलिखित संदर्भ में होता है–

1. किसी शब्द की पुनरुक्ति के मध्य प्रयोग; यथा–

रोम-रोम– सुखद समाचार सुनकर रोम-रोम पुलकित हो गया।

लटक-लटक– वह लटक-लटक कर झूल रहा है।

दूर-दूर– वह दूर-दूर, बहुत दूर चली गई।

2. द्वंद्व समास में योजक चिह्न का प्रयोग होता है; यथा–

ऊपर-नीचे– ऊपर-नीचे देखते रहो।

माता-पिता– माता-पिता की आज्ञा का पालन करो।
लिख-पढ़– तुम लिख-पढ़ विद्वान बनो।
3. विरोधाभाषी शब्दों के मध्य योजक चिह्न का प्रयोग–
आना-जाना– यहाँ आना-जाना लगा रहता है।
सुख-दुख– जीवन में सुख-दुख आएंगे ही।
दाएँ-बाएँ– दाएँ-बाएँ देखकर चला करो।
4. साम्य सूचक सा, सी, से पूर्व योजक चिह्न का प्रयोग होता है; यथा–
सा– वह मुर्गे-सा बोल रहा है।
सी– वह देखो अपनी-सी छतरी है।
ये सारे मूर्ति-सी शांति मुद्रा में खड़े हैं।

अर्ध विराम (;) :

इसके उच्चारण में अल्प विराम से कुछ अधिक समय लगता है। इसका प्रयोग मुख्यतः इन संदर्भों में होता है–

1. जब किसी की परिभाषा, विवरण देकर उदाहरण देना हो, तो–यथा, जैसे, उदाहरणार्थ के पूर्व अर्धविराम चिह्न लगाया जाता है; यथा–

जैसे–संज्ञा के स्थान पर प्रयुक्त होने वाले शब्द को सर्वनाम करते है; जैसे–तुम, वह, मैं।

यथा–भाषा की लघुतम स्वतंत्र, महत्त्वपूर्ण इकाई को ध्वनि कहते हैं; यथा–अ, क्, प् आदि।

उदाहरणार्थ–जब किसी व्यंजन ध्वनि/वर्ण की एकाधिक बार आवृति हो, तो अनुप्रास अलंकार होता है; उदाहरणार्थ–

"तरनि तनूजा तट तमाल, तरुवर बहु छाये।"

2. समानाधिकरण उपवाक्यों के मध्य अर्ध विराम लगाया जाता है; यथा–
देवी दयाल ने उस पिछड़े गाँव में स्कूल बनवाया; शिक्षक के रूप में समर्पित हैं।
गंगा जल पावन हैं; सबके लिए कल्याणकारी है।
3. सम्मुच्चयबोधक से बने उपवाक्य से पूर्व अर्ध विराम लगाया जाता है; यथा–
आपने उत्तम कार्य किया है; अतएव आपको सम्मानित किया जाएगा।
तुम विलंब से आए हो; फिर भी तुम्हें प्रवेश दिया जाता है।

पूर्ण विराम (।)

हिंदी के सभी विराम चिह्न संस्कृत से परंपरागत रूप में प्राप्त हुए हैं और उनका प्रयोग किया जाता है। कंप्यूटर के कुछ फॉन्ट में अंग्रेजी के फुल स्टाप (Full stop) (.) का प्रयोग किया जाता है। कुछ विद्वानों का कहना है कि अंग्रेजी का फुल स्टाप चिह्न लगाना अधिक वैज्ञानिक है, क्योंकि इसके प्रयोग में कम समय, कम स्थान और कम शक्ति लगती है। दूसरे अन्य सभी चिह्न अंग्रेजी के समान हैं। इसके प्रयोग से अंग्रेजी के सभी विराम चिह्नों से समानता हो जाएगी।

हिंदी का पूर्ण विराम चिह्न संस्कृत, पाली, प्राकृत और अपभ्रंश में भी परंपरागत

रूप में प्रयुक्त होता रहा है। अंग्रेजी के फुल स्टाप (.) अपनाने से परंपरागत पहचान गायब हो जाएगी।

अंग्रेजी के फुल स्टाप (.) प्रयोग में मितव्ययिता का तर्क पूर्ण निराधार है। इसे दोनों पूर्ण विराम चिह्नों (।), (.) के प्रयोग से स्पष्ट कर सकते हैं–

1. वह मेरे साथ चला गया। > गया।

2. वह मेरे साथ चला गया. > गया.

ऊपर के प्रथम वाक्य में 'गया' लिखने और शिरोरेखा लगाने के बाद हल्का सा दाहिने हटकर नीचे ओर सीधी रेखा पूर्ण विराम चिह्न के रूप में खींची जाती है। अंग्रेजी के फुल स्टाप के लिए 'गया' की शिरोरेखा के छोर से ऊपर अर्ध गोलाकार मार्ग से चलकर नीचे पूर्ण विराम के नीचे वाले अंश स्थान पर ही चिह्न (.) लगाया जाता है। इस प्रकार दोनों को समान स्थान चाहिए। पूर्णविराम में थोड़ा सा दाहिने हटकर सीधे सरल रेखा में जाना होता है। दोनों पूर्ण विराम के लगाने के व्यावहारिक मार्ग का तुलनात्मक विश्लेषण करने के लिए दौड़ का परीक्षण करें, तो स्पष्ट होगा। दो धावक एक ही स्थान से दूसरे निर्धारित बिंदु तक दौड़ते हैं। एक धावक एक कदम दाहिने हटकर सीधे लक्ष्य तक दौड़ता है। दूसरा अपनी पूरी दौड़ अर्ध चंद्राकार मार्ग से तय करता है। इस प्रकार स्पष्ट है कि हिंदी के पूर्ण विराम से अंग्रेजी (Full stop) पूर्ण विराम के प्रयोग में अधिक समय और शक्ति का प्रयोग होता है।

इस प्रकार हिंदी पूर्ण विराम (।) में कम समय, कम शक्ति और समान स्थान लगने से अंग्रेजी के फुल स्टाप (.) से अधिक उपयोगी है। सर्वाधिक महत्त्वपूर्ण तथ्य यह है कि फुल स्टाप (.) के प्रयोग में अर्ध विराम (,) का संदेह भी हो सकता है, किंतु हिंदी पूर्णविराम (।) से वाक्य के पूरा होने का सुस्पष्ट बोध होता है।

शिरोरेखा

मनुष्य व्यवस्थाजन्य और सौंदर्य प्रिय प्राणी है। भाषा उसकी परम उपलब्धि है। लिपि का आधार पाकर भाषा में स्थायित्त्व गुण विकसित हो जाता है। हिंदी की लिपि नागरी है। इसे देवनागरी भी कहते हैं। शिरोरेखा नागरी लिपि का वह मुख्य अंश है, जो भाषा-लेखन को व्यवस्था प्रदान करती है। यदि शिरोरेखा विहीन लेखन किया जाए, तो संभावित है कि वाक्य के पद या पदांश दूसरे पद या पदांश के जुड़ने से संरचना बाधित हो जाए। व्यवस्थित लेखन के साथ भाषा में सौंदर्य की अभिवृद्धि शिरोरेखा से होती है। शिरोरेखा विहीन और शिरोरेखा सहित लेखन के स्वरूप के तुलनात्मक विश्लेषण के लिए प्रस्तुत हैं–

गणतंत्र दिवस की पावन बेला पर शुभकामनाएँ। -शिरोरेखा विहीन

गणतंत्र दिवस की पावन बेला पर शुभकामनाएँ। - शिरोरेखा सहित

इस प्रकार स्पष्ट रूप से कहा जा सकता है कि हिंदी के मानक लेखन के लिए नागरी लिपि के समस्त वर्णों, भाषा की वृहत्तर इकाइयों अक्षर, शब्द पद और वाक्य की संरचना के साथ व्यवस्थित, स्पष्ट और सौंदर्यपरक दृष्टि अनिवार्य है।

□□